新优质，创建共同体的专业密码
浦东新区新优质学校优秀科研成果选

项目推进与调研：莫基新优质
课程开发与实施：聚焦新优质
学科探索与突破：扎根新优质
文化创生与实践：沉淀新优质

陈斌 主编

上海社会科学院出版社
SHANGHAI ACADEMY OF SOCIAL SCIENCES PRESS

图书在版编目(CIP)数据

新优质,创建共同体的专业密码:浦东新区新优质学校优秀科研成果选 / 陈斌主编 .— 上海 : 上海社会科学院出版社,2022
 ISBN 978 - 7 - 5520 - 3795 - 1

Ⅰ. ①新… Ⅱ. ①陈… Ⅲ. ①地方教育—教学研究—浦东新区 Ⅳ. ①G527.513

中国版本图书馆 CIP 数据核字(2022)第 133293 号

新优质,创建共同体的专业密码
——浦东新区新优质学校优秀科研成果选

主　　编:	陈　斌
责任编辑:	路　晓
封面设计:	杜静静
出版发行:	上海社会科学院出版社
	上海顺昌路 622 号　邮编 200025
	电话总机 021 - 63315947　销售热线 021 - 53063735
	http://www.sassp.cn　E-mail:sassp@sassp.cn
照　　排:	南京理工出版信息技术有限公司
印　　刷:	常熟市大宏印刷有限公司
开　　本:	787 毫米×1092 毫米　1/16
印　　张:	20
字　　数:	334 千
版　　次:	2022 年 10 月第 1 版　2022 年 10 月第 1 次印刷

ISBN 978 - 7 - 5520 - 3795 - 1/G · 1206　　　　　　　　　　定价:88.00 元

版权所有　翻印必究

"浦东新优质学校"系列教育丛书编审委员会

主任 高国忠

编委（按姓氏笔画排列）

丁黎忠　卜文雄　毛力熊　双慧红　朱　伟　朱　慧
刘文杰　刘玉华　汤　韬　李百艳　李　军　吴　瑶
忻　卫　张　伟　陈菊英　陈　斌　陈　强　赵春芳
徐宏亮　曹佳颖　廖静瑜

本书编委会

主编 陈 斌

编委（按姓氏笔画排列）

王丽琴 戈玉洁 严 红 李百艳 李 军 杨海燕
张 娜 郑新华 俞莉丹 殷 凤

前　言

新优质学校是新时代公办学校的价值标杆。自2011年以来，上海市就积极推进新优质学校的研究与实践，走过了地毯式调研、能力建构、经验提炼、集群发展和成长营推进等阶段，涌现了一批学校典型，成就了一批校长，使数十万师生受益，其理念与成果已经广为人知，为建设更加公平、更有质量的上海基础教育做出了应有的贡献。

浦东新区是上海市率先探索新优质学校建设的区之一，经过十多年的区校共同努力，取得了不少骄人的成绩。呈现在我们面前的书稿，就是他们的部分成果。细细读来，令人感佩。

一是对新优质学校理解到位。他们认为新优质学校的核心是追求教育的本原，关注人的发展。创建新优质学校的出发点是追求教育过程丰富性、师生关系和谐性、学习活动多样性，以促进人的和谐发展。又认为新优质学校创建的最终目标是形成学校内在的发展机制。而建立学校内在的发展机制，就需要协调学校各方面的教育因素，充分发掘各方面的教育潜力，培育教师高度的教育责任感、使命感和积极性，使学校的办学理念成为全体教师自觉的实践行为，学校各项教育活动能按照既定的目标自动而高效地运行。确实，新优质学校的核心理念就是回归育人本原，追求学生的全面发展、素养提升和精神品格成长，而这一切的实现就在于学校要提升学生的学习生活质量，优化学校的内在发展机制。可见浦东新区的理解是到位的，在创建过程中也抓住了关键。

二是立足区情主动探索。浦东新区是上海市最大的区，其面积与人口均约占上海市的五分之一，地域大，学校多，既有市中心城区学校，也有远郊乡村学校，如何推进新优质学校建设确实是一个挑战。浦东新区先后开展四批新优质学校的创建工作，目前共有区级新优质学校66所。在区教育局的领导下，浦东新区采取由浦东教育发展研究院教育科研指导部作为项目管理主体、初中与小学教育指导中心协作的集群发展策略，有目的、有计划、有组织地实施，构建平台、形成载体、开展交流,搞得有声有色,项目校取得了明显进步。这种发挥三级网络联通、多元主体协同优势的做法,是浦东新区独有的,也只有这样,浦东新区的新优质学校建设,才能责任到人、到项目、到单位,形成层层轧实的工作格局。

三是着眼前沿引领改革。仔细分析书稿中的典型成果,发现他们有满足学生发展需要的课程建构,有立足学生差异、促进学生学习方式变革的教学改革,有优化家校共育、评价导向的管理探索……所有成果都与上海乃至全国教育改革同频共振,许多项目具有鲜明的改革引领价值,如北蔡中学的中学音乐生活化教学、浦东新区实验小学的基于实证的学生过程性评价、上海市实验学校东校的初中历史单元教学等,是当前亟须研究的课题。同时,每个项目又都有明显的设计感,遵循课题研究的思路,采用行动研究或实证研究的策略与方法,既有实践的丰富性,又有研究的规范性,提升了研究成果的可信度,体现了浦东人干事创业的精气神。

随着国际局势的风云变幻和国内双循环新格局的形成,为党育人、为国育才的任务愈益急迫。为了培养担当民族伟大复兴使命的时代新人,党中央、国务院和相关教育部门近年来先后出台了多项改革政策,从顶层架构了教育发展的"四梁八柱",明确回答了"培养什么人,怎么培养人,为谁培养人"的问题,提出培养德智体美劳全面发展的社会主义事业建设者与接班人,确立了立德树人的根本任务。通过"双新"课程教学改革明确了培养"有理想、有本领、有担当"的育人目标,树立了素养导向。以新时代评价改革总体方案,树立了贯彻落实党的教育方针,落实全面发展、素养培育的指挥棒……所有这一切,预示着基础教育大变革的到来,在此背景下,作为引领公办学校办学方向的新优质学校要进一步明确方向,不断改革,持续迈向新优质。

一是要积极回应教育改革要求。教育改革要求是学校发展面临的挑战,也是学校发展难得的机遇,是学校发展的重要动力源。在建立高质量教育体系成为主题,"双减"政策、"双新"课改先后出台的背景下,如何建立新的质量观,建立保障学生全面发展、素养发展的育人体系,着力提升国家课程校本化实施质量、形成素养培育的课堂教学、探索有利于学生全面发展和素养提升的评价体系等,都是当前需要解决的大课题,作为新优质学校要率先探索突破。

二是要坚守新优质学校的办学信念。新优质学校也会用到一般学校用到的理论与技术,但是她与其他学校的根本区别在于办学理想与信念。新优质学校坚持回归教育本原,促进学生全面发展、素养培育及精神品格成长;坚持提升学生学习生活质量,办学生喜欢的学校,丰富学生的学习生活经历,促进学生主动发展;强调学校主动发展,坚持在常态条件下,学校主动探索,走内涵发展之路;强调为人民办学,坚持有教无类、因材施教,办好老百姓家门口的每一所学校。这是新优质学校成长的内在密码,必须始终坚持。

三是要坚持在常态条件下解决常见的问题。新优质学校坚持"不挑选生源、不聚集资源、不争抢排名"的"三不"理念和"不靠生源、靠师资,不靠政策、靠创新,不靠负担、靠科学"的"三不三靠"思路。这体现了新优质学校寻求一种有别于传统重点学校发展的新路径,那就是不靠优势物力、财力、师资和生源来办学,而是在按国家标准配置教育资源的前提下,在常态办学条件下,学校通过解决发展中的常态问题,不断走向新优质。这就是尹后庆先生讲的"坚持在最常见的学校解决最常见的问题"。学校如能解决好最常见学校的最常见问题,不仅具有中国意义,而且具有世界意义。

四是要积极促进新优质学校高质量发展。高质量发展既是一种结果,更是一种策略。作为结果应该根据学生身心发展规律,把学生培养成为德智体美劳全面发展的社会主义建设者与接班人,使每一个学生都获得符合其潜能的发展,使每一个学生都有人生出彩的机会。作为一个阶段的发展策略,应该坚持把最常见的学校办成老百姓满意的学校,使学校教育为促进社会公平正义和共同富裕起到基础性和先导性作用。

上海市正在筹划新一轮新优质学校发展规划,将在新时代教育改革的大势中寻找一条高质量发展之路。浦东新区是社会主义现代化建设引领区和上海区域教育综合改革创新示范区,期待浦东新区进一步发挥其独特的先行先试、敢为天下先的精神,在新优质学校建设上涌现出更多的典型,贡献出更多的智慧。

上海市教育科学研究院上海市新优质学校研究所所长

目录

前言 1

第一编　项目推进与调研：奠基新优质 1
1. 促新优质学校集群发展，办家门口的好学校
   　　　　　　　　上海市浦东教育发展研究院　张少波　3
2. 学校中层干部的项目意识与推进能力的调查研究
   ——以浦东新优质学校为例
   　　　　　　　　上海市浦东教育发展研究院　张　娜　11

第二编　课程开发与实施：聚焦新优质 29
1. 新建学校构建绿色课程的实践研究
   　　　　　　　　上海市周浦实验学校　张燕忠等　31
2. "七彩童心"拓展型课程的实践研究
   　　　　　　　　上海市浦东新区凌兆小学　汤慧萍等　44
3. "三修教育"校本课程开发与实践研究
   　　　　　　　　上海市浦东新区金桥镇中心小学　乔莉娜等　61
4. 小学生"博物馆之旅"实践探究活动的设计与实施
   ——以"服饰魅力"专题为例
   　　　　　　　　上海市浦东新区进才实验小学（由由校区）　周宏等　77
5. 农村小学开展环境教育主题探究活动的实践与研究
   　　　　　　　　上海市浦东新区凌桥小学课题组　95
6. 基于减负增效的初三数学专题复习校本课程建设的研究
   　　　　　　　　上海市书院中学　张爱军等　108

第三编　学科探索与突破：扎根新优质 121
1. 中学音乐生活化教学的实践探究
   ——基于美国加州的教学经验
   　　　　　　　　上海市北蔡中学　史炯华　123

2. 初中课堂导与学要素分析与实证研究

　　　　　　　　　　　上海市南汇第三中学课题组　139

3. 华师大版初中历史单元教学的实践与研究

　　　　　　　　　　　上海市实验学校东校　张元等　151

4. 基于问题解决的学科作业设计与实施的改进研究

　　　　　　　　　　　上海市东沟中学　马莉等　166

5. 单元整体视角下小学英语文本再构的实践和研究

　　——以 2A Module 3 Unit 1 In the children's garden 单元为例

　　　　　　　　　　　上海市浦东新区金陆小学　张蓓红　177

6. 小学高年级语文教学中运用批注提高学生阅读能力的探索

　　　　　　　　　　　上海市浦东新区东港小学　乔　静　187

7. 小学生音乐创编能力的培养

　　　　　　　　　　　上海市浦东新区金陆小学　张秋华　195

第四编　文化创生与实践：沉淀新优质　　　　　　　　207

1. 高效能 5 分钟"父母训练"

　　　　　　　　　　　上海市浦东新区梅园小学　毛燕菁等　209

2. 以乒乓文化为载体　培育阳光少年的实践研究

　　　　　　　　　　　上海市浦东新区航城实验小学课题组　226

3. 培养小学生自主活动能力的实践研究

　　　　　　　　　　　上海市浦东新区华林小学课题组　240

4. 运用团辅技术提高特殊家庭学生心理健康水平的实证研究

　　　　　　　　　　　上海市施湾中学　朱琼等　256

5. 基于实证的学生过程性评价的实践研究

　　　　　　　　　　　上海市浦东新区实验小学　谢尚文等　271

6. 基于课程标准的智慧型活力课堂实践研究

　　——从知识教育走向智慧教育

　　　　　　　　　　　上海市浦东新区浦东南路小学　赵雪华等　284

7. 指向学生积极情感培育的快乐课堂实践研究

　　　　　　　　　　　上海市浦东新区孙桥小学课题组　296

第一编

项目推进与调研：奠基新优质

1. 促新优质学校集群发展，办家门口的好学校

上海市浦东教育发展研究院 张少波

一、项目总体介绍

浦东新区自2012年开始推进"新优质学校"项目，采取总结经验、稳步推进、辐射带动的策略，目前有区级新优质学校66所，市级新优质学校6所。浦东新区教育局非常重视本项目，将其列为"十三五"期间区域教育发展的一项重要工作。浦东教育发展研究院汇集浦东新区的教学、科研、培训与指导的专业人才，具体负责本项目的学校发展中心是为学校整体发展提供支持的专业部门。

为了更好地推进此项工作，项目组组建了一支优秀的研究团队，团队成员都具有良好的科研能力和指导基层学校的经验；组建了一支稳定的专家团队，定期对项目学校进行指导，为推进本项工作提供了强有力的专业支持。

按照上海市新优质学校集群发展的要求，浦东新区按照实际情况组建了新优质学校发展共同体，积极探索新优质学校集群发展的路径，在集群发展过程中，各项目学校积极互动，努力创新，开拓新的教育路径，发掘教育资源，不断提升学校的办学优势，在创建新优质学校的过程中取得了可喜的成绩。

二、项目进展与基本经验

（一）制订规划，确立目标，明晰新优质学校的布点设置

2015年底，教育局发布了《浦东新区新优质学校集群发展三年行动计划（2015—2017年）》，文件中提出：浦东新区将在原有工作的基础上，进一步推进新优质学校的创建工作，按照"分署布局、协同发展"的原则，扩大新优质项目学校的数量，深入探索新优质学校集群发展的路径与方法，使浦东新区新优质学校的创建工作迈上一个新的台阶。到2017年新优质学校数量扩大至69所，覆盖全区义务教育阶段逾25%的公办学校。

（二）分署布局，协同发展，建立新优质学校集群发展共同体

首先，我们按计划组织了新优质学校的申报工作，由当时的4个教育署分别负责推荐，所推荐的学校需符合新优质学校的办学理念，近年来通过教育、教学、管理等方面的改革实践，办学水平明显提升，教育教学成效明显，具有较高的家长满意度和社会声誉。经项目组审核，确定浦东新区新优质学校名单。推荐工作分4次进行，目前共有4批新优质学校，合计69所，后因学校合并，2022年仍有66所。

其次，按教育署组建新优质学校集群发展共同体。在各个集群中，设立一所领衔学校，各教育署承担集群发展共同体日常的管理工作。

（三）研制方案，落实任务，明确新优质学校的创建思路

按照"浦东新区新优质学校集群发展行动计划"的基本要求，各集群共同体制订了新优质学校集群发展的三年计划，以发展共同体的方式推进新优质学校的创建工作。各项目学校制定创建方案，在分析学校办学基础和条件的基础上，进一步明确创建新优质学校的目标和内容，设计学校的发展路径，部署具体的创建举措。

区项目组组织专家对各创建方案进行审核与指导，专家深入各项目学校进行现场研讨。在研讨中，专家用专业的眼光发掘学校的办学优势和不足，并对学校的下一步发展和操作思路提出建议。通过研讨，各项目学校进一步梳理了创建思路，从目标、内容、任务和保障措施等方面，再构新优质学校创建的行动计划。

如2017年11月7日、10日、14日，浦东教育发展研究院学校发展中心牵头，组织了3场浦东新区第四批新优质学校的专家咨询会，分别聚焦课程建设、教学与教师发展、学校综合发展等主题，聘请专家与学校主要领导面对面，就各校的创建方案（含规划、重点项目）进行深入的研讨与交流，为各校的"新优质"创建之旅指引航向。

浦东新区教育局基教处的沈建平老师高度关注本次专家咨询会，11月7日一大早就赶到首场设在陆行北校的会场，与专家、汇报学校的校长进行深度交流，带来了教育行政部门对创建校的殷切期待与关怀。参加这次系列专家咨询会的学校一共有23家，每校都事先提交了新优质学校创建规划和重点项目研究方案，并现场进行了15分钟左右的介绍。专家组认真聆听学校的创建思路，然

后分别针对提交的文本进行具体点评,提出了大量前瞻性、建设性的建议。

上海市教科院普教所的胡庆芳研究员参与了11所新优质学校的现场咨询。他一方面站在市级新优质项目推进的高度,带来全市及价值追求层面的指导,如在点评浦东新区实验小学的规划时,就充分肯定该校提出的师生共同成长,与市里的建设目标高度一致,指出新优质项目重要的追求是不让一个孩子掉队,让每个孩子都能感受到成功、快乐、自信,办好老百姓家门口的好学校。同时,他也对每所学校的规划、重点项目方案做了深入细致的剖析,亲切地与校长、学校研究人员就很多细节进行切磋。如针对书院中学的重点项目"发展教师教学核心素养,提升学生自主学习能力",他提出了8个方面的细化建议,句句真切,条条可行:1.素养不只是能力,首先是教育教学的艺术情怀;2.学生成长的人文关怀;3.学生学情的了解能力;4.课程标准的解读能力;5.学习任务的设计能力(有创新元素,而不是拿现成的试题就用);6.学生学习的引导能力;7.加强学生学习的前测;8.做好导学的设计。

华东师大教育学系的鞠玉翠教授以多年的教育哲学和学生心理研究之积淀,给接受咨询的学校带来了不一样的启发。比如针对张江镇中心小学的重点项目"基于课程小学生选择能力的培养",她指出是一个不错的选题,针对了当前普遍存在的学生缺失选择能力的问题,从课程角度说,可以通过开设多样课程、作业分层化等做一些基础的尝试,但整体来说,对于小学生,这个选题太难,能让孩子在选择的实践中有一定的选择意识就很好,最好定位成"选择的启蒙"。建议学校在方案的结构上做进一步调整:第一部分说清楚选择能力普遍缺失的现实问题;第二部分讲学校的实践基础,已经做了哪些事,有了一些什么效果;后面再继续呈现准备着力的举措,等等。

这些站位高又接地气、平等又平和的专家指导,让接受咨询的学校领导、老师深受启发,纷纷表示,有了专家的导航,对新优质学校的含义与定位理解得更加清晰了,对规划的制订和重点项目的设计更加胸有成竹了。

(四) 搭建平台,多维互动,集聚新优质学校的发展优势

各教育署积极部署新优质学校发展共同体的有关工作,关注新优质学校集群发展的态势,搭建了新优质教育的交流、展示平台,组织不同形式的交流展示活动,交流经验,探讨问题,分享成果,以促进共同体中所有学校的发展。如先后在上南南校、世博家园实验小学、万德小学、航城实验小学、航头学校等召开创建

新优质学校研讨活动。通过研讨,一方面交流与宣传了各学校创建新优质学校的成果和经验;另一方面,深化了大家对创建新优质学校的思想认识,开拓新优质学校创建的新思路。

各项目学校还注重与社区、家长的互动,充分利用书籍、报刊、微博、微信等平台做好宣传工作,增强家长和社区对学校的了解,让更多的人了解新优质学校的教育理念,认可家门口的新优质学校。

项目组则积极与各署、各项目学校保持联络,搭建市区级展示平台。每次展示,都是新优质学校之间互相取长补短的重要契机,更是展现自身创建成果、打造学校品牌的重要渠道。

如2018年4月12日下午,浦东新区第三批新优质学校系列创建展示活动在崂山小学拉开序幕,到4月25日,小学学段一共8所新优质学校顺利完成展示(见下表)。

序号	学 校	展 示 主 题	时 间
1	浦东新区崂山小学	家校共同体 阅读共成长	4月12日下午
2	浦东新区梅园小学	儿童研究:让每个孩子获得更好的教育	4月16日下午
3	浦东新区莱阳小学	体验驱动求新 特色引领发展	4月16日下午
4	浦东新区华高小学	守正出新构建校本课程 合和共生蒙化核心素养	4月17日上午
5	浦东新区东港小学	建启航课程体系 促学生健康成长	4月18日上午
6	浦东新区孙桥小学	快乐校园 五乐少年 砥砺前行	4月18日下午
7	浦东新区尚博实验小学	构建校本"未来课程" 实践"新优质"创建之路	4月25日上午
8	浦东新区杨思小学	多元阅读 为学生终身发展奠基	4月26日下午

此次浦东新区新优质学校的集中展示,对第三批学校而言,是近两年来创建成效的回顾与总结。通过课堂教学观摩、特色活动现场体验、学校创建成果汇报、教师群体访谈等多种形式的交流,8所小学充分展示了学校基于原有办学基础,在特色创建项目这一维度上的实践与思考。

(五)勇于创新,敢于突破,不断形成学校新的教育特色

各项目学校按照新优质教育理念,在互助合作、集群发展的基础上,认真分

析学校的发展优势与问题,在课程与教学、师资队伍建设、学校管理与文化等方面不断寻找新的突破点,攻克阻碍学校发展的瓶颈,不断扩大教育优势,实现学校更高水平的发展。

如上海市实验学校东校是首批上海市新优质项目学校,在创建新优质学校的过程中,禀着和谐教育生态的理念,以"三生"教育为目标,构建了由教师、学校环境、家长、社区共同组成的教育生态场,通过师生、家校、校社、人境的和谐关系,促进教育的"开放、共生、进取与可持续发展"。尤其是在家校合作方面为全市新优质学校建设提供了宝贵的经验,通过市级展示活动,引起了广泛的关注。

2019年3月27日下午,该校承办上海市新优质学校领导、管理与文化专题活动——"从'心'出发,无'墙'公校新探索"交流研讨活动。当今,学校围墙正在或主动或被动地被突破,上海市实验学校东校的实践给了我们很好的启示。未来已来,需要主动探索。学校作为正式的教育机构,需要更加主动地与外界建立联结。目前的家校合作、学校与社区的合作有多种途径,但仍存在缺位、越位。为了孩子更好地成长,各主体应当更好地履行各自的责任,为学生创设更有温度的学习生态系统,为教育事业的发展做出应有的贡献。

像上海市实验学校东校这样勇于创新、敢于突破的项目学校还有很多,限于篇幅不能一一展开,仅列举以下案例作简要呈现。

航头学校积极探索以"培养学生探究精神,提高学生综合创新素养"为目标的科技教育课程体系,形成了创新教育全覆盖的办学模式。

上海市实验学校附属光明学校以"人文立校 科学育人"的办学理念,经多年开发建设,不断完善"琴棋书画"特色课程的内容和管理模式,对学生传统文化素养的培养起到显著作用。

上南南校以"差异教学"为切入口,持续性地进行改进课堂教学方式的项目研究,基于学生差异的教学方式不断得到改进与突破。

金陆小学以培养"自主、自信、健康、快乐"的金陆少年为目标,构建了"七彩"课程体系,为学生提供了"全面的、丰富的、多姿的、有活力的"活动课程,也打造了一批有特色的活动品牌。

世博家园实验小学在原有艺体课程的基础上,引入了STEM+课程,进一步探索跨学科、项目化、解决真实问题等多种教学方式,以进一步提升校本课程的质量,引发学校课程新的改变。

航城实验小学在课程统整思想引领下,开发了以健康教育为主线的校本课程体系,通过联结、转化和超越的方式,对学校的拓展性、研究性课程进行有机的统整,从而实现对传统健康教育课程的突破。

万德小学以"营造绿色童年"为基本办学理念,不断深化实施"我与自然"主题教育,将跨学科知识学习和实践体验进行自然融合,形成了形式多样、丰富多彩的主题教育活动系列。

(六)总结经验,推广成果,扩大新优质学校的社会影响

为了扩大新优质学校创建工作的影响,《浦东时报》对各新优质学校创建学校进行了系列性报道,浦东电台也进行了专题报道,在社会上产生了广泛的影响。同时,我们对21所项目学校的办学亮点进行了梳理和提炼,编辑了《浦东:创建新优质学校的实践》一书。

2016年底,项目组征集了新优质学校的创建案例,大多数学校踊跃参与,我们从收到的案例中选择了一部分,编辑了《浦东新区新优质学校集群发展案例选》,从某一侧面反映了大家的创建成果。2017—2019年项目组又陆续出版第二本专著,编辑了第二本教师案例集。

在2019年6月底公布的浦东新区第九届教育科研成果评选名单中,新优质学校集群共同体获得丰收,共获一等奖4项,二等奖10项,三等奖10项。

总的来说,新优质学校的创建,对于教育的均衡化发展、优质教育资源的扩大起到了积极的作用,许多学校用优秀的办学业绩在老百姓心目中树立起了良好的口碑,为提升浦东新区的教育水平做出了贡献。"家门口的好学校"已经在百姓心中站住了。

然而,在推进新优质学校的工作中,我们也遇到了许多问题,如究竟如何来衡量一所新优质学校的发展,影响新优质学校的发展有哪些主要的因素,新优质学校发展的关键性瓶颈在哪里,推进新优质学校的集群发展应有哪些政策支持等,对这些问题我们还需要做进一步的探索。

三、新优质学校发展的未来规划

(一)开展针对新优质学校的调查

2019年2月22日至3月4日间,项目组对浦东新区69所新优质学校开展了专项调查,关注中层干部的项目意识与推进能力。共回收校长问卷94份,其

中有效问卷90份；回收中层问卷583份，其中有效问卷581份；回收教师问卷1 537份，其中有效问卷1 533份。

通过分析三类调查问卷，项目组得出以下结论：被调查者认可新优质项目实施的价值，认为其促进了学校发展和个人发展；校长重视与主抓是新优质项目实施的决定力量，中层在新优质项目实施中可以发挥更大作用；中层自我定位协调者和执行者，中层如何成为领导者并更好地发挥作用有待深入研究；中层具备变革知识，不认同个人是学校发展的主要动力；中层按常规工作，重视工作中的合作，发挥沟通优势；中层面临的工作困境不容忽视；校长认可、个人克服困难的能力等是影响中层工作的主要因素。

(二) 要进一步提高对新优质学校的认识

怎样理解新优质学校，关系到我们创建新优质学校的实践。我们应该在新的教育发展背景下，思考新优质学校的内涵以及所产生的意义。

首先，我们应该把握新优质学校的核心所在，即追求教育的本原，关注人的发展。追求教育过程丰富性、师生关系和谐性、学习活动多样性，以促进人的和谐发展，这就是创建新优质学校的出发点。

其次，要把握新优质学校创建的最终目标。创建新优质学校的最终目标是形成学校内在的发展机制，这是创建新优质学校成功的关键因素，也是一所新优质学校持续发展的重要因素。建立学校内在的发展机制，就需要协调学校各方面的教育因素，充分发掘各方面的教育潜力，培育教师高度的教育责任感、使命感和积极性，使学校的办学理念成为全体教师自觉的实践行为，学校各项教育活动能按照既定的目标自动而高效地运行。

(三) 要进一步明确新优质学校集群发展共同体的任务与要求

各新优质学校发展共同体要具体分析自己群内实际情况，充分发掘各自的资源优势，要制订好工作计划，有明确的工作目标和重点，有具体的工作推进表，并有计划地落实好每项工作。教育署要有专人负责此项工作，协调好日常的管理工作。各集群一方面要发挥领衔学校的引领作用，做好集群发展的带头羊；另一方面，要充分发挥群内各项目学校的积极性，发挥大家的智慧和创意，使群内的各项工作能顺利推进。

(四) 要加强项目学校之间的互动合作，搭建形式多样的交流、展示平台

集群发展的一个重要特点就在于项目学校之间的互助合作，资源共享，所

以，要想方设法创设各种平台，以加强成员之间的信息交流，不断分享新的成果，传递新的经验，吸收新的创意，相互学习，取长补短，共同提高。

（五）要发挥学校创建新优质学校的自主性和创造性，尤其是学校内部中层干部的工作动力和创造力

要处理好集群发展和学校自主发展之间的关系，一方面要发挥集群的力量，发挥团队的优势；另一方面，各项目学校要有自主创建的积极性和独立性，要注重学校特色的打造，要体现出学校的个性。例如开发校本课程，其课程开发的资源、经验在群里可以共享，但各学校开发出的课程应该各有千秋，学校要根据自己的实际来设计。新优质学校的发展是持续性的，所以学校在设计创建规划时，不能离开原有的基础，要想清楚学校发展的内在轨迹，由点到面、由浅入深，逐步拓展，不断深化。

新优质学校集群发展是上海市"十三五"教育改革与发展的一项重要内容，我们要根据市教委有关新优质学校集群发展的要求，根据浦东新区的实际情况，努力推进这项工作，走出一条适合区域特点的新优质学校发展的路来，创建出更多的老百姓家门口的好学校。

2. 学校中层干部的项目意识与推进能力的调查研究

——以浦东新优质学校为例

上海市浦东教育发展研究院　张　娜

第一部分　文　献　综　述

教育变革充满复杂性与渐进性。加拿大著名教育学者迈克尔·富兰在《变革的力量——透视教育改革》一书中提出要使教育系统成为一个学习的机构,善于对待变革,就像正常工作的一部分那样,并非与最新的政策有关,而是作为一种生活方式。每一个以及所有的教育工作者必须争取做强有力的变革动力,把思想、政治行动和道德目标有机融合,在自我完善中开展组织内外部的合作。

一、对学校组织变革走向、策略及实践等的研究

叶澜教授从学校的基本形态、内在机制和实践过程三个维度综合思考提出了学校变革的转型问题,勾勒出了现代学校的五大特质(价值提升、重心下移、结构开放、过程互动、动力内化)。也有研究者从学习型组织理论出发,提出了学校组织变革应走向学习型学校的设想;引入西方"校本管理"的理念和做法,倡导中国学校组织变革要实施"校本管理";提出学校组织变革涉及权力的调整和分配;倡导创建积极的和谐的学校组织文化,取得学校组织成员对变革的认同和参与。范国睿教授认为,学校组织的变革与发展是一个复杂的系统工程,在当代中国教育改革的宏观背景下,通过建立现代学校制度,理顺学校与政府、学校与市场、中介性非政府组织的关系,赋予学校以真正的办学自主权,使学校面向社会自主发展、主动发展与持续发展是实现学校组织变革的重要外部条件。在学校组织内部则需要进一步建立科学与民主相融的管理体制与机制,如通过建立与完善学校发展规划,实现科学的、深层的、持续性的变革与

发展。

1. 合作文化与组织知识创新

富兰教授认为,组织内部合作对组织变革具有深远意义,复杂时代合作文化的基本特征是:在相互信任的基础上扶持多元化;激发焦虑并控制焦虑;重视知识创新(隐性到显性,显性到隐性;把关联性和开放性有机结合起来;融合道德、政治和智慧三方面的因素)。合作文化的真正价值在于激发教师改革热情的同时,还要为他们智慧的充分发挥提供支持。理解合作文化的本质和它所具有的作用,就是承认它在吸收全体组织成员的隐性知识(进而使它们变成显性知识)方面具有功能,同时它也能够积极寻求和吸收组织外部新的思想和知识。

一个组织前进的方向不仅包括吸收外部优秀的思想和技术,更重要的是,必须重视组织内部知识的建立和发展——这是靠雇用得不到的东西,你必须去扶持和发展它。在具有不同背景、观点和动机的多样化群体中分享隐性知识,是系统的知识创新能力能够产生的关键一步。每一个体的情绪、情感、心理活动只有向他人敞开的时候,才能赢得相互间的信任。

2. 中层管理者在知识转化中的作用

野中郁次郎认为,隐性知识转化的过程使中层管理者的作用至关重要。从上到下的策略(即那种没有吸收隐性知识的策略)和从下到上的策略(即那种尽管具有隐性知识,却没有转化为有用的、认同的显性知识的策略)都是欠缺的。中层管理者能够在协调外部和内部各种因素中发挥积极作用。

二、有关学校中层作用与培养等方面的研究

李家成认为,学校管理团队中的中层干部,是学校转型与管理变革中不可缺失的变革力量。当前中小学管理改革中可以设置"降低管理重心"的新目标,在学校转型与管理变革过程中培养中层管理干部,并同时推动学校整体转型与管理变革的实现。具体要以学校制度变革促进中层管理干部发展;在具体的工作实践中培养中层管理干部;在群体交流中培养中层管理干部。

宋君华等研究者认为学校中层的执行力对学校管理至关重要,研究了中层管理者的执行力由领悟能力等 8 个方面组成,并提出强化执行力的相关措施。关于学校中层的研究涉及中层的角色定位、基本素养、管理和培养等方面。

马克思维尔认为中层培养分为培育、补给和发展 3 个层面。培育是针对全

体组织成员,补给是主要针对有一定组织职位的潜在领导者。补给是一个持续的过程,必须针对每一位潜在领导者的特点制定,要因材施教。补给潜在领导者要根据组织的需要,确定补给的目标和内容。补给的基本步骤是:和你要补给的人之间建立个人关系;分享你的梦想;寻求被补给者的承诺;为其成长设立目标,成为其前进的目标地图;执行五步培训法(示范、指导、监督、激励、效率);给出三大要务(责任、权力和承担后果);给予所需的工具;开展系统性检查(对"感想"展开讨论,衡量进步,给出反馈,给予鼓励);最后召开补给会议(搜集好消息,展望愿景,确定内容,加强管理,赋予权力)。发展潜在领导者是针对少数人,选择进入成长层次较高的人进行重点培养。成长的六个层次,第三层次使他们能在工作中复制自己是指在专业领域中培育他人,第四层次是要求在个人和专业领域都有成长的意愿,拓宽他们的思维以及成功经验的积累。

创建新优质学校的过程是学校主动走向变革,动员组织成员共同建立愿景,合作发展的过程。需重视中层干部在新优质学校创建中的作用,尤其是在发展合作文化与组织知识创新中发挥积极作用。

第二部分　研　究　设　计

一、研究目标

通过对浦东新区69所新优质学校的中层和教师开展问卷调查与个别访谈,了解学校中层干部对新优质学校项目责任意识与项目推进能力的现状,分析其对新优质项目实施的影响水平和深度,并提出新优质项目实施中,学校和区域支持中层工作与培养中层的策略。

二、研究内容

1. 学校中层对学校变革的目标、内容、策略等认同及其影响因素研究。

2. 学校中层对新优质学校项目推进责任意识与推进能力的现状及影响因素研究。

3. 学校中层对新优质学校项目的责任意识与项目推进能力的相关性分析。

4. 学校中层的项目责任意识和推进能力对新优质学校项目实施效果分析。

5. 新优质学校项目实施中,学校和区域支持中层工作与培养中层的策略研究。

三、研究方法

1. 文献研究法：通过文献研究，总结影响学校变革的主要内外因素和动力；分析学校中层项目责任意识与推进能力的基本构成，为问卷设计提供理论基础。

2. 调查研究法：通过对浦东新区69所新优质学校的中层和教师开展问卷调查与个别访谈，了解学校中层对新优质学校项目的责任意识与项目推进能力的现状及相关影响因素。基于对中层在新优质学校项目推进中的不同主张、职责和工作贡献度，对比分析中层的项目责任意识与推进能力之间的关系。

3. 案例研究法：寻找学校中层如何推进新优质学校项目的个案，由此更深入分析相关影响因素以及学校和区域支持中层工作与培养中层的策略。

四、主要观点

1. 创建新优质学校项目，引发学校整体变革。
2. 中层队伍显著地影响着学校变革的深度和广度。
3. 学校中层的项目责任意识与推进能力是影响新优质项目实施效果的决定力量之一。
4. 学校应在创建新优质学校项目实施中，培养学校中层的领导力。

第三部分　开发调查工具

一、部分市新优质学校中层培育案例

闵行四中管理重心下移，成立年级管理委员会，实现班级管理与学科的融通。做大中层，中层新基本功包括日常调研之功、思维融通之功、回溯分析之功。借以实现渐进性创新、突破性创新与持续性改进。

青溪中学中层团队的培养采取跟岗制度，优秀人员在多个岗位上轮岗，培养全局观和系统思考能力。面临的问题是学校规模扩大，如何选拔和培养更多的领导者。

世博家园小学通过扁平化管理，组建年级组共创团队，以班主任为主要力量，倡导"个性相依、共性相择"，目前形成年级管理手册。以春秋游为例，由年级组长负责，组内讨论出方案，谁负责谁跟进都由年级组长决定。

徐汇启星小学开展项目管理，在项目实施中对中层管理者进行培训，教师奖励也由项目负责人确定。

二、部分校长、中层访谈

2018年9月11日校长访谈　区第一批新优质学校

（一）中层在项目中的工作

1. 教导处、课程处与新优质学校项目的联动较多，之前的一署集群，多从这些方面开展。

2. 学校中层动起来需要有抓手，希望以集群为平台，集群可以从上面牵引、布置工作。之前本校开展了全校优质课等活动。

3. 中层工作主要是落实，因此条块驱动有意义。主要完成集群布置的工作，未来需要集群的进一步牵引。

（二）新优质工作未来走向

1. 新中考重视综合评价，其中包括生活探究和职业体验等内容，应该把学校的创新实验室更好地用起来。集群能有这方面的引领性活动更好。

2. 本校的创新实验室已经有6年，有成熟的课程，教师已经开始了跨学科组合，有生命科学、地理等跨学科教研。

3. 校长要眼光超前，探索新中考，在新优质学校项目上进行整合。新环境需要有新的驱动点。与新中考结合，开展生活探究、综合探究、职业体验与创新实验等内容。

（三）学校发展的困难

1. 创新实验室配套的课程开发受师资（编制）影响和经费限制。

2. 中层激励的问题：受绩效工资影响，外出培训和发钱都不行。建议重新集群，不是为了工作而工作，而是有益于工作。

3. 中层问题主要出现在上面，政教处报表从开学未停止过。

（四）学校发展的经验

1. 校长抓青年教师的发展，教师参与项目、课题，在研究中发展才能带来改变。

2. 关于信息技术：用信息技术解放教师的劳动力，学生使用信息技术的困难，用信息技术引领教师。

2018年9月12日校长　教师（项目联络人）

教师（项目联络人）：

1. 不知道做什么、怎么做？主要是负责教导处的工作。

2. 学校规划制订时还没有参与这项工作。这个工作应该是大家一起做的，上次展示活动于老师做了很多。校长亲力亲为，其他人主动性差。

3. 原来由集群学校召开会议布置工作，主要依赖集群的活动，集群停了以后不知道该怎么办。原来集群时要交课程方案，召集联络员定期学习，有要求有动力。

4. 学校原来做得很好，总结时把学校各项工作都整合在一起。课程自己能做，但是团队合作更好。学校之前做绿色项目时有项目组。

校长：

1. 新优质学校项目由专人负责，所有部门跟进，融入学校整体工作之中。

2. 署取消后，学区化没方向，原来按署集群，跟着做。

3. 对目前的强校工程有想法，应该鼓励所有的学校；新优质学校每年只有5万元经费太少。

4. 集群要有共同的活动和要求，给学校实质性的支撑。

2018年10月19日微信校长访谈　新优质学校项目实施中中层作用发挥

学校将家校合作写入学校章程及发展规划，中层将教育服务的理念落实到实践中。家校合作项目每个部门都有决策权和执行权。

校长室：对接校家委，指导家委会工作和学校工作的思路和方向，为学校的家校合作打好基础。在德育副校长的指导下开展家校合作工作。

学生处：专人专岗对接家委会、社区；建立家校联系人制度；落实"体育节、科技节、爱心节"等各类主题活动中家长的参与；落实考察活动的家长课程资源；10多个学生校外考察基地。组织家长足球赛、羽毛球赛等社团项目顺利开展。开发家长学校课程。创立家校共建的学生社团"青鸟社"。

事务部：落实家长义工团，即交通义工社团、心理护导社团、儿童乐园社团、图书馆义工团队、延长看护班义工团队。家长满意度调查与问卷分析、反馈，教育服务整改。质量控制部为实施优质教育服务保驾护航。为家委会提供广告用品制作等支持。

中学课程处、小学教导处：落地家长支援课程，背靠家长专业背景资源，中学部开设家长大讲堂，小学部开设微型课程、故事妈妈。对接公益部爱阅读项目进课堂。

后勤处：对接本学期家委会各社团活动的入校管理、车辆管理、场地管理、卫生打扫等工作；对接生活部，为学生提供营养午餐保障。

三、调查问卷初步设计

（一）关键概念分解

项目责任意识：对项目知晓度（计划、目标、实施要点）；与个人、部门工作联系；项目归属的认识；项目实施权利和责任归属；项目评价与个人的关联度。

项目推进能力：工作范围和重点；与项目的关联度；项目实施的难度分析；项目实施问题解决能力；项目实施胜任度的自我评价。

（二）三类问卷设计的维度

问卷类型	设 计 维 度					
基本信息	学校性质	发展状况	生源特点	中层（教师）发展意愿和动力	对学校的满意度	
校长问卷	变革知识	变革动力、阻力	项目运行情况	中层发挥作用评价	中层培育目标和行动	
中层问卷	变革知识	项目认同和主要工作	项目运行情况评价	组织合作文化的评价	工作动力、阻力和所需支持	个人发展愿景
教师问卷	项目知晓度和参与度	个人专业发展情况	学校对教师发展的支持	中层发挥作用评价		

（三）设计校长问卷、中层问卷、教师问卷

1. 课题组成员第一轮研讨

三类问卷信息增加对新优质学校项目的知晓度，包括属于区第几批新优质学校和目前开展的核心项目。目的是通过问卷调查增加各校教师对新优质学校的知晓度。简化变革知识的问题，去掉开放题，减少问题总量。

2. 课题组成员第二轮研讨

梳理问题顺序，以问题为核心的结构化顺序为方便测试者思考的顺序。

3. 试测

选择新优质学校 2 位中层干部和 1 位校长，问题集中在个别问题的措辞。

第四部分 调查过程与分析

一、调查实施

2019年2月22日至3月4日间,对浦东新区69所新优质学校开展网上调查。共回收校长问卷94份,其中有效问卷90份;回收中层问卷583份,其中有效问卷581份;回收教师问卷1 537份,其中有效问卷1 533份。其中某小学未提交任何问卷,某学校除校长外均参与问卷调查。因此实际调查学校为68所。

二、校长问卷分析

调查的新优质学校校长和书记中,来自各学段的情况如下。其中校长42人,书记26人,校长兼书记22人;其中男性校长(书记)(这里指校长、书记或校长兼书记,后同)46人,女性校长(书记)44人。参加调查的3所完全中学均是校长兼书记。

其中担任校长(书记)年限在0—5年的占15.56%,而在本校担任校长(书记)年限在0—2年的占43.33%。

(一)校长重视与主抓是新优质学校项目实施的决定力量

71.11%的校长(书记)完全赞同、27.78%的校长(书记)基本赞同新优质学校项目对学校发展有较大的促进作用。认为学校目前新优质项目运作良好的占98.89%。校长(书记)认为新优质学校项目实施非常重要的前三名排位依次是校长重视、制订完美的计划与实施、中层干部的重视和推进;新优质学校项目的开展方式最重要的是校长主抓,其次是中层参与和联络人主负责。可见校长的重视是新优质项目顺利开展的决定因素。区内推行新优质学校创建的规划指导与创建的过程监督,也是重要的影响因素,校长(书记)们普遍认为新优质学校项目实施中比较重要的是规划制订与实施。

(二)校长对学校变革的理解

95.55%的校长(书记)认为本校目前正处于变革之中,87.5%的校长(书记)认为本校变革的动力大于阻力。认为变革中经常有冲突发生的占80%,影响学校发展的重要因素中排名前三位的依次是校长领导有方、内部团结和中层干部投入;排在后两位的是教师发展意愿和干部发展意愿;变革中难度最大的是教师观念转变;对教师成为领导者的认同度远大于中层干部。

(三)学校发展现状与发展动力来源

46.66%的校长(书记)认为学校目前面临发展困境,其中有84.42%的校长(书记)认为学校有能力走出困境。对学校目前的发展状态基本满意的占70%,非常满意的占27.78%。校长认为学校发展的首要动力是有共同愿景,其次是中层工作投入和教师工作投入。

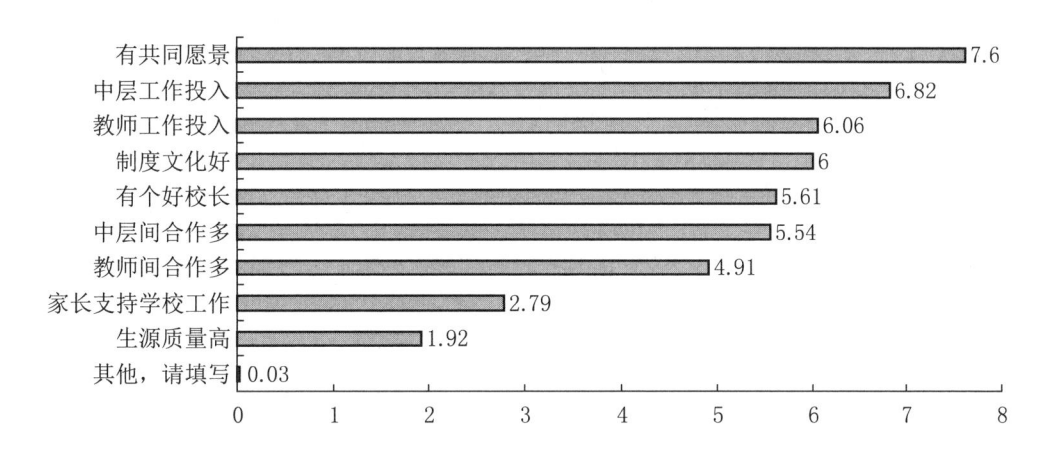

项目	数值
有共同愿景	7.6
中层工作投入	6.82
教师工作投入	6.06
制度文化好	6
有个好校长	5.61
中层间合作多	5.54
教师间合作多	4.91
家长支持学校工作	2.79
生源质量高	1.92
其他,请填写	0.03

(四)校长重视发挥中层作用,正有计划地开展中层培养工作

校长(书记)认为中层在新优质学校项目实施中发挥良好作用的占98.89%,对中层工作投入程度满意和较满意的占100%,对中层工作能力满意和较满意的占97.78%,认为学校中层主要是执行者的校长(书记)占71.11%。97.78%的校长(书记)确认本校正在有计划开展中层培养工作。培养中层的常用举措中排名前四位的分别为信任、提供挑战性工作任务、引导其制订个人成长规划和为其完成任务提供支持;排在后三位的依次是口头鼓励、提升职务和物质激励。

三、中层问卷分析

回收中层问卷583份,其中有效问卷581份。中层干部性别比例为男性占33.91%,女性占66.09%;年龄比例为30岁以下占5.34%,30—40岁占18.42%,41—50岁占53.53%,51—60岁占22.72%。中层干部职位包括副校长、教科室主任(含副)、校务办主任(含副)、德育主任(含副)、教导主任(含副)、工会主席(含副)、总务主任(含副)、团队干部(含副)、人事干部等,部分学校因机构调整,有教师发展部主任、教导主任、学生发展部主任、课程发展处主任、学生处主任等职位。

(一)新优质学校项目与个人工作的关联度越高,对学校发展认可度越高

21.17%的中层干部基本赞同、70.91%的中层干部完全赞同新优质学校项目与个人的工作关联度非常大,相关系数为0.449。完全不赞同的占5.34%,包括教科室主任、教导处主任、工会主席、团队干部等职位。这部分人中有35.48%认为新优质学校项目目前运转情况不佳,对学校中层所发挥的作用也持否定态度,甚至有29.03%人认为学校目前发展态势不佳。

第10题: 新优质学校项目与您工作的关联度非常大,您对这一说法 [单选题]

选项	小计	比例
完全不赞同	31	5.34%
基本不赞同	7	1.2%
不确定	8	1.38%
基本赞同	123	21.17%
完全赞同	412	70.91%
本题有效填写人次	581	

(二)认可新优质学校项目对学校发展和个人发展的作用

72.81%完全赞同、23.24%基本赞同新优质学校项目实施对学校的发展有较大的促进作用。新优质学校项目实施对个人的促进作用中排在前三位的依次是提升教育教学能力、开拓视野和提升管理能力,而排在后三位的是提升与同事的协作能力、消耗较多时间和精力以及无影响。

(三)认可中层在新优质学校项目实施中发挥重要作用,但作用发挥仍有一定上升空间

97.08%的人基本赞同和完全赞同中层在新优质学校项目实施中发挥重要作用。在对新优质学校项目实施最需要什么的排名中,排在第一位的是校长重视,其次是制订完美的计划与实施、专家引领、全体教师的努力和中层干部的重视和推进。校长调查中,中层的参与重视排名第三位。中层对项目实施中个人对项目的重视和推进的排名靠后,说明中层在项目与个人关联度和实施中的作

用发挥尚有一定空间。

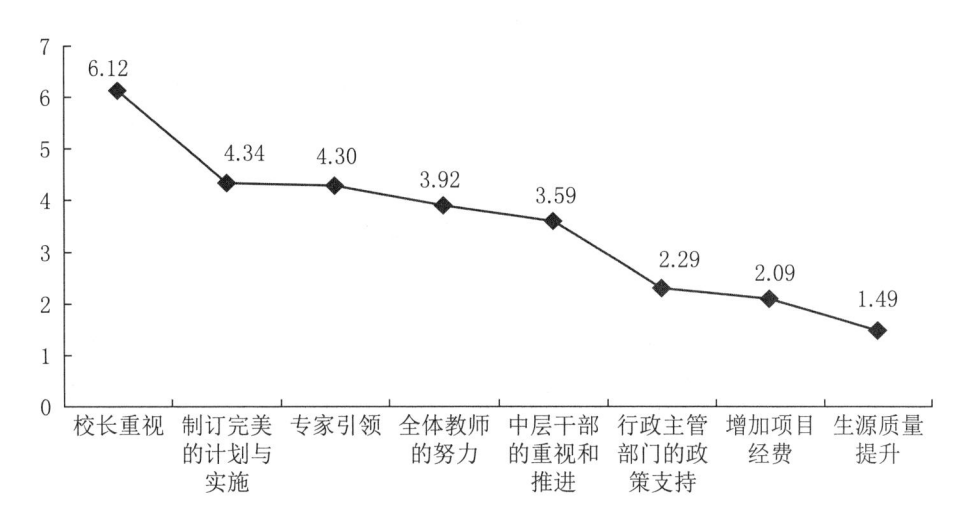

图表数据：
- 校长重视：6.12
- 制订完美的计划与实施：4.34
- 专家引领：4.30
- 全体教师的努力：3.92
- 中层干部的重视和推进：3.59
- 行政主管部门的政策支持：2.29
- 增加项目经费：2.09
- 生源质量提升：1.49

（四）中层的自我定位：执行者与协调者

55.25％的人认为学校中层是执行者，35.28％的人认为学校中层是协调者，7.06％的人认为学校中层是领导者，还有2.41％的人认为个人几种角色兼有。认为中层是执行者的比例低于校长问卷调查所认为的71.11％。认为学校中层是领导者的比例低于校长调查所认为的13.33％。对比发现，校长希望学校中层更多成为领导者，虽然这一比例不高。但是如果中层能在项目推进中更好地发挥领导者作用，对项目推进及自身发展势必带来更积极影响。

（五）赞同变革的循序渐进性，认为学校变革中难度最大的是教师观念转变

77.45％的中层完全赞同、21.69％基本赞同学校变革是循序渐进的观点，选择完全不赞同的6位均为男性，且来自不同学校，他们认为新优质学校项目与个

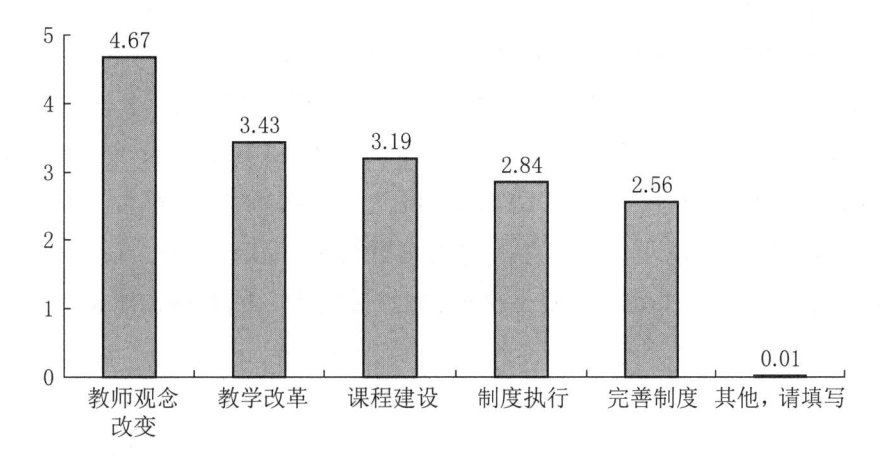

图表数据：
- 教师观念改变：4.67
- 教学改革：3.43
- 课程建设：3.19
- 制度执行：2.84
- 完善制度：2.56
- 其他，请填写：0.01

人没有任何关联,且项目运行不佳,对学校发展没有积极影响,他们甚至认为学校目前发展状况堪忧。他们认为中层的主要角色是执行,学校也没有开展有计划的中层培养工作。他们也不赞同学校的发展是依靠每个人的发展,其中 4 人对目前的工作环境非常不满意。中层干部认为学校变革中难度最大的是教师观念改变,其次是教学改革。

(六)认为学校发展依靠每一个人,个人的发展动力主要来自校长支持和个人发展需求

对"学校发展依靠的是每一人的发展"这一观点基本赞同的占 25.82%,完全赞同的占 70.74%;认为影响学校发展的前三位因素是校长领导有方、教师工作投入和生源质量,而把中层干部的工作投入程度放在第五位。

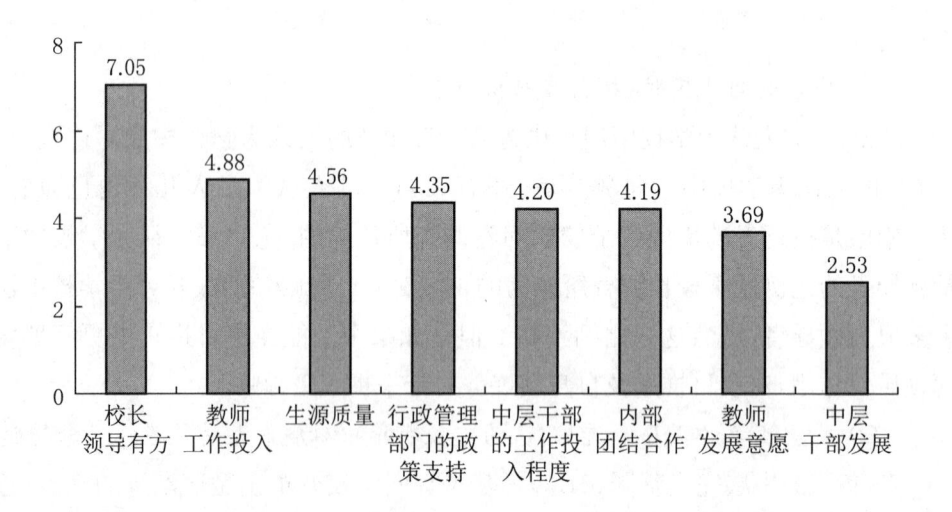

项目	数值
校长领导有方	7.05
教师工作投入	4.88
生源质量	4.56
行政管理部门的政策支持	4.35
中层干部的工作投入程度	4.20
内部团结合作	4.19
教师发展意愿	3.69
中层干部发展	2.53

完全赞同和比较赞同学校变革中动力大于阻力的分别占 55.79% 和 36.14%,认为本校发展的主要动力依次为有个好校长、有共同教师工作投入和中层工作投入,生源质量排在最后一位。57.66% 的中层认为学校目前处于发展困境,其中 10.45% 的人认为是否能走出困境不确定,其他均表示学校能走出发展困境。中层推测校长对其工作满意度是非常满意,完全符合占 63.86%,基本符合占 32.87%;对个人工作能力的满意情况,完全符合占 61.96%,基本符合占 34.94%。工作动力主要来自校长的支持、个人的发展需求以及校长的鼓励。

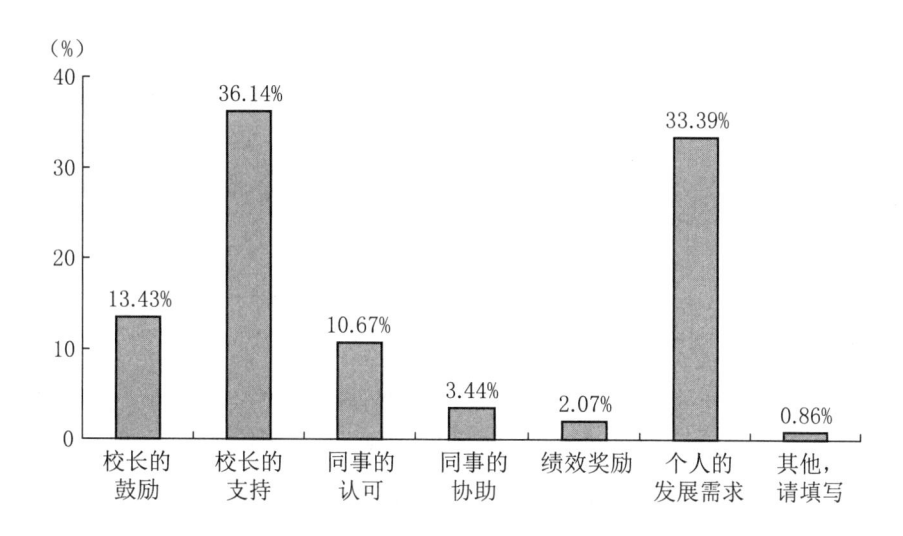

```
(%)
40
         36.14%
                                              33.39%
30

20
    13.43%
                10.67%
10
                          3.44%   2.07%
                                                       0.86%
 0
  校长的  校长的  同事的  同事的  绩效奖励  个人的   其他,
   鼓励    支持    认可    协助          发展需求  请填写
```

（七）目前的工作困境及对工作环境的满意度

中层面临的工作困难主要是有些任务无法达标、缺少协助者和有些任务无法达成，出现困难的主要原因来自个人和外界两个方面，来自各条线的工作过多与个人时间和精力有限是最重要的原因。25.13％完全赞同和55.05％基本赞同个人能克服工作中的困难的观点。中层是否能克服工作中的困难与其对学校目前的发展状态的满意程度（r＝0.258）、是否选择离开（r＝1）、有了新想法是否受到鼓励（r＝0.272）等在0.01水平上显著相关。

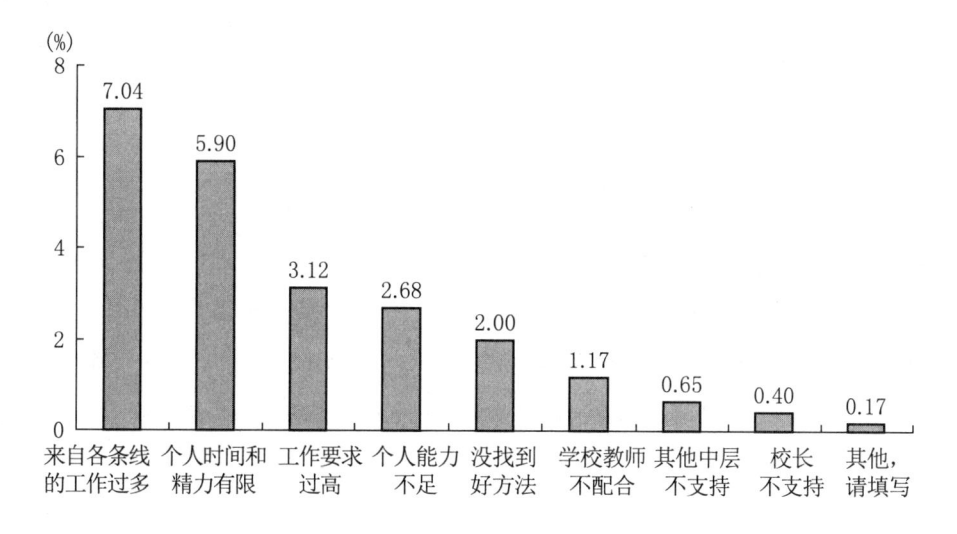

```
(%)
8
   7.04
        5.90
6

4
             3.12
                  2.68
                       2.00
2
                            1.17
                                 0.65
                                      0.40  0.17
0
来自各条线 个人时间和 工作要求 个人能力 没找到 学校教师 其他中层 校长  其他,
的工作过多 精力有限   过高    不足   好方法 不配合  不支持  不支持 请填写
```

中层更在意同行的评价，其次是校长和学生、家长；49.23％完全满意和47.5％基本满意学校目前发展状态，43.2％完全满意和54.73％基本满意个人目前工作状态。表示如果有机会到其他学校工作的,不确定的占 18.42%,完全符合和基本不符合的占 10.67%。中层是否愿意到其他学校工作与是否有个人发展规划、认定学校目前发展动力大于阻力等因素不相关,与对工作环境的满意程度、校长对个人工作投入程度和工作能力的满意程度、学校发展态势等正相关。

(八)中层的沟通与合作

73.84%的中层认为个人与校长沟通非常顺畅,有 24.1%的人认为比较顺畅;有 67.81%的中层认为个人与其他中层沟通顺畅,有 30.46%的人认为比较顺畅;有 68.67%的中层认为个人与学校大部分教师沟通顺畅,有 29.43%的人认为比较顺畅。仅 1.55%的中层表示对目前工作环境不满意。中层与校长、其他中层与教师的沟通越顺畅,组织教师开展合作实践的困难程度越小。

中层主要的工作方式是按常规做,占比达 90.02%,其与中层对学校与个人目前发展状态的满意程度正相关,与组织教师开展合作实践不相关;当工作中有了新想法,主要的做法是向校长汇报的占 63.86%,其次才是和同事沟通和自己先尝试;遇到新工作,主要的做法是和同事一起做占比达 56.28%,其次是一个人担当占 34.25%;再次是力不从心占 8.78%。

当工作中有了新想法,通常会得到鼓励和支持的比例达 91.91%;当教师中有了新想法和做法,中层把这些传达给校长的占 37.35%,帮助教师们把想法和做法再提炼的占 46.3%。93.29%的中层认为本校有合作型组织文化,但在问及组织教师开展合作实践的困难时,有 15.49%的中层表示不确定,有 22.72%的中层表示有困难。

(九)针对中层有计划地培养

85.18%的学校中层认为学校正在有计划地开展中层培养工作,校长培养中层干部的举措中排在前四位的是信任、引导其制订个人成长规划、提供挑战性工作任务和为其完成任务提供支持;排在后三位的依次是口头鼓励、提升职务和物质激励。这一调查结果略低于校长问卷 97.78%的比例。13 位选择不确定学校是否在有计划培养中层的中层干部中把口头鼓励列在校长培养中层举措的首位。

四、教师问卷分析

回收教师问卷 1 537 份,其中有效问卷 1 533 份。男教师占 17.68%,女教师占 82.32%;班主任占 51.08%。

(一)新优质学校项目实施与个人关联度高,认为实施方式主要是校长主抓和全员参与

64.32%的教师和 28.9%的教师认为学校目前发展态势非常良好和比较良好,59.03%和 33.4%的教师认为新优质学校项目与个人的关联度非常高和比较高。新优质学校项目的实施方式主要是校长主抓占 50.29%,其次是全员参与占 43.44%,之后才是中层参与和联络人主负责。基本认同中层在新优质学校项目实施中的作用,完全赞同的占 56.69%,基本赞同的占 35.42%。选择完全不赞同中层在新优质学校项目实施中发挥作用的 12 人中,有 8 人认为学校目前发展态势存在问题,并否认个人与新优质学校的关联度,他们中有 9 人认为决定学校发展的首要因素是生源质量。认为新优质学校项目实施对教师个人的影响主要是提升教育教学能力的占 58.12%,其次是开拓视野,占 19.63%。

(二)认为学校发展目前动力大于阻力,学校发展的主要动力是教师工作投入

50.1%的教师认为影响学校发展的首要因素是生源质量,28.64%的教师认为影响学校发展的首要因素是校长领导。排在后面的依次是教师工作的投入程度、行政主管部门的政策支持和中层干部工作投入程度。51.21%和 35.42%的教师完全赞同和基本赞同学校目前发展的动力大于阻力,学校发展的动力主要是教师工作投入,其次是有个好校长。从教师问卷分析,中层在学校发展中的作用,没有得到教师的充分认可。

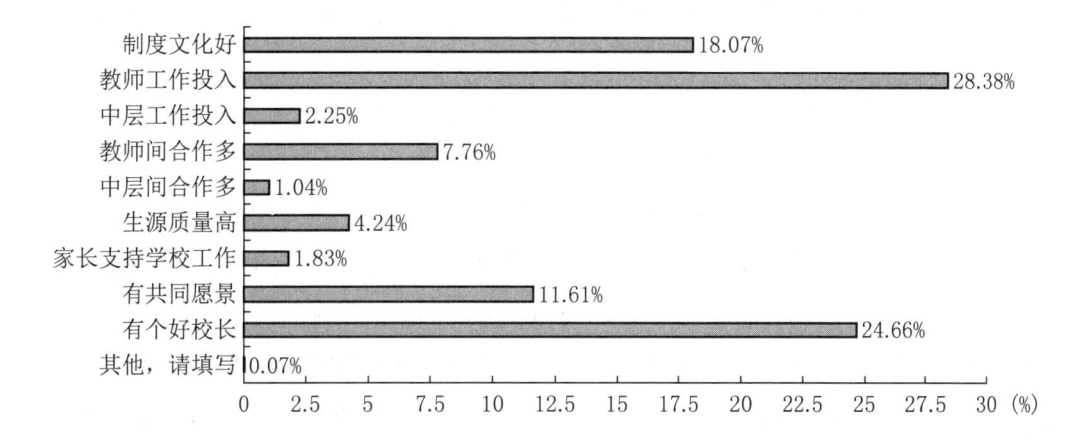

项目	百分比
制度文化好	18.07%
教师工作投入	28.38%
中层工作投入	2.25%
教师间合作多	7.76%
中层间合作多	1.04%
生源质量高	4.24%
家长支持学校工作	1.83%
有共同愿景	11.61%
有个好校长	24.66%
其他,请填写	0.07%

（三）教师的工作动力主要来自个人发展需求

教师的工作动力主要来自个人发展需求，其次是校长鼓励和校长支持。当教师在学习新知识技能遇到困难时，82.39%的人选择向同事求助。教师最在意学生的评价，其次是校长和同事。

有55.58%的教师完全赞同和36.33%基本赞同学校正在有计划地开展教师培养工作。有38.94%的教师对学校目前状态非常满意，有53.42%的教师对学校目前状态基本满意，但是却仅有28.57%的教师表示不会去其他学校工作，有20.68%的教师表示基本不会去其他学校工作。

第五部分 调查结论与建议

一、调查结论

（一）被调查者认可新优质学校项目实施的价值，认为其促进了学校和个人发展

71.11%的校长（书记）完全赞同、27.78%的校长（书记）基本赞同新优质学校项目对学校发展有较大的促进作用；72.81%的学校中层完全赞同、23.24%的学校中层基本赞同新优质学校项目实施对学校的发展有较大的促进作用。70.91%和21.17%的中层认为新优质学校项目与个人的关联度非常高和比较高，他们认为新优质学校项目实施对个人的促进作用中排在前三位的分别是提升教育教学能力、开拓视野和提升管理能力；59.03%和33.4%的教师认为新优质学校项目与个人的关联度非常高和比较高，他们认为实施新优质学校项目对个人的促进作用中排在前三位的分别是提升教育、教学能力，开拓视野和学习新知识。

（二）校长重视与主抓是新优质学校项目实施的决定力量，中层在新优质学校项目实施中可以发挥更大作用

72.22%的校长（书记）完全赞同、26.67%的基本赞同中层在新优质学校项目实施中发挥重要作用，并认为新优质学校项目实施非常重要的因素中前三名排位依次是校长重视、制订完美的计划与实施、中层干部的重视和推进；新优质学校项目的开展方式最重要的是校长主抓，其次是中层参与和联络人主负责。75.39%的中层完全赞同、21.69%的中层基本赞同中层在新优质学校项目实施中发挥重要作用。

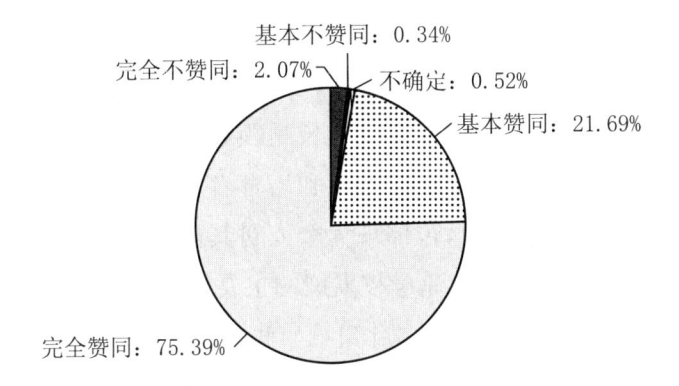

基本不赞同：0.34%
完全不赞同：2.07%　不确定：0.52%
基本赞同：21.69%
完全赞同：75.39%

中层认为在新优质项目实施中最需要的是校长重视,其次是制订完美的计划与实施、专家引领、全体教师的努力和中层干部的重视和推进。新优质学校项目的实施方式是校长主抓和全员参与,中层参与和联络人主负责排在第三位和第四位。可见校长的重视是新优质项目顺利开展的决定因素,校长更重视中层在新优质项目实施中发挥主要作用,而中层却认为更重要的是全员参与,中层可以在项目实施中发挥更大的作用。

（三）中层面临的工作困境不容忽视,校长认可、个人克服困难的能力等是影响中层工作的主要因素

中层自我定位为协调者和执行者,中层如何成为领导者并更好地发挥作用有待深入研究;中层具备变革知识,但不认同个人是学校发展的主要影响因素。中层对新优质学校项目对个人发展和学校发展的价值肯定、个人在项目实施中发挥的作用肯定、学校对中层的有计划培养等与中层对目前个人工作状态的满意程度正相关。中层对学校变革中常有冲突发生的认识与其对工作状态的满意程度不相关,而与其认识到变革的循序渐进性以及学校的发展依靠每个人的发展相关。中层对个人工作状态的满意程度与校长对中层工作投入程度、工作能力的认可以及对克服困难的能力等相关。

校长支持,与校长、其他中层和教师直接沟通是否顺畅,学校是否对其进行有计划培养等,认同变革中动力大于阻力,工作年限与中层克服个人工作困难的信心正相关,这些因素是帮助中层克服工作中困难的主要因素。

二、发展建议

（一）引导中层认同个人是领导者,并能在学校发展中发挥更大作用

调查发现中层具备变革知识,理解变革的循序渐进性与发展的不确定性;在

项目意识方面,确认个人与新优质学校项目之间的关联和影响。不足之处是他们认为影响学校发展的重要因素主要来自校长和教师,并且认为中层的角色是执行者和协调者。在学校发展中,不仅校长是领导者,每位中层、每位教师也是领导者。领导者不是管理者,而是影响者和培育者。中层项目实施的能力既体现为校长和教师对中层的认可,也体现为个人对其能力的认可。中层需认可自己领导者的角色,进而确信个人是学校发展的主要影响因素。

(二)积极调动影响中层克服工作困境的积极因素,提升中层的变革能力

调查发现中层普遍面临着工作困境,来自各条线的工作过多与个人时间和精力有限是最重要的原因。中层解决工作难题的信心来自对学校发展动力大于阻力的判断,也来自现实中校长的支持、个人与他人的良好沟通以及个人是否被有计划培养等方面。因此支持中层发展,校本的培养与支持非常关键。学校需要以新优质学校创建为学校变革的契机,引导中层在项目实施中率先发展四种核心的变革能力,即形成个人见解、探索能力、控制能力和协作能力,带动学校的总体发展。

主要参考文献:

1. [加]迈克尔·富兰.变革的力量——透视教育改革[M].北京:教育科学出版社,2000.
2. [挪威]波·达林.国际视野中的学校发展[M].北京:教育科学出版社,2002.
3. [加]迈克尔·富兰.变革的挑战——学校改进的路径与策略[M].北京:北京大学出版社,2013.
4. [加]迈克尔·富兰.极度空间:整合科技、教育学与变革知识[M].西安:西南师范大学出版社,2016.
5. 郑杰.忠告中层——给学校中层管理者的47封信[M].上海:华东师范大学出版社,2017.
6. [美]约翰·麦克斯韦尔.领导力的5个层次[M].北京:金城出版社,2017.
7. [美]约翰·C.麦克斯韦尔.中层领导力[M].北京:时代华文书局,2017.
8. 胡兴宏."新优质学校"追求什么[J].上海教育科研,2015(3).
9. 李家成.学校变革视野下的中层管理者成长[J].人民教育,2007(24).

第二编

课程开发与实施：聚焦新优质

1. 新建学校构建绿色课程的实践研究

上海市周浦实验学校　张燕忠等

一、课题的提出

（一）依据教育部《基础教育课程改革纲要》有关精神

《基础教育课程改革纲要》指出：改变课程过于注重知识传授的倾向，改变课程结构过于强调学科本位、科目过多和缺乏整合的现状，改变课程内容"难、繁、偏、旧"和过于注重书本知识的现状，改变课程实施过于强调接受学习、死记硬背、机械训练的现状，倡导学生主动参与、乐于探究、勤于动手，培养学生搜集和处理信息的能力、获取新知识的能力、分析和解决问题的能力以及交流与合作的能力。本课题就是依据教育部《基础教育课程改革纲要》有关精神而提出的。

（二）依据国家以及市中长期教育改革和发展规划纲要

2010年，《国家教育中长期发展规划和纲要》与《上海市教育中长期发展规划和纲要》指出：当前我国基础教育改革的定位是办人民满意的教育。重点是提高义务教育质量，深化课程与教学方法改革，完善课程体系。2011年，上海市基础教育工作会议提出：通过课程改革推进，为学生提供多样化教育，满足学生多样化的发展需求，让每一个孩子健康快乐地成长。本课题就是依据国家以及市中长期教育改革和发展规划纲要而提出的。

（三）依据《上海市中小学生学业质量绿色指标》要求

上海市周浦实验学校以落实《上海市中小学生学业质量绿色指标》为导向，充分体现学校教育公平，着眼于全体学生的学习需要，让学校的教育真正关注和惠及每一位学生的终身发展。这也意味着学校要重视校本课程的"深度"开发，更好地让教育教学过程成为每位学生生命发展的过程，真正践行"为了每一个学生的终身发展"的核心理念，从而提出本课题研究。

（四）依据上海市周浦实验学校建校初期的特殊情况以及发展目标

上海市周浦实验学校创办于2013年8月，生源数量较多，生源素质参差不齐;学校毗邻周浦医学园区,可以充分利用地理优势,辐射周康航基地,建成周康航基地"绿色新家",使学校成为家长和学生满意的绿色校园。

鉴于上面所述,学校选择本课题作为学校重点课题,为此我们开展"新建学校构建绿色课程的实践研究"课题研究。

二、研究的概况

(一)研究目标

建立与完善适合学生身心健康发展的绿色课程结构与内容体系;探索与总结适合学生身心健康发展的绿色课程途径与个案研究;探索与形成适合学生身心健康发展的绿色课程管理与评价体系。

(二)研究内容

绿色课程的开发与实施纲要研究;绿色课程设置的结构与内容研究;绿色课程实施的途径与个案研究:基础型课程基于绿色指标的校本化实施与个案研究,拓展型课程基于绿色指标的生活化完善与个案研究,探究型课程基于绿色指标的特色化推进与个案研究;绿色课程实施的管理与评价研究。

(三)研究方法

本课题以行动研究法为主,结合文献研究法、调查研究法、案例实证法、经验总结法,边行动,边改进,边反思。首先开发多元特色课程,制订绿色课程建设的研究方案;然后在学校日常教育教学管理中进行实施,发现问题、解决问题,并进行阶段总结和反思,进一步调整绿色课程建设方案,再进行实施和研究;最后总结研究成果,形成适合本校的绿色课程结构。

(四)研究过程

本课题的研究自2014年1月开始至2017年9月结题,主要经历了5个阶段。

资料搜集准备阶段(2014年1月—2014年2月):搜集相关研究信息,梳理周边社区资源、整合学校自身资源,分析学校绿色课程建设的可行性。

课题设计申报阶段(2014年3月—2014年4月):完善领导机构,落实研究计划,确立课题方案,完成申报论证工作。

课题研究实施阶段(2014年4月—2015年6月):构建并不断完善"3+6"绿色课程的整体框架;开展校企合作,不断开发具有本校特色的课程;编写相应的校本教材。

阶段调整改进阶段(2015年6月—2017年6月)：撰写项目中期研究报告，提炼前期研究成果，接受中期评估验收；结合当前教育热点对原来的课题做出一些调整。

后期提炼总结阶段(2017年6月—2017年9月)：搜集与整理课题相关的研究资料，进行加工和整合，使之系统化；对课题进行总结和评价，撰写研究报告。

（五）研究成果的形式

课题研究成果有课题研究报告，有关课题研究的情报文献综述，《学校基于绿色指标的绿色课程纲要》《学校基于绿色指标的绿色课程框架》，"创客"工作坊课程群实施个案，"B+C"育人拓展型课程实施个案，"零起点"教学与等第制评价，学校绿色课程实施活动案例等。

三、研究的成果

（一）新建学校构建绿色课程的含义

1. 绿色课程的含义

绿色是大自然界中常见的颜色，代表意义为清新、希望、安全、平静、舒适、生命、和平、宁静、自然、环保、成长、生机、青春。"绿色"原意是环保、无公害、无污染。

绿色课程是指依据《上海市中小学生学业质量绿色指标》，以尊重学生个体差异、满足学生发展愿望、让学生感受成功为原则；以培养具有良好品德行为和身心健康、富有创造思维能力的学生为目标；以丰富学生学习经历、促进学生健康快乐成长为内容；以选择、分享为教学的主要形式的校本特色课程。

2. 新建学校构建绿色课程的含义

新建学校构建绿色课程是指像上海市周浦实验学校这样的新建学校构建促进学生获得成功，促进学生良好品德行为、健康身心与创造性思维获得发展，促进学生快乐成长，促进教学选择、分享的学校课程。

新建学校构建绿色课程，包括校本化实施的基础型课程、生活化丰富的拓展型课程、特色化推进的探究型课程，是本校学生应学习的学科总和及其进程所安排的课程，是对育人目标、教学内容、教学活动方式的规划和设计，涉及课程方案（教学计划）和课程标准（课程纲要、教学大纲等）。通过这些课程让学生学会与自然、学会与他人、学会与社会、学会与自身和谐共处,努力培养具有中国情结、世界视野、正义责任和创新适变的周浦实验学子。

（二）学校基于绿色指标的绿色课程纲要

本课题涉及的绿色课程纲要,是教师依据《上海市中小学生学业质量绿色指标》,搜集与整理相关资源(或学材)编制某门课程的"教"与"学"的计划纲要,主要包括课程意义、课程目标、课程内容、课程实施与课程评价五大方面的课程要素。

（三）学校基于绿色指标的绿色课程框架

自 2013 年上海市周浦实验学校建校以来,本校坚持探索"校本化实施基础型课程、生活化完善拓展型课程、特色化推进探究型课程",不断完善"3+6"绿色课程框架。

学校目前已基本完成"3+6"绿色课程框架的体系建设("3"指的是基础型课程、拓展型课程、探究型课程;"6"指的是语言文学、数学、艺术、自然与科技、体育与健身、社会科学与综合实践六大学科模块)。这些课程为学生提供了丰富多彩的学习经历,旨在培育学生的创新素养,促进学生的身心健康,最终实现学校与自然、社会的和谐发展,成就学生的可持续发展。

下面以生活化完善拓展型课程"以'B+C'育人拓展型课程"实施为例。"B"是"Behavior(行为)"的首字母,指的是根据学生的身心发展规律制定的九年一贯制学校《育人规范管理细则》；"C"是"Culture(文化)"的首字母,指的是本校"爱学习、知礼仪、讲安全、会合作"的育人目标。上海市周浦实验学校"B+C"育人拓展型课程,依据《上海市中小学生学业质量绿色指标》,从课程目标、课程内容到实施途径与实施方式,都是密切关注学生日常生活内容。

（四）学校绿色课程的开发与实施之一——"创客"工作坊探究型课程群实施

2015 年底,上海市周浦实验学校引入"创客"的理念,开始建设"创客"工作坊群。先后建成了"爱迪生创客工坊""糖画工坊""纸雕工坊""本草探究工坊"。学校以"创客"工作坊群为实践平台,不断开发与实施特色探究型课程。目前已经形成并实施的课程有"爱迪生创客之旅"系列课程、"精美糖画"系列课程、"创意纸雕"系列课程、"本草探究"系列课程等,旨在不断培育学生的探究意识、实践能力和创新素养。

1. "创客"工作坊课程群的目标确立

"创客"工作坊课程群的目标确立由目标体现多样化、目标体现艺术性、目标体现合作性与目标体现序列性组成。

2. "创客"工作坊课程群的内容设置

（1）课程内容的探究性

如"创客之旅"系列课程："创客之旅"系列课程以"创客"为核心，其课程主要由自然科学类和工程技术类两类组成。课程内容的整体设计思路是：自然科学类的项目，教师只提供组织、解释和协助等服务，由学生自己从身边生活中的观察、发现问题，提出设计创意，然后创客小组设计探究方案，将创意转化为作品成果。工程技术类的项目，则由合作的创客公司提供技术和资源包的支持，教师作为课程的组织者，由创客小组自己完成相关的项目学习，最终拿出作品成果。课程内容开设的基本原则是分年级、分学期设置课程项目；低年级低起点，高年级高起点，形成合理梯度，各年级课程形成自然循环。

如"本草探究"系列课程："本草探究"系列课程面向五年级至八年级学生，课程由四大板块组成，分别是"神奇的花草""本草的种植、采收与炮制""中医诊疗体验"和"本草小制作"。

（2）课程内容的序列性

如"创意纸雕"系列课程："创意纸雕"系列课程面向一年级至七年级学生。课程由三大板块组成，分别是"缤纷纸世界""奇妙纸玩法"和"纸儿我设计"。

如"精美糖画"系列课程："精美糖画"系列课程面向七年级至八年级学生。课程由三大板块组成，分别是初级阶段、中级阶段和高级阶段。

3. "创客"工作坊课程群的环境建设

学校在环境、硬件设施上也做了大量研究工作，支持"创客"工作坊群的建设，为培养学生的探究意识、实践能力和创新素养提供有效载体和物质保障。

每个工作坊从名字、外部环境以及内部的仪器设备都与研究的主题密切相关，每个工作坊有教学区、操作区、作品展示区等，给学生提供了情境体验、综合理解、活动体验和拓展研究的机会。在"创客"工作坊群里学生可以充分利用各种硬件及软件资源，在开放的空间里自主探究。

上海市周浦实验学校把现代科技应用到课程教学之中。纸雕工坊配备了3D打印机。爱迪生创客工作坊引进了"创客资源包"，本草创新实验室配备了数字气象观测站、光电模拟针灸点穴人等现代化设备,能满足课程实施的需求。

本草创新实验室建设。本草创新实验室共有8个区域:教学区、资料查找区、中医药特色功能区、学生实验操作区、学习成果展示区以及室外的本草种植区、本草文化长廊及校园气象站。

创意纸雕工作坊建设。纸雕工作坊共分五大区域:教学区、材料存放区、作品展示区、学生自主学习区和学生实践操作区。

精美糖画工作坊建设。糖画工作坊共分为两大区域:教师演讲区和学生实验操作区。

爱迪生创客工作坊建设。爱迪生创客工作坊划分为教学演讲区、学生实验操作区、作品(成果)展示区和教学资源区等,工作坊有通畅的巡视路线和安全通道。

(五)学校绿色课程的开发与实施之二——"B+C"育人拓展型课程实施

学校"B+C"育人拓展型课程,依据《上海市中小学生学业质量绿色指标》,从课程目标、课程内容到实施途径与实施方式,都是密切关注学生日常生活内容。

1."B+C"育人拓展型课程的目标

"B+C"育人拓展型课程的目标:突出学校的德育功能——推进学校教育均衡发展;提高教师的自主反思——推动教师专业主动发展;促进学生的健康发展——惠及学生终身健康发展。

2."B+C"育人拓展型课程的构建

"B+C"育人拓展型课程的构建由多个方面组成:问卷调查,征询意见;科学配备,组织架构;顶层设计,制订方案;盘活资源,集聚合力;操作实施,完善评价等。

3."B+C"育人拓展型课程的体系

"B+C"育人拓展型课程,涵盖了小学一年级到初中三年级。限于篇幅,本文分别选择列举小学一年级和初预年级,具体展开本校"B+C"育人拓展型课程的结构与内容。

小学一年级、初预年级育人规范精细化管理要求细则由"爱学习、知礼仪、讲安全、会合作"组成。小学一年级主题活动由"读写姿势标兵"小比赛、"课前准备能手"小比赛、"微笑天使"评选、"文明进出办公室小榜样"评选、"放学安全知识"小竞猜、"外出安全小知识"竞猜、"集会整队明星班"评比等组成。初预年级主题活动由"优秀课堂笔记"展示、"时间管理小报"评比、"集会礼仪小知识"竞赛、"最佳风采奖"评选、"课间安全情景剧"展示、"安全放学知识"讲座、"为了心中的那份责任"演讲比赛(二合一)等组成。

4."B+C"育人拓展型课程的实施

学校通过微视频的学习、育人活动的开展、育人成效的评价、家校合育等途径不断推进项目的实施。通过情景创设、活动体验、激励推动和成果分享等，不断推进课程的有效实施。

基于情景创设：在拍摄育人规范微视频之前，根据不同的主题选择不同的场景，如教师、走道、操场等真实场景并且设置了特定的情景，学生看到微视频的同时能够引起共鸣。

基于活动体验：针对不同的年级开展了不同的活动，让学生在活动中进一步了解行为规范的要求。在评价阶段，也借助各种不同的活动，让学生体验育人规范的细则。

基于激励推动：在项目的实施过程中，以及项目的评价过程中采用各种不同的激励方法和措施，激发学生的兴趣和学习的欲望，让学生在不知不觉中习得学校制定的育人规范细则。

基于成果分享：通过教师问卷调查，让教师感受到学生学习视频后所取得的进步。在项目的实施过程中，及时总结学生取得的成绩和进步，更关注学生在学习过程中态度的改变、素养的提高。

(六)学校绿色课程的开发与实施之三——以"零起点"教学与等第制评价

基础型课程实施

学校把小学"零起点"教学与等第制评价，作为国家课程校本化实施的抓手，与学校课程管理整体有机地结合。一方面学校组织教师认真研究课程标准，提升教师依据课标开展教学、实施科学评价的意识和能力。要求教师们严格做到"不随意拔高教学目标、不随意加快教学进度"等，在学习准备期重点关注学生的学习习惯和学习方法，为零起点教学的纵深推进提供可靠保障。另一方面学校制订了"基于课程标准和绿色指标的教学与评价"专项工作计划，具体落实《上海市学科课程标准》和《上海市中小学生学业质量绿色指标》，形成具有本校特色的学科绿色指标，并依据学科绿色指标对教材进行加工（二次设计），通过二次加工设计，体现校本特色，进而形成符合学生学习的学案。

1. 依"标"而研，设课程

上海市周浦实验学校运用调查问卷对一年级学生入学基础情况开展调研，了解不同家庭对小学起始阶段教育的认识差异。如对孩子的学习环境，与父母每天沟通时间，学生是否每天独立阅读或与父母共同阅读，孩子双休日的安排，学生对学习新知识、新事物的兴趣，学生的学习自信心等方面进行调查，通过调查发现家长的问题，进而寻找解决问题的对策。同时我们还对新生的兴趣爱好和已有知识储备进行调查，对他们的学习状态进行分析，做到心中有谱，把握学生的起点情况，了解学生学习兴趣、习惯、态度等综合情况，为学生迎接起点阶段学习生活做好充分准备。

与此同时，我们根据前期调研结果，在起始年级的课程设置上进行了调整，根据学生的学习状况，尝试进行了走班式课程教学，从而让起始年级的教学内容、教学进度更好地贴近每位学生的学习状态、学习基础，帮助不同起点、不同文化背景的学生更快地适应新的学习生活。

2. 依"标"而教，找策略

上海市周浦实验学校以小学"零起点"教学与等第制评价，落实课堂行动计划，积极开展校本研修，组织教师通过实践、调整再实践，围绕小学"零起点"教学，直面学校"真实"问题，寻找策略，重点突破，注重实效，推进教师有效教学。

完善教学方式，提升学生兴趣。近几年学校提出"美丽课堂"教学研究，拟在让学生体会到课堂是有趣的、开心的、快乐的情感体验场所。学校数学教研组将教研主题确立为"操作在数学教学中的运用"，研究如何充分利用动手操作这一形式的优势，给枯燥的数字赋予灵性，使难懂的规律易于接受。

进行面批辅导，关注习惯养成。学校深入开展面批辅导的研究，通过修订作业面批制度、面批小故事交流、教师面批手册的运用等措施，引导教师以此为抓手，加强个别辅导，拉近师生关系，完善互动方式，提高教学有效性。

实施课堂观察，促进差异发展。学校开展"班级听课制"，即以一个班级为观察点，集中时间连续听该班级的多堂课，在课堂中我们运用课堂观察量表，从学生规范、学生习惯、思维品质和情感体验等方面进行观察，观察不同学生在不同学科的不同反应，了解班级总体情况，关注学生的学习习惯等。

3. 依"标"而学,重设计

基于学科绿色指标的教学设计,能够结合课程标准的要求和学生的实际,比较清晰地明确教学的三维目标。但以教师为本位,不指向学生的教学设计,是一种基于教师的教学设计,学生很难在一节课的开始明确学习目标。学校以学案为抓手,关注学生是否达到预期目标,教学过程以学生的"学"为中心,通过任务、活动、作业完成课堂教与学,是一种标准、教学、评价具有一致性的教学设计。第一步就是要在学案中点明学习目标是什么,让学生确定预期的学习目标。

4. 依"标"而评,挖潜能

实施模糊评价。我们通过运用模糊评价,为学生营造一个相对宽松的减负环境。"开心加加分"是深受学生喜欢的一个评价活动。无论是学业成绩,还是上课表现,或是学习习惯,学生每一个好的表现都可以得到一张开心卡,反之就给一张加油卡。

激励评价。评价是一个持续的过程,它关注着学生已有的和潜在的发展,以及发展过程中的变动。我们采取纵向比较的评价方式来评价学生的进步与否,如果学生自身比较有进步,教师就发放开心卡,以提高学生的学习积极性,激发孩子的学习潜能。

多维评价。一是内容的多维:根据市绿色质量标准,我们通过内容多维、改等第制等对学生进行综合评价。二是方法的多维:在期末评价活动中,我们采取闯关游戏、争章活动、电脑闯关等活动,让学生体验这一评价的过程。

实施及时反馈。为了确保学生最终实现学习目标,教师在教学前就应该清楚学生达成学习目标后的表现是怎样的。评价的方法包括口头提问、课后测验、让学生运用所学知识来解释一些生活现象等。"学案"中的尝试练习和反馈练习部分,通过多维度、多层面的综合性评定,让学生找到下一步努力的方向。

5. 依"标"而宣,寻合作

入学前,面对一年级新生家长,学校开展了"三个一"活动,即开展一次全覆盖家访、发放一本《幼小衔接家长手册》、进行一次专题讲座指导,帮助家长树立正确的教育观念,让家长更多关心孩子的独立能力、学习的能力、自觉性等培养,共同促进学生健康发展。每学期,一年级新生举行家长开放日活动,借课堂展现教师灵活的教学策略,展示学生的快乐成长。家长们被活跃的课堂气氛、精彩的课堂互动所吸引,为自己的孩子能在本校学习而感到放心和幸福。

(七) 学校绿色课程管理与评价体系

1. 构建与完善"绿色课程"管理机构

本校成立了学校课程管理机构,管理机构设有课程开发与咨询委员会、学校课程领导小组、教务处、发展处、各学科课程研发小组。其中课程开发与咨询委员会负责课程开发、咨询与评估,学校课程领导小组负责课程的愿景设计,发展处和教务处负责课程的规划,各学科课程研发小组负责课程的开发与实施。

2. 构建与完善"绿色课程"管理体制

以"创客"工作坊群绿色课程为例。在"创客"工作坊群建设的过程中,不断完善各项管理制度。我校制定并不断完善《"创客"工作坊群的管理体制和运行机制》,明确职责,分工到人,责任到人。"创客"工作坊群由校长室直接领导,明确学校建设目标和实施计划,把课程的实施纳入各工作坊的常规管理之中。发展处、教务处定期检查、考核评估工作坊的运行与实施情况。

3. "创客"工作坊课程群的管理机构

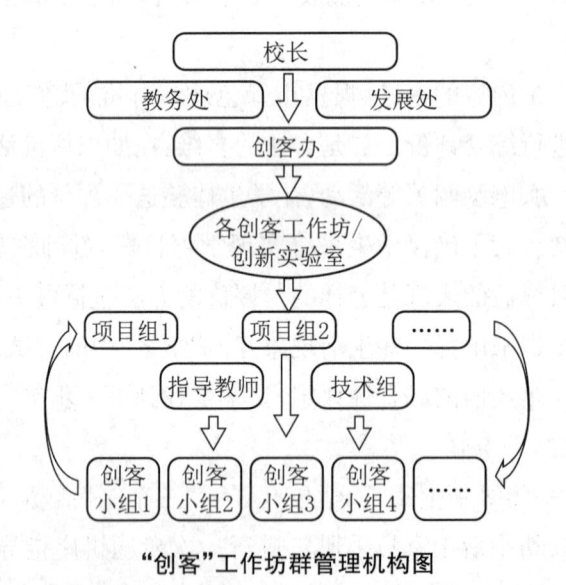

"创客"工作坊群管理机构图

"创客办"对整个"创客"工作坊群实施项目式管理,每个项目组下面有指导教师和技术组,每位指导教师指导若干个创客小组,每个技术组配备实验员和技术人员,协助指导教师完成相关工作。

学校的"创客"工作坊群面向全体学生开放,学校根据学生的认知水平和知识水平实施分层的创新素养培育,做到点面结合。除了实施项目式管理外,还具体实行网络化管理、主题式管理、项目式管理、自助式管理、开放式管理,努力使探究意识、实践能力和创新素养的培育落到实处,产生整体性的辐射效应。

4. 构建与完善"绿色课程"评价体系

评价主体。以学业质量绿色指标为标杆,注重评价主体多样化和评价形式多样化。由课程开发者、参与者(同伴)、学习者和专家,采用自评、互评和他评的方式进行评价。开发者评价:课程开发者自评,分析课程的优点、特色以及不足,总结经验,不断改进和完善课程。参与者评价:课程实施参与者给予课程评价和改进意见。学习者评价:采用访谈和民意调查等方式及时了解学生的需求和满意度,及时调整课程设置,以及课程内容和实施方式方法等。专家评价:邀请有关专家进行课程实施的评价。

评价类型。学校既注重发展性评价,也注重创新性评价;既注重过程性评价,也重视终结性评价。

四、研究的效果

(一)绿色课程的开发与实施,为学生提供了丰富的学习经历,促进了学生的全面发展

打开了学生学习的想象力。如《绿色悦读》第一单元实施阶段,教师引导学生通过看、闻、摸等常用的观察法,适时地激发和培养学生的想象力。

激发了学生学习的创造力。糖画工作坊的孩子们不仅学习和传承了传统的糖画技巧,还进行了丰富多彩的自主研究活动,例如:熬糖配方的探索、彩色糖画的尝试与制作、立体糖画的尝试与制作、糖画皮影小电影的制作,等等。

提升了学生学习的欣赏力。《绿色悦读》告诉学生走出家门,由此激发他们的好奇心,刺激他们表现的欲望。因此,3个课时下来,在最后书签制作课上充分体现了学生观察美、欣赏美、创造美的过程。

(二)绿色课程的开发和实施,为教师提供了专业发展的平台,促进了教师的专业发展

绿色课程开发与实施,丰富了教师的专业知识。教师在上课前搜集了大量的资料,认识路边常见的植物,并实地考察了学校里的植物和周边小区的植物情

况,对教学内容做了调整与筛选。

绿色课程开发与实施,改变了教师的教学方式。教师根据学生提供的样品,改变教案设计,让学生先介绍,教师再补充。这样,学生的主动性高了,教师的讲述压力小了。我们采用分组以及教师和学生互动的方式。

绿色课程开发与完善,充实了教师的教学内容。《绿色悦读》作为一种新的阅读教学,将课堂和实际生活紧密联系起来。一堂绿色悦读课让学生看到了一个个真实的生命,这些生命对他们的影响可以是一时的,也可以是永恒的。

（三）开发了一系列特色课程,学校由规范走向特色,产生了辐射和示范作用

学校多次承办由浦东新区教育局牵头的各类交流和创新实践展示活动,如美国加州代表团参访展示活动、中国香港地区祖尧天主教小学"同根同心"校际交流活动、课程·工坊·课堂——让学校在创新优质中腾飞展示活动。

五、思考与讨论

（一）课程建设必须以学校发展方向为根

上海市周浦实验学校自2013年8月创建以来一直把建成"宜生、宜师、宜学、宜教"的美好校园和老百姓满意的"家门口的好学校"作为追求目标。学校根据地缘特点和发展实际,把绿色课程的构建融入学校的整体规划中,并以此课题作为龙头课题,不断优化基础型课程、丰富拓展型课程、推进探究型课程。学校不仅仅建设课程本身,也把绿色课程的理念深入教育教学和管理的诸多方面,统一思想,统一认识,统一行动。

（二）课程建设必须以学生全面发展为本

让每个孩子能够健康、快乐地成长,这是"周浦实验人"的心愿。上海市周浦实验学校始终秉承"为了每一个孩子的终身发展"这一核心理念,探索"实验"之路,努力创设"宜生、宜师、宜学、宜教"的教育环境,真正落实教育的本原,促进公平、推动创新、追求卓越,努力通过多彩的课程给学生提供不同的学习体验。正是由于学校的课程从设置、开发和实施等都是以学生为本,才激发了学生的学习和探究热情,并逐步发展成为学校的特色课程。

（三）课程建设必须以教师团队合作为力

课程建设的主体是教师,只有每个教师积极参与,才能有效地增强课程目标

实施的有效性，提升以课程为核心的教育品质。上海市周浦实验学校是一所新开办的学校，教师平均年龄29岁，朝气蓬勃，教师们积极参与学校的课程体系建设。经过3年多的努力，学校构建了"3+6""绿色课程"，把最初零散的课程内容初步整合成系统的课程体系。

（四）课程开发必须以周边社会力量为源

学校构建"3+6""绿色课程"，充分利用校内外的人才资源、环境资源和信息资源，真诚地为学生全面而个性化的发展提供课程保障。学校与周浦医院、健康医学院、龙华医院、益大本草园建立了合作伙伴关系，不断推进课题的进展。

课题组组长：张燕忠
课题组成员：王剑峰　张　静　范晓华　唐惠红　盛佳妮　杨　军　盛华英
　　　　　　姜　楠　潘　琼　武李茜
单位：上海市周浦实验学校

2. "七彩童心"拓展型课程的实践研究

上海市浦东新区凌兆小学　汤慧萍等

一、研究背景

（一）概念界定

"七彩童心"拓展型课程，通过7种基调汇聚和梳理学校各类特色课程，为学生提供多样的选择。学生自主选择喜欢的课程，通过学习和实践经历童年的绚丽多姿。从而培养孩子阳光般健康心态，放飞孩子心中的梦想，培养有朝气的、热爱生命的、有梦想的少年儿童。

（二）研究背景

1. 传承与发展的需要

凌兆小学发展前期是以艺术教育（特别是民乐特色课程）带动学校各项工作的发展，随着学校的进一步发展，民乐艺术课程显得比较单一，不能满足当前学生多样的个性发展的需要。如何丰富课程，形成具有凌兆小学特色并满足不同孩子的需要的课程，是我们思考和探索的新方向，因此，学校以"七彩童心"拓展型课程作为创建新优质学校的重点研究项目。

2. 提升学校品质的需求

学校在基础型课程中扎实有效的教学业绩是有目共睹的，在以往的各类学业抽检中都体现了高质量的教育教学态势。本校学生课业负担轻松，为学生开设更多形式丰富的课程是满足学生个性需求的重要途径，同时学校拥有自己的特色课程是提升学校品质的重要一环，七彩童心课程的打造就是本校提升品质的一项重要举措。

3. 国内外研究现状

国外校本课程开发研究的特点是注重实证研究和个案分析，对理论研究较少[1]。

---

[1] 聂迎娉.美国中小学公民学课程标准研究[D].北京：中国地质大学，2014.

在国内,我们发现就校本课程来说,做某一个课程的比较多,做一系列课程的相对较少[1][2][3]。基于此,本校选择"七彩童心"系列拓展型课程,有参考的案例,也有需要继续充实系列校本课程开发的必要。

二、研究过程

（一）研究目标

1. 研究课程计划、方案的编制,研究课程的整体构架,初步形成一套适应现代社会发展及儿童成长需要的,独具特色且具有综合教育功能的校本课程体系的框架。

2. 研究课程的开发和教材的编写,形成一套完整的七彩童心系列校本课程。

3. 研究课程的实施和管理,以及在实施过程中课程的评价机制。

（二）研究内容

1. "七彩童心"课程构架

（1）课程总方案。

（2）课程具体方案（分红、橙、黄、绿、青、蓝、紫七类）。

（3）校本课程大纲的修订。

2. 课程的实施与管理

我们结合学校的快乐活动日、430服务、晨会课、午会课、班会课、兴趣课等安排,把七彩童心拓展型课程纳入其中,根据每一课程的内容和特点,分为限定拓展和自主拓展两类。

（1）限定拓展课程（整班上课）

相关教育性、知识性比较强的课程,我们纳入限定性课程,每一年级分不同的侧重面进行不同的课程学习,主要安排在周一的快乐活动日、午会课、班会课等时间,实施整班上课。

（2）自主拓展课程（走班上课）

相关技能类、趣味性较强的课程,我们纳入自主性课程,根据年龄的特点、学

---

[1] 甄艳玲.为每名学生创造适合的课程——北京师范大学大兴附属小学课程建设工作汇报[A];国家教师科研基金十二五阶段性成果集（华北卷）[C].2012.
[2] 段俊霞.我国中小学社会科课程统整研究[D].重庆:西南大学,2009.
[3] 浙江省教育科学研究院附属小学.学习的权利还给学生[J].上海教育科研,2010(12).

生能力的不同，自主报名或选拔进行课程学习，主要安排在周一的快乐活动日、周一至周四的"430 服务"。

3. 课程的评价

（1）限定拓展课程和自主拓展课程评价标准的制定。

（2）评价方法：学生课程学习评价表、各色块学习之星的评选。

（三）研究方法

1. 材料搜集法

通过参考资料、文献与网络等途径查找相关资料与国内外相关研究现状等。

2. 问卷调查法

项目来源于教学，研究成果更将为教学服务，通过问卷调查、访谈等形式掌握学生需求的第一手资料，让该项目的研究更客观、更准确，也更有价值。

3. 行动研究法

由于我们经验不足，本项目将在边学边做的过程中进行。我们与一线教师进行研究与探讨，搜集拓展型教学中有用、操作性强、效果较好的各种方法与途径，也交流拓展型教学中遇到的困惑与困难，获得一线教师的支持与帮助。

4. 案例分析法

在实际教学中，及时记录各种对本项目研究有帮助的教学案例；多与学生以及家长进行交流，获得他们对拓展型教学的一些看法与意见，并阶段性地做好相关教学评价与反馈工作。

（四）研究过程

第一阶段(2014 年 2 月—2014 年 4 月)准备阶段

1. 建立课题组、明确分工、落实研究任务。
2. 建立"情报工作组"，了解相关研究情况。
3. 设计研究方案，明确研究目标、内容、方法及应取得的研究成果。

第二阶段(2014 年 5 月—2017 年 2 月)实施阶段

1. 开展理论学习和搜集，组织教师从网上和刊物上查找有关课程资料，撰写七类课程方案。
2. 各类课程设置相关科目，编写科目教材。
3. 教师撰写教学设计、案例、课堂教学反思、课堂教学实录、教学评价等资料。

4. 及时总结,定期交流。

第三阶段(2017年2月—2017年12月)总结阶段

1. "七彩童心"课程总报告。

2. 编印相关成果集。

3. 邀请专家对研究成果进行鉴定,提出后一轮研究的思路和方案。

4. 结题会议。

三、研究实施

(一)课程内涵探究

1. 七彩童心拓展型课程内涵

根据七彩童心拓展型课程的概念界定,我们又对7个颜色课程的内涵进行了进一步的诠释。

红色(童之心理想课程):红色代表热情,通过理想、生命教育以及相关主题教育课程,培养有朝气的、热爱生命的、有梦想的少年儿童。

橙色(童之梦民乐课程):橙色代表成熟,民乐课程是本校特色课程,通过系列民乐课程的推广,启迪孩子对艺术的感受力。

黄色(童之声音乐课程):黄色寓意"小黄莺",歌唱是孩子们最好的表达方式,通过此课程唱出孩子心中的童年。

绿色(童之乐运动课程):绿色代表活力,学校引入多种运动课程,让孩子们在适合自己的运动课程中培养健康体质,锻炼自己的体魄,拥有健康的童年。

青色(童之墨书画课程):青色寓意中国墨宝之色,通过书画课程了解国学文化,提升修养和气质。

蓝色(童之奇科技课程):蓝色代表智慧,通过一系列科技类课程,培养孩子动手动脑的能力,培养孩子创新思维。

紫色(童之韵舞蹈课程):紫色代表梦幻,通过舞蹈课程展现孩子们的活力,舞动美丽的童年。

2. 课程特征

经过一系列的梳理、筛选、整合,结合课程内容和孩子的特点,我们的七彩童

心拓展型课程具有以下的特征:

(1) 系统性

为了使学校的拓展型课程成为一个相对完善的体系并得到长远发展,我们对整个课程进行了系统的规划,从低、中、高年级的年龄特点出发开发校本课程;让每个年级的孩子都有合适的校本教材可学,每个年级都有具体的活动要求,因此在我们的课程方案中对每一门课程的具体实施目标、要求做了明确的规定。

(2) 知识性

在我们七彩童心拓展型课程中,一部分的课程致力于知识类的学习。例如红色系列课程,我们把安全教育、生命教育等系列主题教育编写了相关课程,让全体学生进行学习。在其他色块的课程中,我们开发了知识性较强的校本课程,例如书法类、体育类、艺术类的相关教材,我们分低、中、高年级开展课程学习。

(3) 趣味性

我们的七彩童心拓展型课程还十分重视趣味性。对于孩子们喜欢的运动类项目、动手动脑的项目,我们以合作、引入项目等方式开设了一系列课程,例如孩子们喜欢的创新思维、火柴人、折纸等课程。

(4) 自主性

凌兆小学的每一个孩子从一年级到五年级,都有适合他们的七彩课程,孩子们结合自身的条件和能力,通过自主选择的方式进入自己喜欢的社团,学习适合自己的课程,在一系列的课程中学习不同的知识、掌握不同的技能、绽放多样的童年。

(二) 课程实践研究

1. 课程目标

(1) 总目标

通过七彩童心拓展型课程的实践研究,培养学生的自主意识,能根据各自的喜好选择学习内容;培养学生的实践能力,能积极参与适合自己的健康有益的活动;培养学生的创新欲望,尝试自己动手操作,亲身体验,认识自然和社会;激发学生热爱生活、关注社会、关心他人的情感;学会参与、合作,提高团结协作的能力。

(2) 分目标

课程模块	低年级	中年级	高年级
红色童之心理想课程	能根据具体事物提出问题,感受探究的乐趣,初步感受生命的意义及做人的道理	能分析问题的原因,提出改进的建议,掌握解决问题的基本方法。进一步认识、了解自己	能在探究前后形成分析和讨论,对生命、理想有一定的感悟,形成一定的价值观
橙色童之梦民乐课程	初步了解民乐的相关知识,感受中国文化魅力	通过学习相关民乐的鉴赏,能够知道何种乐器演奏,以及简要描述乐曲表达的含义,有一定的审美能力	通过实践活动,进一步感知中国民乐的独特魅力,形成自己的感悟体验
黄色童之声音乐课程	了解音乐合唱、戏剧朗诵的相关知识,激发和培养学生音乐兴趣	参与全校性合唱、朗诵的相关实践活动,挖掘自己的潜能,培养音乐鉴赏能力	参与各类社团活动,充分发挥学生的个性特长,提高音乐评价鉴赏的能力,初步养成良好的音乐欣赏习惯
绿色童之乐运动课程	初步了解相关运动类知识,尝试学习简单的运动类技能	进一步学习相关技能,并在学习过程中提高身体素质	参与各类活动实践,加强团队合作意识和自我锻炼的意识
青色童之墨书画课程	初步了解相关美术、书法的知识,培养学生的兴趣	掌握一定的美术、书法类技能,并在学习过程中感受中国文化的博大精深	根据学生能力在相关社团进一步提升相关技能,获取更多的知识,得到更多的感悟和体验
蓝色童之奇科技课程	初步感受科学、创意、动手制作、谋略、综合能力等多个领域的相关科技类知识	进一步激发创造精神,发展实践能力,陶冶审美情操	能够运用知识、解决问题,提高团队合作能力,进一步提高自主创新意识
紫色童之韵舞蹈课程	初步在舞蹈课程的学习中去发现美,了解相关文化,并学会简单的欣赏	在舞蹈实践中体验学习舞蹈的快乐,培养少儿良好的道德意识和意志品质,进一步体验美和创造美	掌握一定的舞蹈技能,并能进行一定的创新,主动探索,提高舞蹈表演能力,加深对舞蹈的认识,了解舞蹈的内涵

2. 课程内容

（1）限定拓展课程

课程模块	限定拓展课程内容
红色	我和安全同行 我和美德同行
橙色	民乐"晓"知识
黄色	合唱"晓"知识 朗诵"晓"知识
绿色	花样踢毽"晓"知识 花样跳绳"晓"知识
青色	书法"晓"知识 线描"晓"知识
蓝色	棋类"晓"知识（国际跳棋）
紫色	舞蹈"晓"知识

（2）自主拓展课程

课程模块	自主拓展课程内容
红色	急救包扎学习与实践
橙色	民乐技能（入门） 民乐技能与训练（提高）
黄色	合唱学习训练
绿色	花样踢毽学习与训练 花样跳绳学习与训练 武术操学习与训练 射箭学习与训练
青色	书法学习与创作 儿童画创作与提高
蓝色	头脑奥林匹克训练 我爱下棋——国际跳棋学习与提高 我爱摄影——摄影学习与入门 我爱折纸——折纸学习与创作 我爱剪纸——剪纸学习与创作 我爱丝花——丝花学习与创作
紫色	儿童舞学习（入门） 儿童舞学习与训练（提高）

3. 实施纲要

（1）课程方案

我们制订了七彩童心拓展型课程的总方案，以及每一色块的对应课程方案。每一个课程方案，结合该颜色所定义的课程特征，我们分别从指导思想、课程目标、课程内容、课程组织、课程实施、课程评价这6个方面进行了详细的阐述。

（2）课时安排

七彩童心（限定拓展）课程安排

课程模块	限定拓展课程	对象	时间纳入	课时
红色	我和安全同行	一至五年级	晨会	晨会、午会合计每周3课时
	我和美德同行	一至五年级	午会	
	我爱阅读	一至五年级	快乐活动日	每周1次，每次1课时
橙色	民乐"晓"知识	一年级	430服务	每一课程每周活动1次，每周1课时
黄色	合唱"晓"知识	三年级	430服务	
	朗诵"晓"知识	三年级	快乐活动日	
绿色	花样踢毽"晓"知识	四年级	430服务	
	花样跳绳"晓"知识	四年级	430服务	
青色	书法"晓"知识	二年级	430服务	
	线描"晓"知识	二年级	430服务	
	我爱书法	一至五年级	快乐活动日	
蓝色	棋类"晓"知识（国际跳棋）	五年级	430服务	
紫色	舞蹈"晓"知识	五年级	430服务	

七彩童心（自主拓展）课程安排

模块	自主拓展课程（社团活动）	对象	时间纳入	课时
红色	急救包扎	四至五年级	快乐活动日	每周1次，每次1课时
橙色	童之梦民乐社团	二至五年级	快乐活动日	每周1次，每次2课时
黄色	童之声合唱社团	一年级社团	430服务	每周1次，每次1课时
		二年级社团	430服务	

(续表)

模块	自主拓展课程 （社团活动）	对象	时间纳入	课时
绿色	花样踢毽社团	一至五年级	430 服务	每周 3 次，共计 3 课时
	花样跳绳社团	一至五年级	430 服务	每周 3 次，共计 3 课时
	武术操社团	三至五年级	快乐活动日	每周 1 次，共计 2 课时
	射箭社团	三至五年级	双休日	每周 1 次，共计 2 课时
青色	书法社团	三至五年级	快乐活动日	每周 1 次，每次 1 课时
	儿童画社团	二至三年级		
蓝色	头脑奥林匹克	三至五年级	快乐活动日	每周 1 次，每次 1 课时
	我爱下棋	三至五年级		
	我爱摄影	三年级		
	我爱折纸	二至五年级		
	我爱丝花	三至五年级		
紫色	童之韵舞蹈社团（入门）	一至二年级	快乐活动日	每周 1 次，每次 2 课时
	童之韵舞蹈社团（提高）	三至五年级	周五下午	

* 说明：

430 服务为市教委规定，每周有 4 天，至少 30 分钟的晚托班服务，可以结合学校的各类校本课程开展相关看护和活动。

本校每周一下午为快乐活动日，结合学校相关拓展课程开展各类活动。

4. 课程实施

七彩童心拓展型课程的具体实施是我们把整个研究付诸实践的过程，也是它达到预期课程目标的基本途径。作为课程执行者的学校和教师，应该很好地理解和运用过程，忠诚地执行课程方案中规定的项目，而实施效果如何，取决于课程执行者对课程方案的理解水平和落实程度。我们是这样做的：

（1）制定《校本课程实施管理办法》，做好整理安排

我校根据七彩童心课程计划，分别制订了限定拓展课程和自主拓展课程的实施安排表。并且规定每个学生每学年学习不少于 2 门校本课程，其中限定拓展课程和自主拓展课程各 1 门。限定拓展课程直接根据学校课程计划安排实施；自主拓展课程填报选课单，每门课程控制在 40 人以内，超出班级规模的课程，在充分尊重学生志愿的前提下，学校将组织相关人员进行调剂安排。

具体安排如下：

【限定拓展课程实施】

限定拓展课根据学校的安排，每个年级按照相关课程规定进行整体性学习。

课程纳入	具体时间	内容	对象	实施主体
晨会	每周一、三、五	我和美德同行	全体学生	德育室 班主任
午会	每周一、五	我和安全同行	全体学生	德育室 班主任
	每周三中午	我和歌声同行	全体学生	音乐教研组
	每周四	心理健康	全体学生	班主任
班会	每周五下午第一节课	相关主题教育	全体学生	班主任
快乐活动日	周一下午第一节课	我爱书法	全体学生	各学科教师
	周一下午第二节课	我爱阅读	全体学生	语文教师
430 服务	每周一、二、三、四傍晚	相关课程	按照年级段实施	各学科教师

【自主拓展课程实施】

自主拓展课指完全根据学生的兴趣爱好和学习条件，自主选择的课程，由于学校师资、教室的局限，人数超过招收范围时，由学校在报名学生中选拔录取。

课程纳入	具体时间	内容	对象	实施主体
快乐活动日	周一下午第三、四节课	课程相关学习活动	社团活动（自主报名，选拔招生）	1. 学校部分教师 2. 外聘教师 3. 合作项目
兴趣课	周五下午第二、三节课			
430 服务	每周一、二、三、四傍晚			

【自主拓展课开设基本流程】

本校教师申报开设社团—呈报比较完整的方案设计—课程小组审核方案—完成审核—做出全面安排和准备—公布活动社团—指导学生选课—汇总选课情况—再做协调安排—全面实施。

除上述以外专业性较强的课程，采取引入合作项目、外聘教师以及购买服务的方式开展。

【自选拓展课学员录取基本流程】

每学年9月：社团招生宣传—下发报名单—学生自主报名—班级审核—学

校审核—宣布名单与上课时间。

每学年10月:社团开始上课。

每学年5月:社团考核。

每学年6月:根据课程方案进行各类评价。

(2) 制作《校本课程指南》,指导学生选课

为了便于学生选择,学校制作了简易的《校本课程指南》发给学生,便于学生了解课程目录和每门课程的内容。学生在教师的指导下,结合自己的意愿选择符合自己兴趣、爱好、特长或需要的课程。

凌兆小学"七彩童心"拓展型课程选课指南

凌兆小学"七彩童心"拓展型课程,通过7种基调汇聚和梳理学校各类特色课程,为学生提供多样的选择,自主选择喜欢的课程,通过学习和实践经历童年的绚丽多姿,从而培养孩子阳光般健康心态,放飞孩子心中的梦想。

同学们,"七彩童心"课程等待你的到来!让我们一起来了解一下我们的课程吧!

☆ 什么是"七彩童心"课程?

红色(童之心理想课程):红色代表热情,通过理想、生命教育以及相关主题教育课程,培养有朝气的、热爱生命的、有梦想的少年儿童。

橙色(童之梦民乐课程):橙色代表成熟,民乐课程是本校特色课程,通过系列民乐课程的推广,启迪孩子对艺术的感受力。

黄色(童之声音乐课程):黄色寓意"小黄莺",歌唱是孩子们最好的表达方式,通过此课程唱出孩子心中的童年。

绿色(童之乐运动课程):绿色代表活力,学校引入多种运动课程,让孩子们在适合自己的运动课程中培养健康体质,锻炼自己的体魄,拥有健康的童年。

青色(童之墨书画课程):青色寓意中国墨宝之色,通过书画课程了解国学文化,提升修养和气质。

蓝色(童之奇科技课程):蓝色代表智慧,通过一系列科技类课程,培养孩子动手动脑的能力,培养孩子创新思维。

紫色(童之韵舞蹈课程):紫色代表梦幻,通过舞蹈课程展现孩子们的活力,舞动美丽的童年。

☆ 有哪些课程呢?

---

(3) 丰富上课形式,充分利用学习空间

限定拓展课程:实行在自己教室上课的方式,每周固定时间、固定地点进行整班上课。一般由班主任或语文教师实施。

自主拓展课程:学生根据自己选的课程,在规定的时间内进行走班上课。一般由相关申报课程教师或有专业特长教师实施。

学校充分利用各类教室,安排各类自主拓展课程,并且制作相关标识牌,

有的教室根据时间安排的不同,一个教室、两套牌子,每一个标识牌上都有课程名称、上课时间、上课教师等信息。将选课的时间、空间障碍打通后,很多课程可以实现跨年级选课,为后续校本课程的进一步开展,提供了实施的初步经验。

例如,周一下午的快乐活动日,下午第一、二节课我们组织实施限定拓展课程书法和阅读,第三、四节课就是自主拓展课程的走班上课。每个学生每学期必修一门限定拓展课程,因此在第一、二节课的同时段,也有部分拓展课程的实施,学生可以结合实际需求选择。

(4)加强校本培训,完善外聘教师管理

校本课程的实施离不开教师,学校充分依靠校内教师资源,解决了限定拓展课程和部分自主拓展课程的师资问题,而部分自主拓展课程依托校外资源,一部分为外聘、一部分为少年宫、街道等单位的资源合作。

为了保证课程的正确实施,每学期利用教研活动时间对教师进行校本培训,使所有的教师真正理解和掌握校本教材的编写意图,以促进任课教师驾驭校本课程的能力,逐步提高教学水平。

而对于外聘教师如何领会本校校本课程的精神,我们主要通过为外聘教师配备校内管理教师的方法,由校内教师通过教研培训再负责和外聘教师沟通共同实施的办法。

(5)细化日常管理,保证课程实施

为保证校本课程的有效实施,学校对具体实施做了详尽的要求,任课教师负责日常校本课程点名考勤、维持秩序、所需物品,以及及时发现校本课程中出现的问题并提出意见和建议。

部分课程教师为校外资源,为了方便管理,我们统一安排了校内教师进行共同辅助管理,保证课程的顺利进行和学生的安全。

学校校长室、教导处和教科研等进行定期或不定期巡查,并就出现的问题进行通报,在校务会议、行政会议、课题组会议上进行相关反馈,并提出改进办法。

例如,我校的综合性大楼在建,原来的一些专用教室都被临时拆除了,那么如何保证我们的拓展课程顺利实施呢?我们马上召开了相关的会议,并听取了教师们的建议,把学校会议室都改建成相关团队的活动室,教工食堂、学生食堂也都是一室多用。新建成的安全体验教室也同时作为舞蹈房使用，正是学校不遗余力地利用一切资源，哪怕是在当前最困难的时刻，我们都力求保证七彩童心课程的顺利实施。

（6）安排实践展示，展现师生风采

学校每年都有固定的教学节、科技节、艺术节、运动节等活动，我们把课程实施的一些具体成果以这些大型节日来展现，为所有的课程提供充分展示的舞台。

学校节日的布置，可以通过美术组、折纸组、丝花组、书法组、剪纸组等同学的作品进行丰富的主题展示。

对于艺术展示活动，学校虽然场地有限，但是竭尽所能租借兄弟学校的体育馆、东明街道的小剧场等场所为学习舞蹈、合唱、朗诵、武术、科技等课程的孩子们提供表演展示的舞台，并且由孩子们自己组织整个活动。像近两年的五年级毕业典礼，基本是由学生自行筹备，老师成了孩子们的助手。

5. 课程保障

（1）建立领导小组：以校长为组长的学校拓展型课程领导小组负责校本课程资源的开发、利用的指导，负责每学期拓展型课程的实施安排调整等。

（2）提供各类课程资源：学校尽力为教师拓展型课程的开发和实施提供充分资源，例如订购相关教材、声像资料、图书资料等。同时，积极建设各类专用教室，提高校园文化环境建设，营造七彩童心课程相关的氛围。

（3）提供时间保障：学校根据拓展型课程的相关要求，由教务处和课程领导小组共同商议，定时、定点把各门课程纳入学校的课程表。

（4）保证各项经费支出：在公用经费中设立相关经费，保障拓展型课程的顺利开展，对于教师的培训、学生的外出活动费用、聘请相关指导教师等都提供保证。

6. 课程评价

（1）评价标准

【限定拓展课程评价标准】

以知识与技能、过程与方法、情感态度与价值观三个维度开展，注重学生在课程学习阶段的过程性评价，以等第制为主，每一门课程结合课程内容和特点制定相应的评价标准和评价表。例如：青色课程中书法课程评价表。

书法课程评价表

年级	评价标准	评价等级			
		A	B	C	D
低年级	能用铅笔在田字格里把字写规范、端正、整洁、美观,姿势正确,书写习惯好				
	能用铅笔在田字格里把字写得比较规范、端正,但不够整洁美观。姿势正确,书写习惯较好				
	能用铅笔写字,未能按田字格位置书写生字,但不规范、不整洁,姿势不够正确				
	能用铅笔写字,不能按田字格位置书写生字,错别字多,涂改现象严重,姿势不正确				
中高年级	能使用钢笔(或毛笔)熟练地书写正楷字,书写端正、整洁、美观。姿势正确,书写习惯好				
	能使用钢笔(或毛笔)较熟练地书写正楷字,能把字写得比较规范端正,但不够整洁、美观,姿势正确,书写习惯较好				
	基本能使用钢笔(或毛笔)书写汉字,但写得不够规范、美观,有个别错别字,姿势不够正确				
	能使用钢笔(或毛笔)书写汉字,但字迹潦草,错字多,姿势不正确				

【自主拓展课程评价标准】

通过学生社团活动的出席情况、过程参与表现、团队合作创新、贡献度等方面综合评价。团队评价有团队的相关评价表,同时结合学校相关的表彰性评价。每一个社团都制作相应的评价表,例如:丝花社团学生评价表。

丝花社团学生评价表

评价方式	自己评			小组评			家长评		
评价标准	真棒	还行	加油	真棒	还行	加油	真棒	还行	加油
学习参与度(出勤、任务的完成)									
乐于和伙伴交流合作学习									
勇于提出问题、解决问题									
能将知识运用到生活中									

学校还设置了相应的表彰办法,由每一个社团根据每一学年学生的综合评价,遴选出较为突出的学生进一步表彰。

序号	课程类别	表彰名称	评选方法	责任部门
1	综合性	凌霄之星	每年儿童节前,各儿童团、各中队上报1—2名候选人,将申报表交由大队部和德育室审批(同好苗苗、优秀少先队员评比)	大队部德育室
2	不限	学习之星	每学年末,各班推荐1名学生给教导处	教导处
3	红色	劳动之星	每学年末,各班推荐1名学生给德育室	德育室
4	红色	美德之星	每学年末,各班推荐1名学生给德育室	德育室
5	橙色、黄色、青色、紫色	艺术之星	每学年末,由艺术组在社团中评出	艺术组
6	蓝色	科技之星	每学年末,由科技组在社团中评出	科技组
7	蓝色	体育之星	每学年末,由体育组在社团中评出	体育组

(2) 评价方法

包括学生自评互评、教师对学生的评价,以及社团评价。

学生自评互评,即学生自己的评价和小组成员对伙伴的评价。

教师对学生的评价主要依据学生出勤情况、学习材料准备情况、课堂表现、作业情况等方面的内容给予学生评价。

社团评价则是结合上述评价方法,结合学生实践活动参与度、社团活动参与情况进行奖励性评价加分机制。

(3) 评价原则

包括激励原则、自主评价原则、多元评价原则和注重过程原则。

激励原则:通过评价帮助学生获得学习活动后的成功体验,强化积极的情感,增加学习的热情;同时激励教师开发和实施拓展型课程的潜能和积极性。

自主评价原则:鼓励教师和学生自我总结和自我反思的过程,学校对拓展型课程的设计和实施进行定期总结和反思,不断改进。

多元评价原则:尊重教师间、学生间的差异,变单一评价为多元评价。从评价内容、方法、主体体现多元化。

注重过程原则:关注教师在课程实施过程中的评价,引导教师注重孩子在课程学习过程中的变化,在过程中教育、引导。

四、研究成效与反思

（一）研究取得的成效

1. 增强了学生的创新能力

在项目实施过程中，学生的主体性、主动性得到了进一步的发挥，从课内到课外，从校内到校外，从提出问题到解决问题，全方位突出了学生的主体地位；学生在学习过程中自我探究、主动参与、合作学习，充分展示了学习的主动性。同时建立了提高学生实践能力的课堂交际模式，实现了师生互动、生生互动，达到教学相长的效果。

学生能够在学校的七彩童心课程中找到自己喜欢的课程，同时在这个过程中积极发挥自己的创新实践能力，校园里一系列的作品展、参加各类比赛的展示和获得的荣誉，都是孩子们创新实践的结果。

2. 提高了教师的自身素养

项目研究转变了教师的教育观念，提高了教师的理论水平和教育教学能力，形成了一支科研意识和能力都较强的教师队伍；使教师能自觉地以研究者的心态置身于教育情境，以研究者的眼光审视创造教育理论和实践，正确地定位教学，合理地接轨科研，主动地吸取教学科学提供的新知识、新理论，深入开展各类教改实践和课题研究。

3. 提升了学校的办学实力

学校在扎实开展国家基础性课程的同时，关注每一个孩子的个性发展，开展丰富的七彩课程，让社区的很多家长都慕名前来本校要求入学，可见本校声誉在本地区产生了积极的影响。同时，通过跟踪了解，本校毕业的学生在各个学校均有不俗的表现，不仅表现在学业上，在各类活动中也表现突出。

（二）反思与展望

3年多的研究，我们在行动研究的基础上，通过经验总结，不断修正和实践，取得了一定的成果，同时，我们也看到项目研究中存在的问题和一些思考。

首先，"七彩童心"的课程虽然已经初步完成了本身的打造，但是如何做得更加精致，如何真正变成本校的品牌，还需要不断地细化和完善。我们想让大家都了解凌兆小学不仅是基础教育扎实的学校，同时说起七彩课程大家都认为是凌兆小学一道亮丽的风景，是行之有效的一个品牌。

其次，教师的教科研能力在此次的项目研究中得到了很大的提高，但是离优秀的教科研工作者还有很大的距离，我们也会以此作为一个新的起点，继续扎扎实实开展好教师的课题研究能力。

再次，本校综合大楼在建，等建设完成之后，我们的综合性教室将非常完善，我们也会需要更多的精品课程，在此基础上，我们的研究还将继续，并始终成为我们发展的一个主题。

总之，"'七彩童心'拓展型课程的实践研究"的实施，形成了有效的成果。我们深切地感受到：学生是人——有期待；是成长中的人——有期盼；是终将要独立生活的人——有期望！课程的成长、学生的成长，将会为本校开拓一个崭新的局面，我们的研究还将继续，负重致远，砥砺前行，我们将继续努力！

课题组组长：汤慧萍
课题组成员：李燕萍　凌玉芳　王　瑛　钱月红　周晓文　瞿莉萍　胡一敏
　　　　　　杨慧华
单位：上海市浦东新区凌兆小学

3. "三修教育"校本课程开发与实践研究

上海市浦东新区金桥镇中心小学 乔莉娜等

一、研究背景

金桥中心小学已有百余年的办学历史，前身"三修"学堂，以"修德、修艺、修身"作为办学目标，希望孩子能"修德以清白做人、修艺以愉悦心灵、修身以奉献社会"。在金桥中心小学长达一个多世纪的办学历程中，不断坚守"三修"办学理念与培养目标。近年来，学校开始系统整理"三修"理念与教育精神，开展了一系列卓有成效的研究，并将成果结集成册出版，书名为《百年三修》。至此，"三修教育"逐渐成为金桥中心小学的"三修品牌"。

新时期，"三修教育"理念，既是学校自身文化传统中对教育精神、培养目标的历史沉淀，也呼应当下《中国学生发展核心素养框架》（以下简称《框架》）的核心内容。"修德"层面与《框架》中"责任担当、社会责任、国家认同"相联系；"修身"包括"身心健康、健康生活、劳动意识"等；"修艺"层面既与"人文底蕴、人文积淀、人文情怀、审美情趣"相联系，又强调学以致用，与"敢于探究"等核心素养联系起来。

概言之，如何将学校"三修教育"理念落地生根，在基于核心素养教育变革的时代浪潮下，如何将办学理念、培养目标与学生发展核心素养建立起联系，让"三修教育"理念与目标能够与时俱进，焕发时代的魅力与气息，创造出本校特色的理解与校本化实施核心素养的路径，成为"三修教育"校本课程开发、实践的研究背景。

二、开发校本课程的前期分析

（一）调查分析的目的、方法

根据研究的需要，课题组以问卷调查方式对已有的10门校本课程的实施情况开展调查。调查方式包括学生问卷和家长访谈。学生分为高年级组与中低年级组,采用全部抽样法。在菏泽和金粤两个校区共发放问卷1 091份(一年级275份,二年级279份,三年级291份,四年级130份,五年级116份),共回收1 091份,其中有效问卷1 080份(女生481份,男生599份),有效回收率98.99%。本次问卷调查主要涉及学生对校本课程的认可度、参与度、喜爱度以及学生、家长对校本课程的建议等问题。

(二)调查的结果与分析

1. 校本课程的认可度

为了解学生对"三修教育"校本课程的认识,本次调查设计了"对学校开设三修校本课程,你的态度是?"这一调查内容。调查结果显示,大部分学生都积极希望学校开设"三修"校本课程。

学生对开设"三修教育"校本课程的喜欢程度

内容	喜欢	较喜欢	一般	不喜欢	合计
频数	76.02%	17.04%	6.11%	0.83%	100%

2. 校本课程的参与度

学校已经开设了"作家摇篮""经典阅读""生活中的数学""英语乐园""快乐ABC""舞蹈""弄堂中的游戏"等课程,这些已有课程多侧重文化知识的学习,是作为国家基础课程的补充,关注学生品德发展的课程相对较少。参与度最多的是文体课程,有超过2/3的人次,凸显了学校的武术、民乐特长。其次是语文,参与人次超过了一半。

学生已参与校本课程的现状

	语	数	英	文体	品德	合计
人数	615	334	474	753	14	2 190
平均参与度	56.94%	30.93%	43.89%	69.72%	1.30%	100%

3. 学生对具体门类校本课程的喜爱度

调查发现,学生对已有的"三修教育"校本课程的喜爱度总体不高,相对而言,学生更喜欢文体类课程,喜爱人数基本达到一半人次。语、数、英相对较低,尤其以品德方面的课程最弱。这也促使我们更加细致地思考:如何根据学生的需求,开设学生喜爱的课程,让学生真正在这些课程中受益。

学生对不同课程的喜爱度

	一年级	二年级	三年级	四年级	五年级
语	25.82%	11.47%	17.87%	30.77%	25.86%
数	2.18%	10.39%	12.71%	9.23%	6.03%
英	1.54%	7.89%	6.52%	15.38%	10.34%
文体	45.45%	46.59%	49.14%	34.62%	56.03%
品德	2.55%	0.36%	0.34%	0%	0%

4. 学生建议开设校本课程情况

学生对开设校本课程的建议多种多样，认为还可以开设的课程主要有家务劳动、手工课、演讲、书法、画画、折纸、科技、英语口语、历史、奥数、体育游戏、国画、阅读、成语故事、泥塑、球类活动等。调查表明学生最想开设的是团队活动课、艺术、信息技术类和体育技能类课程，人数都超过总人数的一半。

学生建议开设的"三修"校本课程

	课程	一年级	二年级	三年级	四年级	五年级	合计(人)
修德课程	A. 团队活动	170	179	199	99	71	718
	B. 礼仪	103	135	163	100	54	555
	C. 名人故事	115	105	164	89	65	538
修艺课程	A. 学科延伸类	72	56	101	60	18	307
	B. 生活技能类	108	120	101	58	52	439
	C. 艺术、信息技术类	120	172	123	100	88	603
	D. 科技类	78	115	111	47	59	410
修身课程	A. 心理健康	118	140	121	83	36	498
	B. 游戏类	116	133	114	33	66	462
	C. 体育技能类	117	167	215	120	89	708

5. 家长建议开设的校本课程

在对学生家长的访谈调查之后，学校充分动员家长参与，征询相关建议。家长较多建议开设的校本课程包括：烹饪、沪语课、手工、瑜伽、烘焙、种植微景观、钢琴、军棋、乐高、园艺、足球、科技、剪纸、奥数、历史、羽毛球、五子棋、橡皮泥、主持、钢琴、电脑、礼仪等。

6. 家长建议校本课程的评价方式

针对校本课程的评价，家长们也给出了许多宝贵的建议，主要有以下几种：(1)组织才艺比拼或竞赛;(2)定期对所学技能实践演习;(3)作品展示和比赛;(4)同学间互相评估、老师测试;(5)游戏、讲故事的形式;(6)期末汇报演出;(7)综合测试等。

（三）对下一步课程开发的建议

通过调查发现,金桥中心小学"三修教育"校本课程取得了学生较高的认可度、参与度,但整体而言还存在"修德"课程学生喜爱度较低、学生与家长对校本课程的多样性需求与校本课程现状单一的矛盾还较为突出。结合调查中的问题,下一步课程开发的建议包括:

1. "三修教育"校本课程结构、体系有待丰富

"三修教育"其"修德、修艺、修身"本质上相互联系,因此不能简单地将校本课程体系分为修德类、修艺类、修身类课程。"三修教育"校本课程结构、体系需要不断丰富、多样化。校本课程的实施方式,应考虑到学生本位,增强娱乐性、生活性、参与感,让学生在玩中学,在玩中锻炼身体,在玩中愉悦心灵。

2. 教师课程开发意识与能力有待提升

校本课程的开发主体是教师,学校45岁以下的教师是课程开发的主要力量。他们在大学或研究生期间,所学专业涉及面广,有着不同的专业素养,又经过一段时间的为人师表,他们往往对学校课程的建设有自己的想法,在课程开发中,会自然而然地融进自己的专业知识与教学经验,这恰恰是丰富课程内容和种类的绝佳条件。

三、"三修教育"校本课程的开发与实践思路

（一）课程目标设计

1. 学生培养目标

根据"三修教育"学生培养的总目标,"三修教育"校本课程的目标定为:"诚信有礼、钻研创新、健康快乐",其分别对应了"三修教育"的修德、修艺、修身三个层面。

2. 教师发展目标

增强教师的课程开发意识,提高审视教材、转化教材的能力,在课堂教学中将"三修"的精神融入课堂、走进教学,从而不断地变革课堂教学,提高自身的教学能力;通过对课程内容选择的思考,提高教师的自身学养。

3. 课程建设目标

（1）创新育人目标落实的课程支撑。结合学校的育人目标、学生的发展需求、教师的个性特长,立足"三修教育"以及所涵盖的核心素养的培养,开设丰富的拓展课程,不断改进充实校本课程的内容,探索校本课程的整体构建。设定课

程评价标准与方式。

（2）创新学校课程体系。在推进"三修教育"的过程中，回应儿童发展需求，开发一系列课程主题，完善学校课程体系，让学校课程充满灵动性与丰富性，促进学生的多元发展。

（3）创新课程实施方式。提倡探究式、体验式学习。以"游学"课程为例，在不同的学科领域，开设探究项目，培养学生的探究意识和习惯，在一定程度上改变学生的学习方式。

（二）课程内容架构

基于课程目标，"三修教育"校本课程的框架分为"修德""修艺""修身"三类别，其中"修德"课程主要体现在学校的德育方面，主要以德育活动为课程内容，同时渗透在"修艺"和"修身"课程中。"修艺"和"修身"主要以人文科学和自然科学为课程板块。

1. 修德课程

修德课程包括专题教育活动、主题班队会课和一系列具有学校特色的校本课程。安排在班队会课、春秋游活动、午间活动课、节日，采用分散与集中的方法进行实施。

	课程模块	课程目标	课程内容	
修德课程	专题教育课	以德育常规性活动为基本载体，继承中华传统美德，弘扬民族精神，注入现代社会公平、诚信、法制、廉洁等教育，培养学生良好的行为规范和道德品质	团、队的知识教育，时事形势教育及安全教育	一年级到五年级：法制、安全、消防、国防、环境 一、二年级：心理健康教育 三年级：廉洁教育 五年级：法制教育、生命教育
	"知书达理"礼仪课	以礼仪文化为课程，进行个人行为的养成教育，培养合格的社会人	一年级：个人礼仪 二年级：家庭礼仪 三年级：校园礼仪 四年级：公共礼仪 五年级：社会礼仪	
	主题活动	仪式教育、亲子活动、野外体验等活动，使学生接触社会、了解社会、明确责任	一年级：入团教育 二年级：入队教育 三年级：感恩课程 四年级：团队拓展课程 五年级：毕业课程	

2. 修艺课程

修艺课程是作为提升学生兴趣、拓展学生能力、拓宽学习视野而开发的课程。在实施过程中,改变固定班级授课为分学段走班授课。

课程模块		课程目标	课程内容	
修艺课程			低年级	高年级
	语言与交流	通过演、说、赏、诵等形式感受文字的力量,培养喜爱阅读的习惯,提高运用表达的能力	绘本	文学社
			演讲——说说我自己	吴侬软语
			演讲——小故事演绎大精彩	采访小能人
			民国老课本我爱看	演讲——演讲稿的"规矩"
			我跟小猪威比学英语	演讲——礼敬中华
			中国节日	演讲——即兴演讲会
				民国老课本我爱看
				Proverbs and Rhymes（《谚语与儿歌》）
	数学与逻辑	通过玩、说、练、算,提高学生数学学习的兴趣,培养运用知识解决问题的能力	数学充电站	生活中的数学
	情感与自省	通过剪、裁、折等活动,学会简单的生活能力,培养生活兴趣	趣味折纸	穿针引线
	科学与探索	通过搭一搭、做一做、算一算、画一画等,开发学生的想象力,培养学生的动手能力、提升巧用本领学会生活的能力	理财小达人	小实验
			低碳生活	创想家
				八十天环游世界
				科技模型
	艺术与审美	剪一剪、画一画、演一演,感受不同艺术形式,提升学生的艺术欣赏力	童话中的古典音乐	民间美术
			民乐—普及	民乐—合奏
			儿童画	

3. 修身课程

修身课程以"修身"为目标,以体能锻炼、游戏活动、心理游戏为课程内容,课程设计涉及低年级与高年级两部分,课程实施环节同样采取走班授课。

	课程模块	课程目标	课程主题	
			低年级	高年级
修身课程	运动与健康	通过不同的运动形式,了解不同的运动项目。通过合作和竞争,培养学生的合作精神,愉悦心灵,健康身体	武术——少年拳	啦啦操
			花样跳绳	垒球
			弄堂游戏	

（三）特色课程的探索

"三修教育"校本课程研究过程中,我们不断审视课程结构,力求完善。2017年9月,学校开设了"游·学"课程作为综合性实践课程,是以"一带一路"为旅游线路,以探究为实践形式,其内容涵盖了自然科学、人文科学等各个领域。

1."游·学"课程的内容

分为游和学两个部分。其中"游"包含游的形式、规则（即行为准则）;"学"为了解,了解线路上各景点的自然科学与人文科学等。

游学路线设置,根据不同年级段,设置了5条国内线路,一年级:上海之行;二年级:黄河之水;三年级:长江之歌;四年级:京杭之韵;五年级:丝绸之路。每条线路上选择具有典型性、文化符号性的景点进行研学。

（1）游

游的形式:这一部分主要指的是在课堂上实施的内容,学生游的形式,可以是视频、图片、网站……

游的规则:这一部分主要进行行为准则的训练,完成修德的要求。行为规则中涵盖行为和法纪两部分。

"游·学"课程

年级	旅游线路	训练主题	行规 具体内容	法制	备注（校行规读本）
一年级	上海之行	文明有礼	遵守秩序	《小学生行为守则》	进校啦、排队啦
			珍惜粮食		午餐啦
			言行有礼		交友歌
			学会休息		下课啦
			家庭礼仪		礼貌之歌

(续表)

年级	旅游线路	行规 训练主题	行规 具体内容	法制	备注（校行规读本）
二年级	黄河之水	自主独立	出发前整理自己的行囊	《国旗法》	理书包
			出去旅游，团队精神		早睡早起
			休息护眼 大草原		护眼歌
			锻炼身体 爬山、徒步等		健身小达人
三年级	长江之歌	尊老爱幼 平等待人	景点排队时……	《国徽法》	尊老爱幼
			访三孔(孔庙、孔府、孔林)，儒家思想……		诚实守信
			借还物品 旅游前借物品之后……		借物品
			景区墙面 到此一游……		墙面歌
四年级	京杭之韵	爱护公物	游玩时该吃怎样的食物才卫生安全呢	《中华人民共和国环境保护法》《中华人民共和国食品卫生法》	健康饮食
			景区卫生		值日生
			游玩洗手或洗物品时……		节约用水
			景区绿化，采摘……		爱护绿化
			游玩休息时吃食物，随手扔……		垃圾分类
五年级	丝绸之路	法制安全	爸爸妈妈外出采购旅行补给用品，留我和弟弟在房间休息……	《中华人民共和国道路交通安全法》《中华人民共和国消防法》《未成年人保护法》	独自在家 用电安全
			景区上下楼时……		上下楼
			换各种交通工具前往景点		乘车礼仪
			穿梭于各个小观景台，过索桥……		回家路上
			来到森林公园……		消防安全
			旅途分享		网络文明

（2）学

学生通过旅游、查阅、观看等手段了解相关景点或城市的风土人情、民俗文化、自然科学。以说、写、画、制作等形式完成游学任务。简单学习当地某些特产制作，了解并传承中国文化。

学的内容按年级选择，选择原则符合年级特点，尽量与学科知识相关。这一部分内容，将以任务单形式，以小组为研究单位，学校教师、家长、学生组合为一个探究团体，进行课程实践。

"游·学"课程的设置与实践，尚在设计与研究过程中，包括"一带一路"其他国家的游学，将作为校本课程研究第二阶段的研究内容。

（四）课程实施策略

1. 课程实施的指导思想

"三修教育"校本课程的实施提出了"玩"的教学方式。"玩"不是游戏、玩耍，而是强化参与意识，活跃学习氛围，强调体验、表演、角色扮演的学习意义，进而激发儿童好奇心、求知欲与创造力，我们要求学生以小组为学习单位，在玩中学，自主发现问题、自主探究方法、自主解决问题，进一步明确了学生在课程学习中的主体地位，教师仅仅起到辅导和引导作用。

2. 课程实施的基本形式及案例

"玩"是孩子生活中喜闻乐见的活动，课堂上的"玩"应该是根据课程内容设计符合认知规律的"玩"。"三修教育"校本课程实施提出"玩"作为核心理念，为落实这一理念和学习精神，课题组创造性地运用了游戏式、制作式、实验式以及表演式等四类"玩"的学习模式。

【游戏式实施及其案例】

游戏式的玩，就是教师根据课程实施内容，设计相应的游戏形式，在游戏过程中，激发学生学习的兴趣，让学生在玩中学。这样的形式多用于运动式课程。

游戏式的学习形式，是"三修教育"校本课程最为学生接受的学习形式，需要教师前期投入大量的工作，每一次必须寻找与教材相匹配的游戏，制定游戏的规则，考虑安全性。相应的知识、技能需要渗透在游戏的过程中，让学生在游戏中体验感悟，从而掌握一定的技能或知识。以"垒球"课程为例（节选）：

打 野 鸭

本节主教材是"各种姿势的起跑",在热身环节,我加入了游戏"放鞭炮",一是作为活动上下肢的一种热身操,二是结合本校垒球肩上传球技术进行的动作与步伐练习,力求与教学内容融合。

在课的基本部分,我通过"红绿灯""口哨""手势"等指令让孩子根据指示做出合理的起跑动作。为了激发学生的积极性,完成与垒球的有效衔接,在综合活动中,我安排的游戏是"打野鸭",具体做法是将学生分成两组圆形队形,一组先进圈里当"野鸭",另一组站于圈上当"猎人",根据球的运动轨迹进行快速反应。被打的"野鸭"力求生存,会创想出各种逃脱"猎人"的方法,快速启动躲闪来逃避猎人的"子弹",出于"保命"的本能,学生在游戏中突破本节课的教学重难点;为了营救"牺牲"的队友,他们会尝试接"子弹",这为垒球的接高飞球动作奠定基础,培养了孩子的团队协作意识,深化"三修教育"内涵。

作为猎人,为了得到丰厚的奖赏,会奋起拼搏,从捡"子弹"到"发射",体会到"速度"的重要;在"发射子弹"的过程中,既满足上下肢协调活动的课堂要求,也对垒球中肩上传球技术做了铺垫。孩子积极性得到了最大程度的提高。

从案例中,我们不难看出,教师把垒球一些技能融合在"打野鸭"的游戏中,通过游戏,让学生掌握垒球基本的对抗技能。在游戏中时时"修德",切实做到"三修教育"的一体性。

【制作式实施及其案例】

制作式实施,就是指学生动手或剪或搭建或绘画……各种手工,制作出自己设计的物件。学生的学习经历中,动手制作是吸引他们学习的一种方法。教师在设计教学环节时,把教材内容,通过制作形式,让学生亲身体验,变抽象的知识为具象的实物,培养学生的观察能力,发挥学生的想象能力,促进学生的思维发展。

在"三修教育"校本课程的实施中,很多课程运用了这样的学习形式。例如"民间美术":在美术教材中,扎染的制作材料是用宣纸代替的,同真正用布作为制作材料的扎染还是有区别的,在社团课中我们用布(手帕、围巾、T恤等)去扎、染,真实地再现了扎染的制作过程。学生能够做到自己独立制作,完成的作品也

是很有质量的,在整个制作过程中,学生对民间艺术的认识和了解也更加深刻了。再如"创想家"课程(节选):

搭建图书馆

很多孩子对于"多连块"的认识比较平面化,在传统课堂教学中很少会真正动手拼搭出它们分别有几种,而"搭建图书馆"这一堂课弥补了孩子们对于这一知识的疑惑和懵懂。为了让孩子们改造教室"图书角",设计之前,我先让孩子们利用小方块了解了空间的构造和变化。

在"多连块"的拓展教学中,我用规整的方法和学生的"想到就搭"方法进行对比,让学生来判断哪种方法快和好。教学时,我没有强迫学生一定要采用教师的方法或者否认他们的方法,因为我相信在五连块的自主拼搭过程中,他们会有自己的理解、判断和选择。当然我会提醒他们能不能想出更好的方法,在介绍自己方法的同时,运用"火柴人"做出"推和拉"的动作,告诉孩子们,如果你要向别人推荐你的方法,要如何表现出这个方法优于另一个,最后集合所有组员共同参与这个方法的搭建。

最后,在教师和学生的共同研究讨论后,每个小组完成了各自"图书角"的搭建,在这场耗时一个多月的工程中,制作贯穿了学习的始终,从最为根本的空间概念、搭建意识到空间、光线的合理使用等,一切的设计理念都来自平时每一节课的动手制作。

【实验式实施及其案例】

实验式实施,就是利用实验的方法,进行发现和验证知识的一种教学方法。实验式学习形式没有很多理论性的讲解,只有简单要点,甚至仅是学生对于一种现象的猜测,然后通过实验验证并得出相应的结论。所有的结论是通过自己动手实验论证的,这样获取的知识更易被学生接受,更好地培养了学生发现问题、解决问题的能力,激发了学生的探究兴趣。

附"生活小实验"(节选)的案例:

一张纸能承受多大的重量

这节课的知识点对于三四年级的学生来说并不难,实验操作起来也比较简单,学生很感兴趣。在本课的探究过程中,我抛给学生两个问题:第一,一张纸的承受力和纸的材质有关吗?第二,对于同一材质的纸片,什么形状的纸片承受力最强?学生带着这两个问题,有目的地进行小组合作、共同探究,并逐一攻克。学生在实验讨论中悟出了本课的实验原理:纸片的承受力不仅与纸片的材质、厚度有关,并和折成的形状有关,波浪形的纸片承受能力最强,因为波浪形可以看作由很多三角形组成,而三角形是最稳定的结构。

其实,生活中的科学随处可见,但是如何让学生能知其然又知其所以然,则是我们教师需要去完成的任务。实验恰恰能起到这个作用,我们经常说"授人以鱼,不如授人以渔",我们正是以这样的思想落实"三修教育"校本课程,以期达到"三修"的目的。

【表演式实施及其案例】

角色扮演主要运用在语言类课程中,也就是在学习过程中,教师创造一定的环境,让学生在特定环境中,扮演不同的社会人进行交流运用,以学习语言交流的方法、礼仪等。

我们的"文学社"课程更多运用了这个"玩"的手段。学生从剧本研读到用肢体、表情、语言等表现出剧情中人物的种种,不仅体验了不同的人生经历,也从这样的表演中,学会了交流、理解、礼仪……

一年级到五年级设置了一门"演讲"课,本意是训练学生的口头表达能力,培养学生表达时的仪表、感染力等演讲技巧,如何让小学低年级学生感受演讲的基本技能,教师们的方法——故事演讲行之有效,学生通过声情并茂地演绎故事,有声有色地再现故事的情节,每一次的故事演讲都是一次语言表达能力的锻炼。

(五)课程评价方式

评价作为对学习者学习成果的检验,是课程教学中的一个重要组成部分。"三修教育"校本课程在评价方面倡导形成性评价与总结性评价相结合,定性评价与定量评价相结合,反思性评价与鼓励性评价相结合。在这些评价方式中,侧重于鼓励性评价、总结性评价与形成性评价。

1. 鼓励性评价

在课程实施过程中,以鼓励性评价为主,评价标准主要反映学生的个性差异,激发学生积极学习的意识和情感。评价内容包括:积极参与意识,信息搜集、汇总与交流的能力,学生回答问题的能力等。例:

"三修教育"校本课程评价表

班级：_____　　姓名：_____　　执教教师：_____

评价内容	☆☆☆	☆☆☆☆	☆☆☆☆☆
表情自然，态度大方			
声音响亮，语速适中			
正确，普通话标准			
流畅，无过长停顿			
生动，有恰当手势			
附加：合作能力			

备注：适用课程形式包含朗诵、演讲、解说、讲故事、课本剧等。

2. 总结性评价

以学生的作品展示为总结性评价手段，让每个孩子在不同的领域，展现自己的学习成果，教师和参观的学生进行评选，小红花或者星星等各种形式上的评价标志是每个参加展览的学生得到的学习总结性评价。

例："生活中的小实验"课程评价

"生活中的小实验"课程评价表

第___组　　姓名：_____　　实验内容：_____

评价维度	评价内容	观察点	自评	互评	教评
学习兴趣	操作兴趣	能主动参与操作活动	☆☆☆☆	☆☆☆☆	☆☆☆☆
学习习惯	合作习惯	能与组内成员有效协作，合作默契	☆☆☆☆	☆☆☆☆	☆☆☆☆
	交流习惯	能清晰、有针对性地运用语言进行表达	☆☆☆☆	☆☆☆☆	☆☆☆☆
	操作习惯	操作认真，能选择正确的材料进行实验操作	☆☆☆☆	☆☆☆☆	☆☆☆☆
活动成果	实验原理	通过实验操作，能归纳总结出实验原理	☆☆☆☆	☆☆☆☆	☆☆☆☆
		综合评价	☆☆☆☆	☆☆☆☆	☆☆☆☆

注：优秀(4颗☆)　良好(3颗☆)　一般(2颗☆)　需努力(1颗☆)

3. 形成性评价

形成性评价是指在教学过程中为了改进教学活动而进行的教学评价，目的是给教师反馈,改进学生的学习和教师的教学活动。教师通过评价,了解学生对于学习内容的掌握程度以及学习态度,以适当调整后期的学习内容。

例:垒球的课堂评价

垒球课后反馈表

重点:背后过肩,转体蹬地。
请用"☆"对今天的学习情况做评价。(较好=☆☆☆;一般=☆☆;需努力=☆)
班级:_____ 姓名:_____ 执教教师:_____

评价维度	评价内容	自评	互评	师评
学习兴趣	1. 这节课,你积极参与到练习中了吗?			
	2. 课上,你的注意力集中了吗?			
	3. 你主动提出做示范动作了吗?			
	4. 你喜欢垒球小游戏吗?			
学习习惯	1. 你主动帮助同伴提高投掷成绩了吗?			
	2. 在课上,你和同伴交流背后过肩、转体蹬地的经验了吗?			
	3. 遇到问题时,你主动向教师或同伴请教了吗?			
	4. 对于投得较近的同学,你给予鼓励了吗?			
	5. 在综合活动中,你积极参与垒球小游戏了吗?			
学习成果	1. 你学会背后过肩、转体蹬地的动作了吗?			
	2. 你成功投过彩虹了吗?			
	3. 你的投掷能力如何?			
	4. 你成功完成垒球小游戏了吗?			

四、"三修教育"校本课程研究的成效

金桥中心小学在开发、设计与实施"三修教育"校本课程过程中,将学生个性发展、教师专业发展、学校特色发展作为校本课程开发的价值追求,更大程度地满足社会、家长和学生的需要,尽可能地培养出有个性、有特色、学业有所长的未来人才。

(一)丰富了学校的课程体系

"三修教育"校本课程的开发与实施,让"三修"育人目标落地生根,丰富了

学校的课程体系。学生在知识、德性、能力与身心发展等方面,获得了更多的学习选择的机会,激发了学生的学习兴趣,在培养学生为适应未来社会所需的关键知识、能力与必备品格等维度上,创造性提供了多样化、选择性的课程支持。

(二)促进了课堂教学方式的变革

"三修教育"校本课程的开发与实施,创造性地提出了基于"玩"的教学方式,通过学习空间的拓展,提出打破学校壁垒,变有形的教室为无形的空间,改变了知识的学习方式。学生可以运用多种学习资源,在任何空间完成探究。教师可以带领学生走出课堂,走向更为广阔的世界,让学生在活动中慢慢体验与了解,在活动中掌握知识,在活动中创造出自己的特色。

(三)促进了教师课程知识与能力的发展

教师充分参与"三修教育"校本课程的开发、校本教材的编制,充实了课程知识,提升了课程开发能力。他们在编写教材时,将所学专业与学科结合,极大地丰富了课程内容。譬如:担任数学教学的小蔡老师专业是园林设计,在编写教材时,小蔡老师编写了"创想家"课程,是一门集数学知识与园林设计于一体的教材。这样的教材编写,不仅使"三修教育"校本课程纵向上有了拓展,内容更为丰富,学生选择的范围更广,对于教师自身来说也是一件欣慰的事情,学有所用。

(四)促进了师生关系的改善

1. 共同的学习者

在"三修教育"校本课程学习过程中,教师不再是知识的讲解者,而是共同学习的参与者,教师和学生一起探究解决学习中出现的问题。教师不会只站立在教室的讲台前,而是穿梭于每个学习小组,时而参与讨论,时而共同操作,真正做到了共同学习,教学相长。

2. 民主平等的师生关系

在"三修教育"校本课程的课堂中,师生对于学习目的有了共同的认识,从而在学习过程中,能共同面对学习中出现的困难,寻找解决的方法,为最后的成功一起欢呼。

良好的师生关系,创造了和谐的教学环节和学习环境,改变的不仅仅是教师语言和行为,根本上是教师学生观的重塑,更突出了以人为本的思想,学生获得了尊严,建立了信心、形成了自我价值的良好认知,从而更具备担当、责任意识,形成求实创新精神。

课题组组长:乔莉娜
课题组成员:杨飞艳　蔡潇程　贾华盛　张　婷　郭申瑜　张纯一　于　萍
　　　　　　李晓红　汪嘉佳　张一蕊　倪玲玲
单位:上海市浦东新区金桥镇中心小学

4. 小学生"博物馆之旅"实践探究活动的设计与实施
——以"服饰魅力"专题为例

上海市浦东新区进才实验小学(由由校区)　周宏等

一、研究背景

当前,学生发展核心素养的提出,对基础教育工作者来说是一大挑战,如何把培养学生的核心素养切实有效地落实到学校的教育教学工作中去,通过课程、课堂、活动等载体来贯彻实施,这对于每一所中小学校来说是必须思考的问题。

进才实验小学(由由校区)以培养学生综合能力、终生学习能力为宗旨,提出了"启迪心智　涵养性情"的办学理念,致力于对学生心智的启迪开发,在思想碰撞和心灵交流的过程中,注重发挥学生的自主性和独立性,尊重学生的独特体验,挖掘学生的智慧潜能。为此,学校开发和设计了"博物馆之旅"主题实践探究活动。

"实践探究活动"是指学生在教师指导下,在校本实践活动内容中选择和确定探究主题,自主地设计探究形式,在合作中主动地获取知识、解决问题、学习技能的学习活动,具有承继性、开放性和自治性的特点。

二、研究概况

(一)研究目标

通过认识、体验、发现、探索、操作等多种学习和活动方式,学习健康生活、学会自我管理、乐学善学、勤于反思,发展实践能力、发展对知识的综合运用能力和创新能力,形成对自然、社会、自我之间内在联系的整体认识,进而养成良好的个性品质。

(二) 研究内容

1. 小学生实践探究活动的特点。

2. 小学生实践探究活动的目标。

3. 小学生实践探究活动的内容架构。

4. 小学生实践探究活动的活动形式。

5. 小学生实践探究活动的评价。

(三) 研究方法

1. 文献研究法。

2. 调查研究法。

3. 个案研究法。

4. 经验总结法。

三、研究实施

以"服饰魅力"专题为例具体介绍研究实施。

(一) 实践探究活动设计的指导思想

1. 适切性

即活动要符合和适应学习者的知识基础和其他背景。如"服饰魅力"专题,探究的是学生生活中时时可见、处处使用的一个内容,在学科中也涉及相关的内容,在活动设计时就进行了结合:学习服饰知识的同时,结合学习到的色彩运用知识,尝试设计创作,并引导学生的穿着打扮。

2. 统整性

学生更广阔的学习天地应在课外、在校园、在社会、在大自然中,活动方案要有一个传递信息的知识结构和方法结构。同时,方案中各种知识结构和目标结构的关系要明确,结构内相互之间具有逻辑联系。"服饰魅力"专题活动的内容和目标与其下设的4个项目的内容和目标就是从属关系,而小活动又是根据项目内容而具体化设计的。

3. 实践性

要给学生更多的参与机会和动手实践的机会,让他们在过程的经历和体验中学。在活动中发展他们的实践技能,培养勇于实践的良好习惯,帮助他们逐步形成正确的情感、态度、价值观。"服饰魅力"专题活动方案中就提供了很多动手实践的小活动,如旧衣大改造、小小设计师、动手做围裙、学习染色、打中国结等。

4. 自主性

要以尊重学生的主体发展为原则,以学生成长的需要为目标,重视学生的积极参与,重视学生发展的差异性,给学生的个性发展以更充分的时间和更广阔的空间。"服饰魅力"专题活动设计提供了几个项目,参与哪个项目由学生自主选择;项目活动也单单指明研究的大方向,具体实施方式也由学生合作团队商量制定。这些都为学生自主性的充分发挥开辟了广阔的空间。

5. 差异性

要着眼于学生的发展,着眼于开发学生的内在潜力。其目的在于:一是促进学生德、智、体等方面全面主动地得到发展,指导学生逐渐形成正确的情感、态度、价值观;二是要为学生奠定学会学习、学会做人、学会与人相处和学会发展的适合时代需要的竞争基础。"服饰魅力"专题活动设计的项目活动,有的侧重于知识的了解,有的侧重于知识的探究,有的侧重于动手实践。学生可根据各自的知识基础、能力和爱好选择不同的项目。

6. 悦纳性

充分尊重学生的兴趣爱好,激发、培养学生的探究兴趣,利用兴趣的驱动作用促进学生的求知欲,并使学生亲自体验到成功的欢乐和愉悦。项目活动内容、目标的设计,都基于学生的学识能力,包括活动的评价,都着重于学生参与活动实施过程的评价,就是为了让学生能更多地体验成功的乐趣,从而激发和激励他们更深入地开展探究。

(二) 实践探究活动的目标设计

实践探究目标按照实践探究基本目标、学科领域目标和多元智能目标 3 个维度进行横向设计,又按照专题—项目—活动 3 个层次,纵向地由概括到具体地细化目标。

专题活动目标涵盖专题活动中所有项目的达成目标。根据整个专题包含的几个项目应达成的目标罗列,以"√"分别标识和呈现各项目对应的目标内容。

"服饰魅力"专题活动的目标

服饰魅力			服饰的演变	奇妙的面料	玩转染色	美丽的中国结
实践探究基本目标		搜集资料,初步了解各种面料的知识	✓	✓	✓	✓
		初步了解世界各国或我国各民族服饰的起源和发展	✓	✓	✓	✓
		知道各民族人民的生活习俗、审美情趣、色彩爱好等	✓	✓	✓	✓
		知道一些与纺织有关的知识,能讲述纺织名人的故事	✓	✓	✓	✓
		初步了解古代服饰的种类以及各种不同工艺的特点,并学会一种小手艺			✓	✓
		畅想未来服饰,制作纺织专题的小报	✓	✓	✓	✓
		培养学生对身边的事物细心观察的品质,提升学生对服饰的审美能力	✓	✓	✓	✓
学科领域目标	语文	了解服饰文化,观察、体验、思考生活中一些服饰等,能及时记录自己的所见、所闻、所思、所感	✓	✓	✓	✓
	数学	对服饰中的一些数学现象具有好奇心,并有探究的欲望;获得成功体验,树立学好数学的信心	✓	✓	✓	✓
	自然	了解科学技术在服饰发展中的作用	✓	✓		
	美术	欣赏服饰的美,能运用一定的材料和方法,进行一些简单配饰的制作,并能拓展想象,尝试一些小创作			✓	✓
	音乐	能感受和欣赏我国不同民族风格和情感的音乐	✓	✓	✓	✓
	信科	能运用多种手段搜集有关服饰的资料,进行整理、筛选,制作PPT小结和交流	✓	✓	✓	✓
	社会	感知民族服饰文化的丰富多彩,培养民族自豪感	✓	✓	✓	✓
多元智能目标		倾听与表达	✓	✓	✓	✓
		观察与思维	✓	✓	✓	✓
		搜集与运用	✓	✓	✓	✓
		合作与交流	✓	✓	✓	✓
		探索与创新	✓	✓	✓	✓

(三) 实践探究活动的内容设计

实践探究活动内容是按照"主题—专题—项目—活动"四级目录,有四大主题,13 个专题,又下设系列项目及小活动。"服饰魅力"是人文体验板块中的一个专题,具体内容如下:

主题	专题	项目	活动
人文体验	服饰魅力	服饰的演变	【活动1】绚丽多姿的古代服饰 　　了解魏晋、隋唐、两宋、元明清时期服装的特色;知晓人类服饰由繁到简,越来越追求舒适与健康;了解不同服饰的穿戴方法及用途;制作专题小报。 【活动2】自己动手做围裙(或袖套) 　　用学到的测量与计算方法,选用适合的材料,自己测量剪裁,自己缝合,适当美化,完成一个属于自己的围裙(或袖套)。 【活动3】我是小小设计师 　　设计一件连衣裙或衬衫(图样)。要求能从款式、装饰和用途等做设计说明。 【活动4】锦上添花——旧衣大改造 　　将一件旧衣改造成新的服饰。可以大胆剪裁、合理装饰,成衣完成后可以举行小小发布会——展示交流。
		奇妙的面料	【活动1】面料知识知多少 　　认识各式各样的面料:针织、羊毛、色织、丝织品、装饰面料、棉布和抓绒……了解面料与人体健康的关系。 【活动2】妙招区分毛与腈 　　认识基本的面料标识,区分不同面料。 　　小实验法,用燃烧法区分两种纤维。准备材料:酒精灯、面料等。 【活动3】透气透光小实验 　　小实验法,测试不同面料的透光性强弱与通气性的好坏。准备材料:纸杯、面料、手电筒等。 【活动4】我的服饰我做主 　　了解自己日常服装的主要面料,能根据创设的不同场合选择舒适得体的服装。
		玩转染色	【活动1】奇特的染色 　　染色之法自古有之,随着科学技术的发展,染色工艺也在不断进步和创新。在探究活动中,了解纺织品传统的染色方法和现代的染色技术。尤其是我国一些传统的民间染色工艺艺术效果,以及在生活中的应用。 【活动2】制作扎染手帕 　　利用对称性原理,将布料任意折叠,运用基本的捆扎手法;通过浸染,再拆掉线绳,制作独一无二的扎染手帕。并在基础捆扎的基础上,自由发挥,采用更多的扎束方法:缝扎、捆扎、叠扎等,利用不同的材料,进行创作。

(续表)

主题	专题	项目	活动
人文体验	服饰魅力	玩转染色	【活动3】体验蜡染艺术 　　蜡染，是我国古老的少数民族民间传统纺织印染手工艺，其更富有民族特色。了解蜡染的工艺流程、文化价值等知识，能分辨出扎染、蜡染工艺作品，并在尝试制作中感受蜡染的艺术美。 【活动4】染色作品秀 　　用制作的染色作品和各种染色制品做装饰，举办小小擂台，秀一把赛一下。
人文体验	服饰魅力	美丽的中国结	【活动1】中国结的发展历程 　　"结"一直在中国人的生活中占有举足轻重的地位，从最早的用绳结来记事，到如今的装饰服饰和生活。中国结，它身上所显示的情致与智慧正是中华古老文明中的一个文化知识，也是数学奥秘的游戏呈现。进行资料搜集来了解中国结的起源和发展。 【活动2】中国结的结式及其寓意 　　中国结基本结法有10多种，每一个基本结又根据其形、意命名。仔细观察，能区分出这些结法，说出它们的名称。 【活动3】中国结的编结方法 　　中国结从头到尾都是用一根丝线编结而成，大致分为基本结、各式各样的变化结及组合结三大类。了解编结中"编、抽、修"的步骤，学着进行一些基本结的编结。 【活动4】编结中国结 　　独立制作一个中国结，说说其结式和作用。

（四）实践探究活动的实施

1. 丰富多彩的活动形式

（1）资料搜集

不管是项目的知识性内容，还是技能性内容，都首先避免不了相关信息的了解，这就需要通过不同的方式进行资料的搜集。

[案例片段]

各探究小组同学围绕"奇特的染色"这个专题，分头搜集相关资料。同学们有的通过网络，有的去浦东图书馆，有的从日常生活中寻找染色工艺品，还有的请教师长来体验染色的奇特。通过交流，大部分学生都知道染色是一种很古老的工艺，从出土文物来看，我国和印度、埃及早在史前就知道用某些天然染料来染色。自1856年珀金发明合成染料以后，各种合成纤维才不断出现。而手工印染属于民间手工艺的一种,印染手工艺品种繁多,包括雕版印、蜡染、手绘、扎染等,用于制作扇面、围巾、帽子、拎包、衣服、工艺品等。

(2)调查访问

调查是为了了解某一自然或社会现象而有目的、有计划地搜集被研究对象的信息,借以发现问题或形成结论。这是学生为进一步深入开展探究或者帮助自己后续探究活动的实施所采取的活动方式。

在"玩转染色"项目活动中,学生根据自己搜集的资料和观看扎染视频后,对扎染有了一定的了解。为了更有效地进行扎染技能的学习,探究小组认为应该对扎染工艺做一个比较系统的梳理,于是就设计了"古老神奇的印染艺术——扎染"的资料卡。

"古老神奇的印染艺术——扎染"资料卡
扎染起源于_____。
扎染种类(列举三种以上):_____
制作扎染需要材料:_____
制作扎染的步骤:_____→_____→_____→_____→_____

通过完成资料卡的探究方式,学生清楚了有关扎染的方法和制作过程等,为接下去制作扎染手帕做好了铺垫。

(3)实验操作

探究实践活动的实施,不仅是让学生获取课本外知识,更是培养学生的思维能力、动手能力等,因此,在项目活动方案中都会有相关内容。只是采取哪种方式,怎么实施,由学生自主决定。这种活动形式能比较直接地呈现效果,让学生体验成功,也就受到学生的喜爱了。

在"奇妙的面料"项目活动中,学生做完透光的实验后,又产生了新的问题:透光的面料是不是一定也透气呢?于是,继续实验。探究小组成员把相关的面料——毛、麻、棉、绸、聚酯纤维和蕾丝,用皮筋绑在装了热水的纸杯口上,采用培养皿搜集水汽,比较水滴的多少,对每种面料的透气性做了记录,从而得出不同面料的透气性强弱。

透气性实验记录表

	实验观察	是否透气	透气性强弱
棉	一层水汽	透气	透气性好,但面料会被打湿
绸	有小水珠凝结	很透气	透气性好,面料非常容易湿
聚酯纤维	一层水汽	较透气	面料易湿也易干
蕾丝	水汽少,散发快	不太透气	虽有网眼,但透气性不好
毛	有水汽	较透气	薄型较透气,微微会打湿
麻	水珠凝结较多	很透气	面料硬挺,打湿不易皱

"玩转染色"项目活动中,学生在设施齐全的纺织博物馆里学会扎染后,对扎染产生了浓厚的兴趣,但发现家里或学校无法进行同样的操作,怎么办？在教师的引导下,学生们发现:扎染的扎主要是为了起到防染作用,使被扎部分保持原色,而未被扎部分能均匀受染,从而形成深浅不均,层次丰富的色晕和皱印。

如果把制作扎染的方法用到平时美术材料的纸上,是不是也可以呢？疑问的产生又形成了新的实验体验——DIY纸上印染。

[案例片段]

实验1:平时接触到的纸类有很多种,哪种才适合做扎染呢？于是学生们对每种纸都进行了吸水实验。实验结果发现:画画用的铅画纸和A4纸由于纸张太厚,吸水性不好;而国画用的宣纸和平时用的纸巾吸水能力最好。

吸水性＼材质	宣纸	铅画纸	纸巾	A4纸
强	✓		✓	
弱		✓		✓

实验2:纸张选择好了,那么染料要用什么代替呢？孩子们在平时的美术工具材料中寻寻觅觅:蜡笔、水彩笔、油画棒、水彩颜料。分别在宣纸和纸巾上做染色实验。

吸水性＼材质	宣纸	纸巾
水彩颜料	染色效果好,不会破纸。(合适)	染色效果好,但是会破纸。(不合适)
水彩笔	折叠后的纸张相对较厚,不能很好印染到每一层。(不合适)	折叠后的纸张相对较薄,运用点染的方式能很好地印染到每一层。(合适)

通过实验,学生找到了答案和技巧:与扎染效果最相近的是水彩笔和水彩颜料。水彩颜料适合相对纸张厚一点的宣纸,晕染效果更好;但是用水彩笔染色的话,由于需要将纸张折叠,水彩笔不太容易将颜色印染到宣纸每一层。而纸巾由于纸张厚度相对较薄,用水彩颜料浸染容易破纸,而水彩笔利用点染的方式正好能够将折叠的纸巾每一层都能很好地印染。所以宣纸适合用水彩颜料进行印染,而纸巾适合用水彩笔进行印染。

有了之前制作扎染手帕的经验,学生们在折叠宣纸、纸巾的形状上有了更多的想法。染色环节,由于颜色和之前的扎染染色相较有了更多的选择性,孩子们的配色也更加绚丽。

(4) 讨论交流

作为小组合作探究的实践活动,需要小组成员相互支持和配合,这就需要组内成员能进行有效的沟通,维护信任,取长补短,共同完成目标,因此,讨论和交流是必不可少的活动形式。

如在"奇妙的面料"专题活动中,选择哪些面料进行实验就是小组讨论的结果。主张排除法的同学认为,以我们身上经常出现的面料为实验对象,因为它们经常被服饰选用,有研究价值;另一些同学认为,家中找得到的软装饰面料也可以拿来研究。

[案例片段]

学生 A:女孩子夏天喜欢穿裙子,太厚的面料不透气,太软的面料又不挺括,有没有合适的面料呢?

学生 B:我有一条裙子很挺括,面料上有许多镂空的花纹,妈妈说这是做礼服常用的面料。

学生 A:那穿起来舒服吗?

学生 B:柔软还行,就是大夏天不能穿。

学生 C:你们说的是不是和那种透光的窗帘很像的面料?那叫蕾丝,就是花边的材料。

讨论结果是以自己认识的面料标识入手,选择具有代表性的毛、麻、棉、绸、聚酯纤维和蕾丝。这些面料的标识已被大家熟悉,也非常容易找到。

在"体验蜡染"活动中,学生也是在讨论和交流中,了解民间纹样的寓意和由来。

[案例片段]

在探秘民间纹样的过程中,学生们发现蜡染作品的图案很丰富,但这些图案样式与我们普通服饰上的花纹不同。于是就有学生问老师:"老师,蜡染上面奇怪的图案是什么意思呢?这些图案有没有自己的名字呢?"

老师说:"这种图案来自民间,所以叫民间纹样,在你们家里肯定能找到。如果有兴趣,大家先到家里找一找吧!也可以问问爸爸妈妈这些花纹有什么特殊的意义,然后我们来讨论一下。"

于是,带着问题,探究小组的学生们回家各自寻找带有民间纹样的物品。过几天,大家真的带来了自己搜集的物品并展开了讨论。

学生A:我带来一个无锡泥娃娃,妈妈告诉我上面有个麒麟的图案,大概代表吉祥的含义吧。

学生B:这是我家里的一幅剪纸,姐姐说这是一马当先的意思。

学生C:这是一个手机包,它是一件中国旗袍,上面的花纹也许就是民间纹样。

学生D:这是我的压岁包,上面有个金元宝,肯定是恭喜发财的意思吧。

学生E:端午节到了,妈妈在我房间里放了一个香袋,上面有个中国结,应该是吉祥如意的意思吧!

老师:同学们搜集的物品都非常好,但有谁在网上查过中国民间纹样呢?

组长D:我在网上查了一下,网上说民间纹样是认识中国民间文化的基础之一,它是中国传统文化重要的组成部分,具有特殊的图案语言。看懂它们就可以帮助我们很好解读蜡染图案的内涵。民间纹样中以"吉祥纹样"最受人们喜爱,在几千年的岁月变迁中,已形成了鲜明的中国民族艺术特点。民间吉祥纹样主要围绕"福、禄、寿、喜、财"五大主题。

老师:D说得非常好,老师这里有很多民间纹样的资料,大家不妨先来读一读,也许能找到民间纹样含义的一些秘密!

学生们饶有兴趣地读了老师准备的资料。有的学生读了好几遍,但还是没有找到答案,读着读着,有学生说:"蝴蝶结,橘子的第一个发音字母为J,和吉祥的第一个字母发音一样,使用它们大概都是吉祥的意思吧?"

"是的,那桂花、佛手、蝙蝠呢?"

"桂花的桂与贵发音相似,应该是富贵的意思吧!佛手的佛与福、手与寿都是谐音,所以它们是幸福长寿的意思吧!"

"那么蝙蝠虽然很丑,但也是幸福的意思喽!"

"原来民间纹样里还有这么多秘密,真是太有趣了。"

(5) 微课

这是学生在活动中对资源的开发和利用。合作探究小组在讨论制订活动计划时,会考虑到学校教师的资源利用,也会考虑家庭资源,让家长参与到孩子的探究活动中,指导和帮助学生更好地完成探究活动。

如"奇妙的面料"探究小组中有学生家长是从事服装行业的,相关经验非常丰富。知道孩子在探究这方面知识,需要帮助时,就来学校为孩子们上了一堂微课。

[案例片段]

一块块色彩艳丽的面料摆放在同学们面前,有些面料同学们能说出名称,有些面料一点不认识。学生 A 妈妈正好从事服装行业,她带来了一件件面料小样,大家围坐在一起,一堂微课开始了。

学生 B:我认识!这是真丝!我奶奶也有一件这样面料的衣服。她说年纪大了,穿这种最舒服。

学生 A 妈妈:是的,真丝是取自蚕丝,蛋白质含量高,因此与皮肤最接近,当然在舒适度上最佳。皮肤病患者、老年人都很适合穿着。

学生 C:那我们小学生适合穿哪种面料呢?

学生 A 妈妈:小学生出汗多,吸湿排气的全棉最适合,它洗涤方便,做成成衣牢固不易变形。

学生 D:怪不得许多婴儿衣物上都有一个棉花的标志,那就是全棉的标识吧!

大家你一言我一语,不清楚的立即提问,得到答复后个个心满意足。通过摸、揉、看,大家一边听讲解一边了解了面料的基本知识。

家长从常见的面料入手,指导学生用揉搓、摸捏的方法,找到面料的区别。专业的家长指导,填补了学生面料知识的空白,为探究活动的深入打下基础。

除了这些常见的活动形式,在实践探究活动实施过程中,学生还经常会使用观看视频、设计制作文献小报、作品秀等形式来达成探究目标。

2. 良好的活动组织运行机制

良好的组织运行机制是实践探究活动顺利实施的保障。组织运行包括组织保障、制度保障和物质保障三方面。

组织保障就是在校长直接领导与管理下,以学校教科室为基础,以科研核心组为核心,以聘请的校外专家为支撑,形成以团队为基础的自上而下的开放性、立体性、阶梯性的实践探究活动管理的组织机构,确保实践探究活动实施的质量与效益。

(2) 制度保障能给予实践探究活动一定的政策支持。除了校级教科研制度,还要建立以年级为单位的年级教科研制度,正副班主任合作指导制度为实践探究活动的实施提供人力保障。学校根据自身实际情况,把教师的指导工作计入一定的工作量,纳入教师绩效考核,并根据"正班主任为主,副班主任为辅"的指导体制和实践探究活动实施的内容、过程,为正副班主任合理分配具体指导工作内容和工作量,使每个指导教师明确自己的职责,有重点地指导学生的实践探究活动。

(3) 物质保障体系由教学场地、教学设备、图书资料、实验室以及后勤生活保障等构成。实践探究活动的实施不局限在校内、课内,还扩展到校外的博物馆等教育基地。在实践探究活动过程中,学校会为各年级学生提供开展实践探究的载体——博物馆等校外教育基地。为了便于组织和管理,同一年级的活动场馆由学校统一进行沟通和联系。确定好时间后,又由学校指定的机构统一安排车辆,协助年级教师一起做好学生参观的安全管理,从而为实践探究活动中参观环节提供了有力的时间保障、车辆保障和安全保障。

(五) 实践探究活动的实施评价

实践探究活动以探究性学习为学习方式。从评价方法来看,学生的探究素质往往难于通过纸笔测验来评价,宜采用档案袋方法,或直接给学生一个探究任务,根据他们的实际表现来加以评价。从评价的内容来看,重点应放在学生在探究过程中表现出来的对探究过程和方法的理解,对探究本质的把握,不能把是否探究出结论或结论是否正确作为唯一或最主要的评价指标。

我们的实践探究活动是由学生自由选择小活动组建探究团队,小组内分工合作进行实施完成探究目标,因而,实践探究活动的评价不仅关注结果,更重视学生思考问题的方法、解决问题的途径和活动中的情感、感受等活动过程的评价,将总结性评价和形成性评价结合起来,将评价贯穿于学习与探究活动之中,给予多次评价的机会。评价也从小组合作和个人职责两方面进行评价。

1. 内容评价

主要根据每一个项目目标达成度，让学生自己对实践探究活动进行星级评价。如"服饰魅力"专题的内容评价是这样的：

项目活动	评 价 内 容	评价星级
服饰的演变	了解人类服饰演变过程，认识各时期的代表服饰	☆☆☆☆☆
	能简单合理地根据场合搭配日常服饰	☆☆☆☆☆
	能动手参与简单的设计或制作	☆☆☆☆☆
奇妙的面料	初步了解服饰起源发展，认识常见面料	☆☆☆☆☆
	了解生活中常见面料的特点和用途	☆☆☆☆☆
	会根据不同场合选择适当的服饰搭配	☆☆☆☆☆
玩转染色	初步了解染色的工艺	☆☆☆☆☆
	欣赏和区分不同工艺的染色作品	☆☆☆☆☆
	学习制作染色作品，并展示	☆☆☆☆☆
美丽的中国结	了解中国结的实用功能	☆☆☆☆☆
	能说出中国结的不同结式及其寓意	☆☆☆☆☆
	能独立编织一种中国结美化生活	☆☆☆☆☆

2. 过程评价

专题内的每个项目都是由组建的探究团队开展活动的，活动过程的评价就根据团队探究过程中合作和分工的实施情况，由各团队相互交流活动和成果后各自进行评价。

项目小组活动评价表

评价项目 \ 评价星级	☆☆☆	☆☆	☆
计划书	有计划书，过程完整	有计划书，较简单	无计划书
资料搜集	资料搜集全面	搜集面不够广	资料缺乏
研究成果	成果内容丰富	有成果展示	无成果展示
小组合作	同伴相处十分融洽，组内各成员合作协调，做事有条理	组内大多数人相处融洽，能相互进行交流、互助	组内个别人能进行相互的交流，且相处好

3. 综合评价

包括师生之间、学生同伴之间、学生与家长之间对彼此在小组中担任的职责呈现的个性化表现进行的综合评价。

小组合作探究参与评价表

评价方式 \ 评价项目	能服从组内任务安排	能认真倾听别人的意见,并采纳合理建议	能参与组内交流,并发表自己观点	能主动协助组内其他人
自我评	☆☆☆☆☆	☆☆☆☆☆	☆☆☆☆☆	☆☆☆☆☆
小组评	☆☆☆☆☆	☆☆☆☆☆	☆☆☆☆☆	☆☆☆☆☆
师长的话				

小组合作探究中各分工的评价指标

评价项目	评 价 指 标			
组长	能合理分配小组成员的任务	能组织成员有序开展探究活动,起到核心作用	能督促小组成员按时完成探究任务	能协调小组成员友好合作
记录	记录格式规范、日期和内容详细,字迹端正	能按时地进行每一次活动的记录	能耐心倾听,抓住重点,专注记录	记载完整,能真实反映讨论交流的情况
资料整理	能及时搜集小组各成员的资料	能对搜集的资料进行整理、筛选	资料内容具有针对性、有效性	将整理好的资料归类
材料准备	能积极联系,借用各类实验器材	能在活动前把各类材料准备齐全	能在活动中督促组员正确使用实验器材	能在活动后及时归还实验器材
拍照	能清晰完整地拍摄小组探究过程	照片能全面反映出小组的探究过程	能对照片进行文字说明	能整理归类,并及时上传
美化	标题设计醒目,能突出主题	内容能清晰表达探究主题	版面美观,编排新颖	图文并茂,色彩鲜艳
汇报	仪态大方,讲解流利	内容清晰,详略得当	语言精练,生动形象	形式多样,有新意

小组合作探究职责评价表

评价方式	评价指标	负责的任务			
自我评		☆☆☆☆☆	☆☆☆☆☆	☆☆☆☆☆	☆☆☆☆☆
小组评		☆☆☆☆☆	☆☆☆☆☆	☆☆☆☆☆	☆☆☆☆☆
同伴的话					
家长的话					

四、研究成效

实践探究活动是全面发展学生核心素养的着眼点和突破口，我校积极实践，大胆探索，通过开发特色校本教材，促进学生的个性发展、促进教师的专业发展、促进学校的特色形成。

（一）实践探究活动促进了学生综合能力的提升

1. 实践探究活动培养了学生的兴趣爱好

实践探究活动从内容设计到开展形式，都潜移默化地在挖掘和培养孩子的兴趣爱好，促进孩子兴趣的养成，帮助孩子树立信心，建立广泛的兴趣。

"服饰魅力"专题的项目活动设计中，有的是让学生去了解服饰随着社会经济基础、政治制度、思想意识、风尚习俗、审美观念等发展的变化；有的是让学生能认识不同的面料，能区分一些常见的面料；有的是让学生了解中国传统工艺技术，并尝试着动手学习。这些引导着学生对历史的了解、对美学的鉴赏、对工艺的操作以及对科学的探索，一个专题中涉及历史、美术、科技等各个方面。每一个学生都能在自主选择项目的过程中，发现自己的兴趣爱好；在兴趣爱好的促使下，也能更投入地参与到整个项目活动中，并进一步促进兴趣的建立。

2. 实践探究活动增强了学生的学习力

实践探究活动提供了学生主动地获取知识、应用知识、解决问题的一种与学科教学的书本学习不同的学习方式。实践探究活动注重学生的生活体验和学习经验。其项目活动的设计是从学生的需要出发的，是为了学生的发展而存在的，精选学生终身学习必备的基础知识与技能；其实施过程，能关注每一个学生的不同需求，给学生一个自由发展的空间，这体现在活动内容的多样性、可选择性和丰富性上，也体现在合作探究的活动方式上。

如"玩转染色"项目活动，学生了解了扎染的工艺，为了方便自己在平时的操作，学生就想到了利用了身边随手可见的材料——纸张。为了保证操作的成功，就会去动脑动手实验，找寻最适合的纸张。在这一系列的实践探究过程中，学生很明确自己学习的内容，学习的目的，从而找到学习的方法。这就潜移默化地增强了学生的学习力。

3. 实践探究活动提升了学生的综合素质

实践探究活动的实施以小组合作的形式进行。小组合作中，同学之间互教互学、彼此之间交流信息的过程、寻求问题答案或结论的过程，也是学生之间能力、情感、心理不断调整互补、互动统整的过程；活动任务的分担与成果共享，相互交流与相互评价，更使学生能体验到一种被他人接受、信任和认同的情感。这些都有助于学生社会化程度的提高、交际能力的培养、自我意识的发展。

（二）实践探究活动转变着教师观念，增强了教师活动设计能力

实践探究活动改变了教师独立的学科观，增强了课程观意识。随着实践活动的不断开发和实施，教师们发现，实践探究活动并不是为了开发而开发的、独立存在的活动，从活动内容到活动实施，都服务于教育教学，服务于教育宗旨。带动教师重新认识和构建自己所教的学科与学校整体的教育目标的关系、与学校发展前景的关系、与其他学科之间的关系，从而形成整体的课程观和结构的课程观，形成整体的课程意识而不是狭隘的学科意识。

实践探究活动的开发要求教师研究自己的学生，研究教学内容，研究和思考学校发展的远景和文化的创生。在与研究核心小组成员共同开发教材的过程中，教师以组织和指导学生合作探究小组开展合作探究活动的自然情景为研究对象，进行行动研究，不断补充、完善和调整实践探究活动的目标、内容和实施方式。在这种研究过程中，教师们的活动设计能力得到了大大的增强。

（三）实践探究活动紧密了家校关系

实践探究活动，是学生自由选择组成合作探究小组，以小组形式开展实施的。为了完成探究目标，学生们就会利用上可以利用的一切资源，甚至动员家长一起协助。这就让家长在了解和参与实践探究活动中，感受到学生参与实践探究活动的热情，体验到学生在实践探究活动中的变化和成长。在与孩子互动中，家长还感觉到孩子似乎更了解家长了，与家长的话题也更多了。

如"服饰魅力"活动中,邀请相关行业的家长来上微课。家长丰富而专业的知识,让孩子们刮目相看,频频露出佩服的眼神。就这一次微课后,家长明显感觉亲子间的感情更近了,孩子比以前更听话,学习也更主动了。

可见,实践探究活动的开展,让家长更深地体会和理解到学校组织和开展这样的活动,是教育的不同形式,是对孩子综合能力的一种培养。学校也真正地让家长放心和信任,家长也更乐于参与和支持学校的各项活动了。

五、问题讨论

实践探究活动的开发和实施,其效果得到了各方的支持和肯定,但还需要不断地提升和完善。

(一)提高小组合作中的有效参与

因共同的兴趣而组建的合作探究小组,其成员性情不同,参与的心理不同,其在实践探究活动中的表现就各不相同。在小组合作探究中,教师要营建良好的合作情景,让学生明确自己在小组合作、实现目标中的角色定位,学会承担责任。同时,在小组合作探究中,教师还要引导学生的合作心理。小组合作探究学习的过程,也是小组成员之间的学习活动相互调整、相互改进、互补共效的过程。每个组员的学习行为都将会不断受到来自伙伴的建议、提醒和修正,这就要求小组成员之间学会尊重,善于接纳,尊重他人的劳动和业已做出的努力,尊重他人的思维方式和行为方式,在坚持真理的过程中,能认真虚心接纳他人的合理化建议,甚至敢于怀疑自己。同时每个组员也要学习关注他人,经常提出自己的观点和意见,带动每一个成员的参与。

(二)加强学习活动与实践活动的两者融合

在实践探究活动中,学习活动和实践活动是相互融合的。学生通过学习活动认识和获得关于书本知识以外的知识经验,它不仅包括知识学习,还包括技能学习、审美学习、人际关系的学习等;实践活动让学生在各种各样的操作探究、体验活动中,去参与知识的生成、发展过程,主动地发现知识、理解知识和应用知识。这就要求教师时刻关注合作探究小组的实施进程,引导学生在学习中加强实践,在实践中善于学习。真正实现实践探究活动自主性、开放性、探究性的实施目标。

(三)从认知到行为,让学生在体验中深化认知

学生在实践探究活动过程中,通过学习和实践去感知、去了解身边的人、事、

物。知道健康饮食育人成长的重要性;安全对于人的生命的必要性;环境对于社会的作用性;科技对于自然、社会与人类的价值性。实践探究活动的设计与实施并不仅仅满足于学生这样的认知层面,更希望学生能将获得的这些知识,体验和运用于平时的学习、生活中,在生活更美好、环境更美丽的改变中,进一步感受认知。因而,学校在实施实践探究活动的同时,可以根据学生的认知,结合学校的各种活动,进行拓展实践,让学生在不断的强化体验中深化认知。

(四)家校合作是提高实践活动效果的重要方式

在社会中从事各行各业的家长显然是实践探究活动丰富的校外资源,充分利用好这一宝贵的资源,必将对活动的实施产生良好的促进作用。一方面,家长可以弥补各班指导教师力量的不足;另一方面,家长在参与实践探究活动的过程中,能更多地了解自己孩子的状况,了解教师教育教学工作的辛劳,了解学校在培养学生综合能力方面的努力付出。

因此,学校有必要将学校的办学理念,将学校开展实践探究活动的宗旨和内容做一个详细的说明,并通过各级家委会成员的组织,募集热衷于指导学生活动的校外实践探究活动指导"志愿者",最大限度地争取家长的理解、支持、合作与帮助。

课题组组长:周　宏
课题组成员:葛秋萍　陆爱萍　李　秀
单位:上海市浦东新区进才实验小学(由由校区)

5. 农村小学开展环境教育主题探究活动的实践与研究

上海市浦东新区凌桥小学课题组

一、问题的提出

（一）理论依据

1. 联合国环境与发展大会通过的《21世纪议程》提出了"可持续发展教育"的概念。它不仅要求教育"对环境友好"，在教育中培养环境意识、环保能力、环保行为，而且要求教育应关心人的需求，以人为核心，以人的全面发展为目标，从而促进社会、经济、生态的协调与进步。教育部发言人多次在《全国创建绿色学校活动表彰大会上的讲话》中指出："环境教育要作为中小学实施素质教育的重要组成部分"，"使中小学生正确认识环境与发展的辩证关系，树立正确的环境观念，是基础教育阶段的重要任务之一"。

2. 国务院在2001年6月颁布的《国务院关于基础教育改革与发展的决定》第三部分"深化教育改革，扎实推进素质教育"的第17条强调"实施素质教育，促进学生德智体美等全面发展，应当体现时代的要求"，培养出"具有初步的创新精神、实践能力、科学和人文素养以及环境意识"的学生。

3. 教育部文件（教基〔2001〕17号）强调"学生通过实践，增强探究的创新意识，学习科学研究的方法，发展综合运用知识的能力"，注重"增进学校与社会的密切联系，培养学生的社会责任感"。

4. 杜威提出的"教育即生活"，揭示了教育与生活的本质联系，即强调"从做中学"，他一方面要求教育与社会生活相结合，与儿童的生活相结合；另一方面要求应体现生活、生长和发展的价值，建构一种美好的生活，注重实践的意义。

（二）实践需求

1. 促进可持续发展教育

当今，环境问题已成为影响人类生存与发展的一项重要问题。基于人类在环境与发展方面所面临的严峻挑战,1992年世界上102个国家元首在巴西提出了"可持续发展"的发展观,并为世界各国所接受。近年来,"可持续发展"已经成为全球社会经济活动的主题。我国政府同样也将其纳入"2010年远景目标纲要"中。面对日益严重的环境污染,需要解决如此迫切的环境危机,将环境教育纳入学校教育发展体系已势在必行。而且,这一举措将是功在当代、利在千秋的大好事。一方面,一个人的环保意识和环保习惯需要从娃娃抓起,环保能力需要从小培养;另一方面,现在的小学生将是21世纪的主人,他们当中还将有一批人会成为未来的决策者,他们的环境意识的强弱,将直接影响到我国未来的建设与发展。作为基础教育者,我们应责无旁贷地做好环境教育工作,让学生在学习社会科学、自然科学的过程中,受到良好的环境教育。利用身边的资源,让学生了解环境污染的现状、原因和危害,培养他们爱护环境的习惯和热爱大自然的情感,激发他们的责任感。

2. 促进环境保护教育

作为浦东新区的新优质学校,凌桥小学从2008年开始开展小学环境教育的研究。学校成立了环境教育指导委员会,寓环境教育于整个学校教育教学的全过程,并将环境教育纳入了课程计划,分别在高、中、低年级开设了校本环保课,配备了环保教师,开发了校本教材《走近绿色》,探索出了在学科间渗透和课外兴趣小组中开展环境教育的方法。学校多次邀请市、区有关环保专家来校举办环境教育专题讲座,并多次派出课题研究小组的教师参加环保教育学术交流研讨会、参加市师资培训中心组织的中德环境教育研究项目,历年来投资百万余元进行校园环境建设,提高了师生的环保意识,学校环境教育管理体系更加科学规范。

学校于2015年被评为"上海市花园单位",同年申报"中德环境教育"项目,作为上海地区的十个实验基地学校之一,参与中德环境教育课题小组,采用课堂教学渗透、电教媒体辅助、多种活动深化的方法实施环境教育,师生的环保意识和整体素质大大提高。《环保之声》杂志报道了我校环保周的活动情况,浦东新区环境监测站邀请我校学生参加环境教育专题片拍摄。2011年6月,学校举行"农村小学开展环境教育的实践与研究"区级课题结题展示活动,形成了系列物化成果,也积累了一定的经验。2011年,学校参加了上海市首届"母亲河"最佳项目评选,获第二名。2011年,学校接受了浦东新区素质教育实验校终结性评审工作,受到专家组成员高度好评;环境教育成果显著,推动着学校的整体发展。2012年,学校校本课程《走近绿色》获浦东新区首批特色校本课程,《环境教育》杂志报道了我校开展环境教育的情况。2013年我校被评为全国环境教育示范学校。2014年起履行浦东新区少先队活动课试点校的职责,率先在少先队活动课程化领域做积极探索。同年,在教育署领导领衔后积极参与华师大的"生活探究活动的实践与研究",探究活动结合课程建设,这两个课题与学校区级课题研究齐头并进。我们惊喜地发现,这些活动是有效提升课程文化建设、教学观建设、校园文化建设等的有效策略,也让我们边做研究边思考:如何加大课题研究的着力点和研究力度,积极做好取之不尽,用之不竭源头活水。2014年,学校请来了华师大柳栋教授,为全校教师做研究型课程的辅导。2014年、2015年、2016年分别在第一教育署开展生活探究课程的展示活动。我们每年请来雀巢饮用水公司送教来校,为我校学生、教师的水资源知识体系做更新。2016年,毛佳雯同学在中德环境教育国际研发项目"未来的挑战与我们的行动"中获一等奖。2016年12月,举办浦东新区区级少先队活动课程的展示活动。

3. 促进学校与学生的发展

随着课题的不断深入,学生们能以极大的热情关注着我们的环境,对目前仍在危害环境的各种问题,比如白色污染、城市汽车尾气污染、废弃电池污染、工厂不合格排放以及不断出现的恶性环境污染事故,表现出深深的忧虑和关注。然而他们对于改善这些现象所需要的环保措施、环保知识都是一知半解或不知所云,这就说明仅仅靠课本和说教是不行的,他们接受知识的渠道太窄,所设计的活动太单一,而且几乎都是被动的。面对丰富的环境教育资源,学校如何将环境教育深入研究成为一个新的难题。

《基础教育课程改革纲要(试行)》的颁布,标志着我国素质教育进入了一个崭新的时代。为了更好地贯彻执行全国基础教育工作会议的精神,扎实推进素质教育,开发学校课程改革实验新局面,我们需要建构一种对话、合作与探究的课程文化,努力把一种开放的、民主的、科学的课程管理带给少年儿童。开发与实施主题探究活动课程,是新课改的内容与要求,是基础教育面向21世纪课程改革的一个新举措,它为中小学校有特色、有个性的办学开辟了广阔的前景,为我校的环境教育指明了一条崭新的道路。

基于此,学校以环境教育为切入点,开展环境教育主题探究活动的探索与研究，这为新课改下的实践活动提供了一个有效的平台。开展环境教育主题探究活动，正是引导学生从身边浅显而又感兴趣的环境问题入手，适合学生的生活实际，使学生能主动参与，乐于探究，勤于动手。在进行环境问题的发现、挖掘和处理过程中，为了了解真相，解决遇到的问题，学生必须自己动手动脑搜集、整理各种相关的信息，充分体现了新课改的精神。同时，我们力求通过对该课题的研究，找到可开发利用的环境教育资源和最有效的活动模式。新课程改革条件下如何根据学校情况开发利用身边的环境教育资源，积极开展主题探究活动，进行创造性工作，对于课程建设的推进和学校、学生的发展，具有很大的现实意义。

二、研究实施

3年来，课题组从学校实际出发，基于学生的生活和社会基础，利用学校丰富的环境教育校本课程资源，科学地确立了环境教育主题探究活动的目标和内容，逐步探索出"自主行动""家校互动""校际联动"3种不同层面的活动形式，在教师和家长的引导下，有效地组织开展环境教育主题探究活动。

（一）科学确立了环境教育主题探究活动校本课程的目标和内容

主题探究活动是基于学生的年龄特点和直接经验，密切联系学生自身生活和社会生活，体现对知识的综合运用的课程形态，是一种以学生的经验与生活为核心的实践课程。在设计和实施环境主题探究活动时，我们的主题范围包括学生本人、社会生活和自然世界，活动的开展立足于人的个性的整体性，立足于每一个学生的健全发展，尊重每一个学生发展的特殊需要，面向学生的整个生活世界，强调学生的亲身经历，要求学生积极参与到各项活动中去，在"做""考察""探究"等一系列的活动中发现和解决问题，体现和感受生活，发展实践能力和创新能力。

1. 活动目标的确立

21世纪，基础教育在向学生的生活回归。为此，在设计活动目标时，我们着眼于满足学生现实的生活需要，尽量密切学生与生活、学生与社会的联系。我们的活动目标设计如下：为学生获取保护环境所需的知识、价值观、态度观和技能提供机会，鼓励学生从不同角度了解和解释环境，提高学生关于环境的意识和求知欲，并鼓励他们积极参与，解决环境问题，培养学生的综合素质。

这些目标具体到低、中、高年级各阶段时，各有侧重，逐步提高要求。

低年级:亲近周围的环境,丰富对自然的热爱情怀。

中年级:了解自然环境中事物的自然属性和发展变化规律,重点对常见的动物和植物进行观察、调查,丰富对自然的认识,发展对自然的热爱情怀。

高年级:利用信息技术,进一步探究与我们日常生活最密切相关的主要环境问题。

2. 活动内容的设计

环境教育主题探究活动内容的选择和组织要围绕3条线索进行:学生与自然的关系;学生与他人和社会的关系;学生与自我的关系。环境教育主题探究活动的开发与实施以学生为核心,实现上述3种关系的均衡与整合,最终指向学生个性健全发展。在设计活动内容时,我们强调与学生的现实生活的联系以及与社会生活的联系,增强学生对生活的感受、体验与领悟,从现实出发,充分体现学生所处的社会历史条件对他们成长的客观要求,要着眼于培养学生的综合实践能力,强调动手操作和实践。以此为指导,我们针对不同阶段儿童心理发展的特点,设计了如下活动内容及教育目标:

凌桥小学分年级环保纪念日探究活动主题及目标

年级	环保纪念日	教育目标
一年级	世界粮食日、植树节	爱惜粮食、爱护绿化
二年级	世界勤俭日、世界地球日	节约学习用品、树立垃圾分类的意识
三年级	世界动物日、世界无烟日	保护动物、拒吸第一支烟
四年级	世界无车日、世界水日	环保出行、节水
五年级	世界旅游日、世界环境日	文明出行、节电

(二)探索有效实施环境教育主题探究活动的方法

1. 兴趣相投,小组合作,促进自主探究

环境教育主题探究活动充分尊重学生的兴趣爱好,为学生的自主性充分发挥开辟广阔的空间,所涉及的活动领域或活动内容、开放的活动方式和活动过程,均由学生自主选择。

(1)开展"自主行动"的一般步骤和方法

① 主题参考

教师根据学生的年龄特点和生活经验基础,找一些适合他们的活动主题,如一年级的"我和绿萝做朋友""制作植物名片""节约粮食儿童画征集";二年级的"垃圾分类我能行调查""垃圾分类手抄报""钉草稿本""制作笔套";三年级的"我的禁烟倡议""吸烟有害健康的亲情宣传""大家都来保护动物"的野生动物园社会宣传;四年级的"争做节水小先锋"手抄报、小品、十分钟队会、参观雀巢饮用水公司、节水妙招大讨论、"浦东新区环境教育监测站团员的环保知识进课堂"、"绿色交通共参与"社会宣传等;五年级的"浦东新区环境教育监测站"参观、"我是节能员"金点子征集、文明旅游靠大家之锦江乐园宣传活动等。学期初在学校公布,提供给学生自主选择主题和指导教师。

② 自主组队

根据自主选择的主题,到相关的负责教师或同学处报名,教师根据情况进行调整,成立特色拓展课程纳入学校快乐社团,如"植物养殖""创意儿童画"等。结合"学校课程计划",每周一节"快乐班队"把各年级的主题实践活动有效落实。

③ 合作探究

根据年级的主题,各中队内讨论,确定相关的活动内容和方案,制订好活动计划后,交由指导教师审查并指导。开展活动,教师可以参与,也可以指导,具体活动内容和时间由中队成员自行决定。

④ 自主评价

每次活动结束,中队长要总结,其他队员要在小队内对成员的表现进行反思、评价,如参与的积极性、合作性等,交活动方案和总结反思给指导教师。

(2) 具体实例

环保纪念日之活动——"分年级 齐步走"

一年级探究绿萝、豆瓣绿等绿色植物水培和土培哪个更好,并用观察绘画拍照等方式记录下自己种植植物的过程;利用发霉、变质、废弃的粮食制作种子画。二年级小朋友动手制作铅笔套,并寻找身边哪些学习用品还可以整合再利用,探究节约行为可以带来多少好处;动手进行变废为宝小制作的评比,动手制作垃圾分类箱,探究垃圾分类的知识。三年级通过禁烟儿童画评比、观察吸烟者与不吸烟者手指的不同、吸烟环境观察等,达到禁烟意识的培养;通过变废为宝制作动物模型活动,了解我们身边动物的特点。四年级开展身边节水知识知多少活动,探究家庭、学校的节水妙招,并通过实验、淋浴盆浴用盆接水洗脸和开着水龙头洗脸的用水量对比、家庭学习节水妙招前后水费单对比,了解节水重要性。"世界无车日"上,队员们通过问卷调查家庭用车情况,知道多步行、多骑自行车,少用机动车等道理并付之行动。五年级队员在环境日主题探究活动中,搜集节电金点子,并对家庭用电量进行调查,在凌桥社区进行文明旅游的宣传,调查行人文明程度等活动。主题探究活动结束,各中队队员组织讨论,写出了调查报告。《浦东周报》报道了学校的系列活动。

2. 家长参与,家校互动,增强社会体验

环境教育主题探究活动以学生的现实生活和社会实践为基础,发掘课题资源,强调学生更多地去亲身经历、体验和感受生活,面对主题探究活动实施中出现的活动与安全、活动与经费两大难题,我们首创了"家校互动"活动方式。

(1) 开展"家校互动"的一般步骤与方法

① 宣传发动

学校首先召开家长委员会会议介绍开展活动的意义,与家长在环境教育主题探究活动的问题上达成共识;其次在家长会上家委会代表发言,宣传新课改的精神,并说明活动开展的具体做法;再次,由家长讨论,提出合理建议和实施方案。

② 选择主题

家长在教师拟定的大主题下,与子女协商选择主题,讨论活动具体时间、内容和形式,可以是父母携子女全员参与,也可以是一位父母带领其他孩子参加,形式多样,可以调查、访问,可以参观、郊游,可以劳动、实践等。

③ 亲子互动

活动在家长和孩子共同制订的计划下实施,要体现学生活动的自主性、探究性,着眼于培养孩子爱护环境、热爱自然的情感和实践能力,家长只是提供一些帮助和指导。

④ 总结搜集

活动结束后要共同讨论活动的收获与不足,写出活动心得,搜集好各种资料(如笔记、记录、实物、数据、照片、光盘等)。

⑤ 评价奖励

学校要求每个小组每学期活动不少于 8 次。以班级为单位,对活动小组进行评价并奖励,评价内容包括:①对活动目标的理解;②参与合作的态度;③独立实践能力;④资料的搜集和成果的表述。每学期学校组织各班优秀小组进行经验交流会,每学年开一次专题研讨会,并邀请专家指导。

(2) 具体实例

"冲上云霄　畅想未来"队长学校社会实践活动

在我校家委会成员、自贸区管委会张海平先生的组织下,4月5日下午,我校队长学校的成员有幸来到东方飞行培训有限公司参观实践。一进园区,队员们受到了东方飞行培训有限公司的热情接待,而后来到多功能厅,精彩的"飞体验"课程讲座开始了,为队员上课的可是培训飞行员的专业教练呢! 大家从飞行的由来、飞机结构、飞行训练、飞行模拟机、飞机驾驶舱这5个方面对飞行的奥秘有了一个粗略的了解。开飞机可是件技术活,实践操作是少不了的重要环节,听说飞行员在接受培训时,教练会在模拟机上设置许多难题关卡让他们经历种种突发状况,保证日后的顺利飞行,队员们也迫不及待地登上模拟机,感受"飞行"的刺激与翱翔的快感。

最后,队长学校成员每人画下自己心中的飞机梦或表达乘上飞机,从空中拍摄家乡景色的愿景……孩子们更加关注家乡的环境与发展,自觉走上了保护家乡的环保道路。

3. 网上交流,校际协作,拓展实践平台

无论是年级还是中队活动,或是走向社会的家校互动,所面向的都是本地的环境和情况。只有不断地拓展学生的视野,环境教育主题探究活动才是真正深入,影响才能更加广泛。因此,利用网络,正是拓展了环境教育主题探究活动的平台。

(1) 开展校际协作的一般步骤与方法

① 确定主持学校

学校确定主题,并提供相应的背景资料,制定主题活动的形式,便成为该主题的主持学校。承担该主题的管理、活动安排、消息的发布、活动后的评价等。

② 寻求参与学校

主持学校将详细计划和资料发布在网上,与我校长三角信息技术结对学校——江苏盱眙小学、浙江东苑小学结成合作者。参与学校根据主持学校要求协同开展活动。

③ 修改活动方案

根据各地的实际情况，在组织活动小组的成员讨论后修改活动方案，使之切实可行。在此期间师生通过网络会议的形式与所有参与学校相互交流。

④ 线下实践活动

各参与学校根据主题的要求开展活动，主要是在线下的现实生活中实践。

⑤ 网上协作交流

在活动期间，学生可以将自己的学习成果和体会上传至支持平台的指定位置，也可参考别人的研究成果，还可以相互评价，并实时组织讨论会交流。

⑥ 总结反思评价

活动结束阶段，学校和学生要将收获进行分析、综合、整理，形成报告，挂在网上。多次的交流协作，质疑反思，使学生认识更加透彻。学生参与活动的评价方式有：自评、师评、互评等。

（2）具体实例

网络环境下学生探究课程平台的建设与运用

学校根据学生水资源的学习情况，和课题组成员讨论，制订了"蓝色星球"的方案与计划，并上传至指导小组；通过研究，此主题被确定下来，我校成为主持学校。

课题组邀请了水资源专家安晓燕作为顾问，设计了一份活动方案，顾音老师通过执教写出了综合拓展课程的调查报告，并参加浦东新区青年教师拓展课程评比，同时上平台交流；最后，我校组织两所江浙参与学校召开在线交流，让各自学校的教师开展教学，交流自己的收获和体会，写出总结。

三、实践效果

围绕着课题"农村小学开展环境教育主题探究活动的实践与研究"，学校开展全方位的实践探索，同时，将课题研究与由华东师大领衔的"生活探究活动的实践与研究"项目，由德国帕绍大学、德国汉斯基金会、上海市师资中心、浙江师资中心共同领衔的"中德环境教育项目"研究相结合，惊喜地发现，这两个项目和学校龙头课题研究齐头并进，是切实提升课程文化建设、教学观建设、师资队伍建设、校园文化建设的有效策略。以绿色环保理念为推进素质教育发展的重要载体,是培养学生的核心素养、提升教师的专业能力、提高学校办学水平的有效途径。

(一)促进了学校课程建设和教师专业化发展

在环境教育主题探究活动中,教师参与课题研究的兴趣大增,他们不再像以往一样死板地教书,而是积极地转变为课程的开发者。在一次又一次陪着学生探究的过程中,与专家互动的思维碰撞中,发现并挖掘适合我校开展的课程资源,开发并形成了《走近绿色》环境教育探究型系列校本教材。包括《走近绿色——环境教育探究型校本课程教材》3册、《走近绿色——环保纪念日主题探究活动读本》2册、《走近绿色——环保系列章校本争章手册》2册、《走近绿色——四年级护水小达人校本教材》1册和《走近绿色——四年级护水小达人模块手册》1册。这一系列教材的开发让教师真正成为新课程实施的主体、教材的主人,促进了专业化发展。同时,《走近绿色》系列教材的实施与各类探究活动的开展,促进了我校探究型课程的发展与完善,环境教育也逐步成为我校的品牌特色,成为提升学校综合办学能力的助推器。

(二)促进了学生环保意识增强和能力提高

通过一系列环境教育探究活动的开展,学生亲身体验和实践机会不断增多,对环保的认识也不再停留在初步认识阶段,而是自发地形成了一种潜意识,萌发了一种社会责任感和小公民道德感。无论在家里、学校还是社区,他们都会自然而然地落实环保行为。同时,在活动中学生各方面的能力也得以不断提升。通过主题探究活动,学生的社交需求越来越明显,合作探究欲望越来越强烈,自主实践的机会也越来越多。经过一次又一次的历练,许多独生子女娇生惯养的毛病没了,有的只是一种自强自律的品质和一种乐观向上的精神。通过与大自然的融合、与社会的接触,他们掌握了更强大的生存本领、更顽强的意志、更友善的合作精神。

(三)促进了家校合作与亲子关系

由于部分环境主题探究活动采用了家校互动的方式,许多活动主题的选择、策划、组织实施都得在家长和教师的指导下完成,自然而然,家长与学校的联系更为密切,相互的沟通与了解更为频繁,架起了家校合作的桥梁。同时,开展环境主题探究活动以后,家长与孩子的互动也不再局限于生活上的照顾与学业上的叮嘱,他们与孩子一起探究,一起交流,关系也就变得越来越亲密了。家长看到了孩子成长的一面,孩子也体会到了家长更亲切的一面,亲子关系更为融洽,家庭教育的效果也提升了。

(四)形成了适合学校开展的环境教育探究活动的主题

课题研究期间,我们通过邀请专家指导、开展调查问卷等形式,在确定"源于生活实际原则""现实指向性、可行性原则""尊重学生自主性原则"和"立足学校实际原则"的基础上,挖掘并确立了适合我校开展的环境教育探究活动的主题。

凌桥小学环境教育探究活动主题一览表

年　级	学　　期	主　　题
一年级	第一学期	粒粒粮食要珍惜
	第二学期	我和小树共成长
二年级	第一学期	垃圾分类好处多
	第二学期	勤俭节约多美好
三年级	第一学期	我和动物交朋友
	第二学期	我是拒烟好少年
四年级	第一学期	绿色出行从我做起
	第二学期	我是护水小达人
五年级	第一学期	环保与旅游同行
	第二学期	节约用电小处做起

(五)形成了《走近绿色》环境教育探究型课程评价体系

1.评价结合教材,与"环保星""护水小达人"评选相结合

《走近绿色——环境教育探究型校本课程教材》是我校开发的第一套环境教育校本课程,结合3册教材的教学内容,我们确立了从"环保态度""环保知识""环保能力"3个维度来评价的基本框架。其中"环保态度"主要从学生参与这门课程的认真程度与积极性方面进行考量,同时关注学生对身边环境问题的关心程度与环保愿望。"环保知识"主要从该册教材中所涉及的与环境问题相关的知识点去考量。"环保能力"则是考量学生在掌握环保知识的基础上是否积极主动地落实于实际行动上,并获得创造力的提升。这3个维度的得星总数最终决定是否获得"绿色之星""节能之星""低碳之星"的称号。至此,这套《走近绿色——环境教育探究型校本课程教材》从学习到评价形成体系。

《走近绿色——护水小达人》是我校加入"中德环境教育项目组"后于2017年新开发的一本校本教材,它从属于《走近绿色》环境教育系列校本教材。它的评价我们还是着眼于"护水态度""护水知识""护水能力"3个维度,并同样以得星数来评价是否获得"护水小达人"称号。

2. 评价联系少先队,与雏鹰争章相结合

开展环境教育探究活动以全面提高学生的环保素养为目标,以提高学生的环保能力为重点。为进一步激发学生的环保兴趣、树立环保意识、形成环保技能、养成环保习惯、增强环保责任,利用学校少先队工作比较扎实的特点,将环境教育主题探究活动的评价与少先队的争章活动紧密结合,依据各年级不同的环保纪念日确定了校本环保系列章,并制订了训练实施方案,编写了一至五年级环保系列章争章手册。我们将学生日常在探究活动中的各项评价作为其争章的足迹,并以争得环保系列章作为最终的评价方式。

我们的环保系列章的目标体系分为纵、横两个系列:横向分为保护绿化、保护生态、节约资源、环保探究等方面,设置了"护绿章""惜粮章""节水章"等10枚环保特色章,从环保知识的掌握,到技能的习得、习惯的养成等;纵向以年级划分由浅入深、循序渐进,分别把校内、家园、社区、社会、大自然作为环保宣传阵地,从感受身边环境开始,到树立强烈的社会责任感。

四、有关影响

(一)取得成果

3年来,学校探索了以"自主活动、家校互动、校际协作"3个不同层面的途径,开展环境教育综合探究活动的研究,既促进了师生、家长素质的提高,又使学校的品位不断提升。来我校学习观摩环境教育综合探究活动的同行达千余人次。学校制作了多期宣传片,反思日记、观察研究报告、小论文等在网上发布267篇,课题组设计的校本课程获浦东新区环境教育主题类特色课程一等奖,教师论文发表、获奖30多篇,10多人次获区级教学或论文奖励。学校也先后获得了"全国环境教育示范校""上海市花园单位""浦东新区绿色学校""中德环境教育优秀基地学校"等多个荣誉称号。

(二)相关交流

2015年4月27日,益勤校长在中德环境教育项目启动仪式上做了题为"走近绿色"的主题交流发言,她生动介绍了我校环境教育现状;2015年6月,上海电视台生活时尚频道《广特播报》栏目报道了我校开展"世界环境日"主题探究的精彩活动;2016年4月,益勤校长受邀带领两位副校长做客浦东电台,介绍学校开展环境教育特色工作的情况;2016年、2017年,学校分别在"长三角教师教育协作发展联盟基地学校展示活动"中进行了课程展示,顾音教师执教的《蓝色星球上的一滴水》教学视频受到了德方专家和上海市师资培训中心领导的极大兴趣,朱燕教师获得了由德国汉斯基金会、上海市师资中心、浙江师资中心共同颁发的"优秀指导教师"奖项,学校被评为"中德环境教育项目"优秀基地学校;课题组吴寒松等3位教师撰写的环境教育探究案例分获浦东新区第31、32、33届青少年科技创新大赛实践活动一、二等奖。

（三）展示活动

2018年4月25日,学校成功召开了"与环保同行　与绿色相约"区级课题成果交流暨新优质学校展示活动,上海市师资培训中心合作交流部副部长华夏女士,曲莉雯老师,谢娜,"中德环境教育"项目组中方专家陈盛庆教授,浦东教育发展研究院学校发展中心科研员殷凤、杨海燕,第一教育署双慧红副署长、朱婕,第一教育署新优质集群小学组校长,第一教育署各兄弟学校教科室主任以及家长代表等100余人参加了本次活动。大家一致肯定了我校这些年以来在环境教育课题引领下取得的可喜成绩。

环境教育主题探究活动的课题研究,让学校找到了农村小学进行素质教育的实际抓手和操作方法,促进了学校内涵发展和品牌特色创建。未来,我们将继续对多年来构建的环境教育体系、课程资源做完善与优化,并进一步向周边学校辐射和推广,让环境教育的种子在更多的人心中生根发芽。

课题组组长：益　勤（现单位：上海市浦东新区高桥镇小学）
课题组成员：朱　燕　黄丽丽　徐卫峰　陆伟红　李　浩
　　　　　　陆　平（上海市浦东新区东沟小学）
其余成员单位：上海市浦东新区凌桥小学

6. 基于减负增效的初三数学专题复习校本课程建设的研究

上海市书院中学 张爱军等

书院中学是浦东新区一所偏远的农村学校,学校积极进行国家课程校本化的实践研究与开发,致力于推动学校校本课程建设。校本课程与国家课程、地方课程相辅相成,立足于培养学生自主学习能力和减轻学生的学业负担。同时为了落实《基础教育课程改革纲要》中对当代教育的新要求和素质教育的精神,结合我校"以学生为本、以质量为魂、以发展为上"的办学思想,贯彻"开发潜能,培养习惯,奠基未来"的办学理念,学校在近年来针对初三数学专题复习校本课程的研究有了深入的探讨。

一、问题的提出

(一)概念界定

所谓"减负增效",是指把课余时间还给学生,切实减轻学生过重的课业负担以及由此带来的心理负担。与此同时必须切实提高课堂教学效率和课余作业效率,并且通过开展有益于学生身心健康发展的各类活动,全面提升学生综合素质。

所谓"初三数学专题复习",是初三数学总复习阶段的数学教学的关键环节,这个阶段的教学要有目的性、针对性,要系统化、条理化。因此复习阶段一定要有科学的设计、合理的安排,使学生通过第一轮复习能够提高基本技能,夯实基础知识;在第二轮的复习中能够提高解决问题的能力;通过第三轮模拟演练能够适应中考的要求。

"校本课程",即 school-based curriculum,是以学校为本位、由学校自己确定的课程,它与国家课程、地方课程相对应。校本课程主要分为两类:一是使国家课程和地方课程校本化、个性化,即学校和教师通过选择、改编、整合、补充、拓展等方式,对国家课程和地方课程进行再加工、再创造,使之更符合学生、学校的特点和需要;二是学校设计开发新的课程,即学校在对该校学生的需求进行科学的评估,并充分考虑当地社区和学校课程资源的基础上,以学校和教师为主体,开发旨在发展学生个性特长的、多样的、可供学生选择的课程。

这里的"建设",既包括相关课程的开发,也包括这些课程的实施。

因此"基于减负增效的初三数学专题复习校本课程建设",是指初三数学教师在实际教学过程中,面对初三学生过重的课业负担,以及由此给学生带来的沉重的心理负担,确定初三数学学科减负增效的目标,选择初三数学总复习阶段关键的专题复习环节来进行科学的设计、合理的安排、适切的评价,编撰初三数学专题复习校本教材和练习,并在初三第二学期专题复习阶段进行注重知识构建、优化复习课效率的教学实践,让学生在经历建立系统的初中数学知识体系、增强举一反三的解题能力的实践过程。该课程旨在促进学生自主、合作、探究、体验的学习素养,使初三学生能够在复习迎考过程中更主动、更健康、更富有个性地学习,进而提升数学学科成绩并促进其他学科学习。同时基本建成学校的初三数学专题复习校本课程,促进数学教师专业素养的提升与学校特色的发展。

(二)实践依据

1. 落实素质教育在数学学习上的需要

素质教育有面向全体学生发展的神圣使命。本课题研究正是基于该理念确立一种机制,旨在面向我校全体初三学生的发展,为每个学生创造和提供能够达到他可能达到的最高学习水平的学习条件,使得每个初三学生在数学学科上都可以得到充分发展。初三数学专题复习是重要的教学阶段,是学生再学习的过程,也是全面提高学生数学素养、发展学生数学思维能力、培养学生分析问题解决问题能力的重要阶段,所以"基于减负增效的初三数学专题复习校本课程建设"就显得尤为迫切和必要,是落实素质教育基本理念的需要。

2. 提高初三数学专题复习有效性的需要

目前,初三数学复习方法大多以练习题型多样化和掌握相应的解题模式来达到使学生取得较高考试分数的目的,往往不顾学生的实际情况,使练习大大膨胀,学生沉溺于题海之中;另外,从"应试教育"出发,重复搞所谓"中考模拟"练习,课堂讲评缺乏针对性,不仅增加学生学习负担,甚至使学生产生对数学学习的逆反心理,对学生的健康发展有不利影响。所以,本课题研究在初三数学专题复习阶段注重知识构建,优化复习课效率,让学生建立系统的初中数学知识体系,增强举一反三的解题能力,促其自主、合作、探究、体验式学习,使初三学生能够在复习迎考过程中更主动、更健康、更富有个性地学习,从而提高初三数学专题复习的有效性。

3. 促进数学教师专业发展的需要

追求优质高效的教育是现代国际社会的普遍追求,实现优质教育最终落脚于高质高效的教学和课堂上,而课堂教学质量提高的关键在于教师。因此,教师专业水平的提升和教师的成长就成为提升教育质量的关键。该课题的研究可以促进我校数学教师,尤其是青年教师更好地落实新课标理念;及时地更新教育观念,转变角色;重建教学方式,重构课堂教学;改善知识结构,转变工作方式;掌握新技能,学习新技术;积极参与课程开发,通过研发提高自己的专业素养。

4. 提高数学成绩以及数学教研组建设的需要

建设我校初三数学教学专题复习校本课程,使数学教研组的工作和学校的校本课程工作更上一个台阶,这对教研组和学校的整体发展、特色形成将起到积极的推动作用。同时,进一步促进学校办学理念的发展,按照向科研要质量的办学思路,围绕提高学校整体教育教学质量目标,深入开展课题研究,以促进学生、教师、学校的可持续发展。

二、研究目标与方法

(一)研究目标

1. 理论目标

通过研究,揭示初三数学专题复习校本课程的内涵,阐明其基本特征,了解这类课程开发与实施的现状,确定初三学生数学学习"减负增效"的具体发展目标,探索课程开发的理论、目标、结构、内容、计划与保障措施和课程实施的途径、形式、方法与评价措施,总结初三数学专题复习校本课程建设的经验,丰富这方面的理论。

2. 实践目标

初三数学专题复习校本课程开发与实施的研究,面向全体初三学生的数学能力的发展,促进学生自主、合作、探究、体验的学习素养,使初三学生能够在复习迎考过程中提高效率,更主动、更健康、更富有个性地学习,以达到"时间少——

内容多—方法正—情感悦"减负增效的目标,进而提升数学学科成绩并促进其他学科学习;同时基本建成学校的初三数学专题复习校本课程;促进数学教师专业素养的提升与学校特色的发展。

(二)研究方法

1. 文献法。

2. 调查法。

3. 行动研究法。

4. 个案跟踪法。

5. 经验总结法。

三、研究实施与过程

书院中学数学教研组现有数学教师8人,其中高级教师3名,区学科带头人1名,硕士研究生2名,是一个朝气蓬勃、积极向上并富有凝聚力的集体。教研组通过有针对性的校本主题教研活动,积极开展初三数学专题复习校本课程建设。

1. 学习校本课程建设理论,提升理论素养

(1)开展数学组课题研讨。依托课题负责人开设的区级培训课程"初中数学有效教学实践与研究",邀请区数学教研员徐颖、黄家礼、曾文洁对课题活动进行指导。给数学组每位教师订阅相关杂志、图书,通过学习,提升教师校本课程建设理论素养。

(2)举办讲座,邀请专家进行指导。邀请有关专家举办讲座,如上海师范大学教育学系主任陈建华做题为"有效教学及其实施策略"的讲座,张爱军老师给数学组教师开设"数学核心素养培育的教学设计与实践"讲座,教发院科研专家曹明老师来校做专题指导,以提高数学组教师的校本课程建设素养。

2. 开展教学研讨,提升教师校本课程建设实践能力

(1)组织校际结对课堂教学实践。由于校际联系,临港一中数学教研组加入课题组,结对开展课题研究。两校数学组教师进行多次公开教学展示,相互之间进行交流、研讨,效果明显。

(2)开展教学节活动,邀请专家指导教学。开展第五届"银杏书香杯"教学节数学教学研讨专场,秋萍学校校际联合体和南汇一中教育集团部分数学教师参与。活动以两节同课异构课为载体,展开初三数学专题复习课教学研讨。区

数学教研员黄家礼老师对课程的开发给出了宝贵的意见。

3. 编写校本学材和课例，增强教师职业技能

（1）编写校本学材。组织编写《初三专题复习校本学材》教师用书、学生用书、学生练习等。

（2）撰写课例和经验报告。几位初三教师认真学习区蹲点科研员曹明老师提供的课例范文，撰写好课例，以及相互听课、评课，有效增强了教师的科研能力。书院中学和临港一中的初三数学任教教师都对一年中初三数学专题复习的某一个点进行相关的经验总结，形成经验报告。

具体研究过程分成如下几个阶段：

1. 准备阶段（2015 年 1 月—2015 年 5 月）

（1）确定课题，成立课题小组，明确分工，落实研究任务；成立情报小组，搜集相关资料；组织学习有关文献资料。

（2）开展关于初三数学专题复习校本课程的研究调查。

（3）设计并制订课题具体研究方案，论证、完善课题研究方案。

（4）申报区级课题。

2. 实施阶段（2015 年 6 月—2017 年 6 月）

（1）进行课程实施有效性调查。

（2）明确培养目标，指导课程的开发与实施。

（3）组织两轮行动研究。

3. 总结阶段（2017 年 6 月—2017 年 12 月）

（1）对我校初三数学专题复习校本课程编制与实施的情况和校本课程的现状进行调查，为总结课题研究的实效提供实证依据。

（2）整理教学案例、校本课程各类材料，撰写经验总结。

（3）撰写子课题和课题研究总报告。

（4）汇编综合成果集。

四、内容与进展

1. 校本课程研发

（1）课程背景

进入中考总复习后，教学时间紧，教学任务重，而教师在"升学"目标的影响

下往往对基础知识和基本技能进行"题海式"的灌输和训练。教师复习的盲目性导致学生在复习中也表现出盲目、随意、低效的状态,特别是一些基础薄弱、学习被动的学生这一状态就显得尤其明显,以至于两极分化情况日益严重。即使是一些学习能力强的学生,也因为长期的"题海战"而变得倦怠,这将会大大降低学生复习的效率,对于学生的健康心理和人格的培养也会产生不利因素。所以,我校数学组提出"基于减负增效的初三数学专题复习校本课程建设"的研究,结合该课题研究,特开设此课程作为我校校本课程之一。

(2) 课程目标

加强初三学生对数学单元知识结构中核心知识的理解和掌握并注重知识的综合运用,以促进其良好的认知结构的形成,体现"整体—部分—整体"的学习过程,从而达到复习课最优化的课堂效率;同时,在专题练习的设计上体现出综合性和灵活性,难度上体现层次性,达到既能培养个体素质优势又能兼顾部分知识掌握和运用能力相对薄弱的学生,面向全体初三学生的数学能力的发展,促进学生自主、合作、探究、体验等学习素养的提高,使得初三学生在数学专题复习中能够达到"时间少—内容多—方法正—情感悦"减负增效的目标;使初三数学任课教师在数学专题复习中能够目标明确、方法科学、效果明显;促进数学教师专业素养的提升与学校特色的发展。

(3) 课程结构与内容

本课程涵盖中考数学重要考点,主要分成六大块知识结构——锐角三角比、函数、圆与正方形、四边形、相似三角形、方程与不等式。

(4) 课程体例

本课程包含师生用书、教学参考书和校本练习共3本书,基本涵盖了中考数学重要考点,涉及六大块知识结构的相应体例。

师生用书编写体例的基本构成,包括"知识梳理""我的问题""典型例题""我的记录""我的例题""课堂练习""我的建议"。"知识梳理"给学生系统梳理该章节的知识点,帮助学生形成知识结构图;"典型例题"通过对该章节知识点的典型考题的讲解,帮助学生进一步整合知识,促进认知结构建立,培养运用知识解决具体问题的能力;"课堂练习"注重知识的综合运用,当堂检测学生知识结构的形成效果和解题能力;"我的问题""我的记录""我的例题""我的建议"等系列是给学生留下参与的记录、经验的交流与分享、教训的提供或问题的提出,充分发挥学生自主、合作、探究、体验的个性化学习能力。

教学参考书是对师生用书的使用进行说明,供教师教学过程中参考使用,体例上删除"我的问题""我的记录"两部分内容,增加"使用者建议"和"教学反思"两部分内容。

校本练习编写体例的基本构成,包括"基础巩固""强化提高""延伸拓展""我的经验""我的链接"。既帮助学生巩固课堂所复习的知识,进一步培养学生的解题能力,又可以进行分层训练,以使不同能力层次的学生都能获得数学学科学习的成就感,都能在原有的基础上有进一步的提高,并促进学生自主、合作、探究、体验等学习素养的提高,使得初三学生在数学专题复习中能够达到"时间少—内容多—方法正—情感悦"减负增效的目标。

(5) 实施建议

中考复习阶段,在对初中阶段的数学知识进行归纳与总结的基础上,采用例题精讲、练习巩固、学生答疑等方式提升学生的能力。在这过程中要围绕"时间少—内容多—方法正—情感悦"的宗旨来减轻初三学生的学习负担;要充分调动学生专题复习的自主性,从课前、课堂、课后 3 个途径来提高学习效率;加强学生对单元知识结构中核心知识的理解和掌握;注重知识的综合运用,检验知识结构的形成效果。一般情况下,在 3、4 月份开展知识的归纳总结,5 月份进行试题的模拟演练,6 月上旬回归课本与试题相结合进行专项提升。

2. 校本课程实施

(1) 实施途径

① 课前。学生根据中考复习计划,结合专题复习学材,对于预初、初一、初二、初三的数学课本进行基础知识的梳理,复习巩固旧知识,完成相应章节的知识结构图,为相关习题的演练打下良好的基础。在这课前的学习中,要求学生们能够根据核心知识把零散的知识点进行整合,完成并建立知识网络图,纳入自己的认知结构中。知识结构中,核心知识起着统帅、整合和解释作用。如"数的整除"一章,数的整除概念应是本章知识结构的核心。在此基础之上,产生能被 2、3、5 整除的数的特征,又由这些概念产生奇偶数、公约数、公倍数的概念等。在教学"数的整除"这一章专题复习学材中可设计如下一个图,让学生填写,来掌握知识之间的区别联系,促进认知结构的建立,发展思维能力。

```
                    → 奇数
              →    
                    → 偶数
              →
       整数   →          →
              →    
                    → 约数   →
              →          
                         →
```

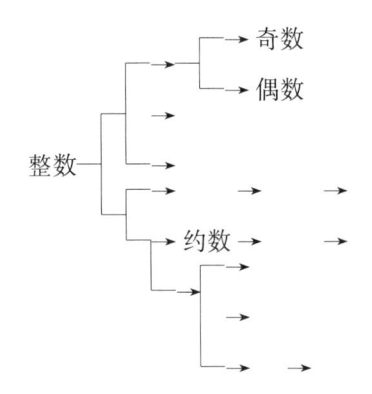

② 课堂。教师根据专题学材以及学生课前预习的情况,带领学生一章节一章节地进行知识点梳理,对于学生不懂的地方可以再深入细致地讲解一下,这样对于学生来说是很有益处的,对于习题的操练也会更加容易,因为习题都是由课本演化而来,出再偏颇的题目,最终的知识点使用还是来源于书本。教师在课堂中,还要结合专题复习学材和练习中精心设计的问题、练习,引导学生纵向深入,横向联系,启发学生找出知识点之间的内在联系,以达到举一反三的作用。

③ 课后。根据课堂复习的内容,在复习专题学材中相关的知识结构图后,完成专题练习中相应的题目。通过知识运用巩固已有知识结构,形成技能,提高能力;同时通过运用及时反馈学生知识结构中的核心知识一般是单元中的基础知识、基本原理、基本规律。通过填空和判断这两种练习形式,使学生扎实地掌握一些关键字词以及易于混淆的概念,对这些知识点加强辨析,以此来检验学生对这些知识的掌握情况,引导学生正确地辨析概念。知识掌握是以运用知识解决相关实际问题为目的,而运用知识解决问题本身又促进知识进一步掌握,所以复习课应对单元知识进行综合运用。在练习设计上体现出综合性和灵活性,难度上体现层次性,既能培养个体素质优势,又能兼顾差生,有助于学生知识结构的形成,也使学习过程体现"时间少—内容多—方法正—情感悦"减负增效的目标。

(2) 实施形式

① 自主式。是指在教师的指导下,初三学生根据专题复习学材制订相应的学习计划,并按照这个计划开展学习,并能及时进行自我检查和反省,找出自主学习中出现的问题和漏洞并改正。以此来培育学生强烈的学习动机和浓厚的学

习兴趣，从而进行能动的学习，即主动地自觉自愿地学习。

②合作式。是指通过小组交流等形式来组织学生之间以及教师与学生之间进行讨论、交流和学习，从而对初三数学专题复习的内容有比较深刻的理解和掌握。学生在教师的指导下参与团队合作学习，在团队中评价自己的学习成绩，把握自己的学习进展和继续努力的方向。

③探究式。是指教师从在初三数学专题复习中选择和确立主题，在教学中创设情境，学生通过独立自主地发现问题、操作、调查、搜集与处理信息、表达与交流等探索活动，获得数学知识，培养数学能力，发展探索精神与创新能力。

（3）实施方法

①讲解法。就是教师对中考数学知识内容、解题方法、综合运用等进行系统、有效的讲解，使学生比较完整地、深刻地理解相关知识内容，掌握正确的解题思路，并能够举一反三。

②演示法。就是教师在实施专题复习课程中，对一些形象性强的知识使用道具、Flash等方法进行演示，来组织学生主动、积极地参与教学过程中，从而使得学生对这一类的知识有更加形象、更加深刻的认识和体会，更好掌握此类知识。

③榜样法。就是在实施初三专题复习校本课程的过程中，用一些能够自主、认真、高效、愉快学习的学生的言行，来影响其他学生的教育方法，使学生从中受到富有感染力的正面引导教育，从而强化学习责任感，改进自己的学习习惯，提高自己的学习效率。

④激励法。是指教师通过对学生自主、认真、高效、愉快等学习行为的肯定，使之得到强化和推广的方法。它包括了信仰和目标激励、精神和物质激励、情感激励等3种类型。

⑤实践法。是学生在教师引导下，主动参与专题复习的教学活动中来，能够在课前进行自主预习，课中参与讨论、探究、质疑等教学活动，课后能够自觉复习巩固、独立高效完成练习。

五、成效与成果

经过本课题的实践与研究，我校获得了不少可喜的成效，也取得了一些宝贵的经验。

(一) 主要成效

1. 学校层面

(1) 研修机制日趋完善

学校建立教师学年度考核制度,学校把每学年校本研修的考核成绩纳入教师的年终考核中,要求教师认真填写《校本研修教师手册》。学校不定期邀请教科研领导专家、各级各类优秀导师来校做专题辅导、上示范课、指导研究课等,将专家指导与学校自主研究相结合。同时保证对课题研究的经费投入,为课题研究提供所需一切经费。

(2) 办学质量不断提升

初三数学专题复习校本课程建设的研究有力地提高了我校数学学科在中考中的成绩,2016年中考,我校数学成绩均分127.08,及格率96.97%。领先周边同样的偏远初中,与我们学校以前的成绩相比也有了长足的进步。为我校今年的年终考核给了一定支持。

2. 教师层面

(1) 数学教师的课题研究意识不断增强

以数学组课题为核心的校本研修,激发了广大教师的科研意识,提高了教科研能力。张爱军、张满开发了区级培训课程"初中数学有效教学实践与研究";张爱军、张满开发了浦东新区见习教师规范化培训优秀课程"初中数学课情境创设";张满撰写的论文《数形结合思想在初中数学教学中的渗透》《浅谈初中数学课堂效果的影响因素及改善对策》分别在《现代教学》《当代教研论丛》发表;富依雯、姚怡慧分别在2015年、2016年信息科技与学科整合比赛中获得区三等奖,等等。

(2) 形成了胜任初三专题复习教学的教师队伍

教师们通过理论学习和实践,了解了初三专题复习基本特征、基本内容等。数学教研组被评为浦东新区优秀教研组。同时,教师极大地提高了自身数学教学技能,教学设计更为精当,教学过程不断优化,教学语言更富艺术,课堂更有效。2016年何霞被评为浦东新区骨干教师,2015年何霞和张满分获浦东新区青年教师基本功大奖赛初中组一、二等奖,富依雯获区新苗杯教学评优三等奖,姚怡慧获见习教师规范化培训教学设计三等奖。

3. 学生层面

我校学生数学成绩在中考中获得了一定的提高。其中区重点高中上线率达到50%左右,高中上线率达到60%左右。

（二）主要经验

我校为偏远农村中学,青年教师居多,他们有热情,有干劲,本课题旨在研究探索初三专题复习校本课程建设,寻找到最适合我校学生的学习方法,通过一年的研究,主要的经验有以下方面：

1. 教师的观念有了新的转变,教学方式有了新发展。当今的教育界已经逐渐形成了一个共识,课改的成败很大程度上取决于教师。教师在课程改革、课堂教学中都起着重要的作用,要在课堂上真正实施有效教学,尤其是初三最后的复习阶段,离不开教师的参与与投入。通过课题研究,教师们掌握初三数学专题复习的校本教学方式,吃透了新课程标准的教学思想,落实了课堂教学以生为本,把学生的主体作用和过程教学真正落到了实处。

2. 学生有了新变化,课堂效率有了新提高。通过课题研究与实践,课堂教学变得更有生机、更精彩,学生都能积极主动参与到学习过程,积累知识,掌握一定的自主专题复习方法,不同的学生在不同程度上都能得到不同的发展,大大提高了课堂学习的效率。

六、问题与思考

（一）存在问题

1. 如何更好地提高组内教师课题研究的积极性

实践证明,开展课题研究对提高组内教师,特别是组内青年教师课堂教学有积极的意义。但是平时教育教学工作繁重,加上组内教师时间精力受限,大量协助和后期工作靠课余突击性加班完成。所以课题研究对一线教师而言也是一项比较繁重的任务,在这样的情形下,势必影响教师在课题研究方面的积极性。

2. 如何更好地提高初三数学专题复习的有效性

课题研究对象是初三学生,因为初三阶段时间紧、任务重,学材的编排如何紧扣课改精神、如何着眼初三数学专题复习的有效性（即"减负增效"）和促进学生的可持续发展等多方面怎样做到更实？

3. 如何进一步充实和完善专题复习内容

由于数学学科中考知识点比较多,而我们的专题复习受到时间的限制,目前形成的内容还不够全面,怎样进一步充实,使复习内容更加全面而系统,还有待提高。

（二）发展思考

1. 进一步完善校本研修课题研究管理制度

结合新形势、新情况，逐步扩大校本研修中课题研究的积分权重，并且与教师常规考核方案结合起来，对现有的各项校本研修管理制度做及时的修订，从而激发教师研究课题的积极性。

2. 精心打造骨干队伍，进一步优化校本学材编写

以两校数学组中学科带头人、骨干教师、教研组组长、高级教师为主体，对初三数学校本学材的编写进一步把关以及修订，切实建构适合初三学生第二学期专题复习的校本课程，从而真正实现减负增效。

3. 进一步完善校本课程体系

一方面要坚决落实《初三专题复习校本学材》教师用书、学生用书、学生练习的编写和修订；另一方面，要不断完善学材的编写，提高中考考试内容、校本学材内容、校本练习内容的匹配度，最终形成一个特点鲜明、内容丰富、适合两校学生的校本课程体系。

在今后的课题研究工作中，我们将继续坚持以学生为本的原则，坚持课改精神的原则，坚持理论与实践、针对性与实效性、系统性与灵活性相结合的原则，立足实际，着眼长远，努力开创数学组教育教学工作的新局面，争取更大的成绩。

课题组组长：张爱军（上海市书院中学）
课题组成员：张　满　杨燕燕　刘振生　富依雯　何　霞　姚怡慧　朱芳亚（上海市书院中学）
　　　　　　狄美静　丁界山　严明杰（临港一中）

第三编

学科探索与突破：扎根新优质

1. 中学音乐生活化教学的实践探究

——基于美国加州的教学经验

上海市北蔡中学　史炯华

一、理论价值与实践意义

（一）背景

新课程改革的背景下，我们越来越关注学生的学习之本。由于世界多元文化的日益更新，我们在音乐教学的实际过程中，很难满足现代学生的需求，适应他们的音乐生活。通过在美国加州一个月的研修，笔者试图通过借鉴美国加州的教学经验，在自己的音乐教学中实践、探索，寻求新方向，让音乐课堂贴近我们的学生，贴近学生的生活，让学生通过音乐感受生活的魅力。

（二）美国加州音乐教育特征

美国的音乐教育致力于引导学生通过课堂认识音乐在人们生活中的作用和价值；它鼓励学生将音乐放在社会背景中去学习，而不是将音乐作为一种抽象的信息、为了学习音乐而去学习；它以自然的方式呈现音乐，交代了音乐在人们生活中所起到的重要的作用。

（三）生活化教育的意义

1. 理论意义。一是认识论的价值维度。生活是知识的来源，知识教学是课程当中很重要的组成部分。从认识论的角度来谈论生活化教育的意义，能够为知识教学提供一种理论依据。二是从学生个性发展的角度。即生活化教学的引进，能够使学生的个性得到一个良性的发展，这是从培养的角度来论述生活化教育的意义。三是从学生社会属性发展的角度来论述。

2. 实践意义。通过中学音乐生活化教学的实践探究，充分运用音乐的社会属性和社会功能，一是促进对学生音乐学习的兴趣培养。二是促使学生通过音乐学习加强对生活的理解、对生活的情感以及体会音乐中的内在寓意。

二、概念界定

（一）生活

生活是现实的、具体的人的生活,生活是与需要、愿望、情感和体验相联系的,生活中蕴含着丰富的教育因素。教育学中的"生活"是指事实性的、被知觉的日常生活。

（二）生活化教学

生活化教学是将教学活动置于现实的生活背景之中,从而激发学生作为生活主体参与活动的强烈愿望,让他们在生活中学习,在学习中更好地生活,从而获得有活力的知识,并使情操得到真正的陶冶。[①]

（三）音乐生活化教学

笔者认为,音乐生活化教学就是以学生为中心,从学生的现有学习基础,在关注学生个体发展中,开展音乐课堂教学和课外实践的常态化活动。

三、研究目标

（一）理论目标

通过本课题的研究,一是了解美国加州地区音乐教育理念、音乐课程标准的制定、音乐教材的选择以及音乐教育现状;二是了解音乐生活化教学的意义。

（二）实践目标

一是通过对美国加州地区中学音乐课堂生活化教学的借鉴,最优化地在自己的课堂教学中实现"以学生发展为本"的教育理念。

二是通过自己的音乐课堂,通过贴合学生生活实际的各种不同形式的音乐内容的选择、课堂教学情境的创设、课堂体验活动的创设以及课外实践活动的组织,让每一位学生能够享受自己的音乐生活、促动音乐思维、提升音乐想象,并迁移到其他艺术领域、学科领域、学习领域,为学生的发展和未来奠定基础。

---

① 百度百科.生活化教学[EB/OL].[2018-03-11] https://baike.baidu.com/item/生活化教学/15743130?fr=aladdin.

四、研究实施

（一）美国加州音乐教育情况

1. 美国加州音乐课程标准

（1）1994年艺术教育国家标准

《艺术教育国家标准》(*National Standards for Arts Education*)是美国学校艺术教育第一套在美国联邦政府的干预下，分别由音乐、舞蹈、戏剧和视觉艺术等4个全国性组织联合研制，并且完全按照《2000年目标：美国教育法》的要求制定出台的。

①《艺术教育国家标准》要求艺术教育是面向全体学生的教育，不论其背景、天赋或是残疾，每个学生都享有享受艺术教育及其提供的丰富内容的权利。

②《艺术教育国家标准》关注课程的综合，强调文化和艺术的全球性和普遍性。希望能够通过课程的综合，建立起艺术学科内部和外部之间的联系。

③《艺术教育国家标准》强调多元文化的融合。该标准认为，艺术教育与生活息息相关。艺术所具备日常生活中的价值和意义，对艺术的终身参与则是完整生活的一个有价值的部分。

（2）2004年《加州视觉与表演艺术课程标准》

美国加州地区的艺术教育，在国际上处于一个领先的地位。2001年，美国加州教育委员会制定并颁布了《加州视觉与表演艺术课程标准》(*Visual and Performing Arts Framework for California Public Schools*)（以下简称《加州艺术课程标准》）。2004年，美国加州教育委员会重新修订并颁布了新的课程标准。

① 5条主线。《加州艺术课程标准》从5条主线，分别对舞蹈、音乐、戏剧和视觉艺术进行了详细说明，分别为：艺术感知(Artistic Perception)、创意表达(Creative Expression)、历史与文化背景(Historical and Cultural Context)、艺术评价(Aesthetic Valuing)、关联与应用(Connections, Relationships, Applications)。

② 关注教育利益相关方与学校的合作。《加州艺术课程标准》非常注重所有教育利益相关方，如家庭、艺术家、社会团体、画廊、博物馆等与学校之间的合作，以确保学生拥有丰富的艺术学习经验。

③ 关注学生未来。《加州艺术课程标准》明确提到了学生的艺术学习对其将来的职业生涯起到一定的帮助作用。艺术学习对于学生来说不仅是种快乐的体验，而且有助于学生的自我成长及其社会关系的开展，艺术学习被期望能够有助于学生的继续深造或成为应聘相关工作的一种资格证明。

(3) 2014年美国《国家核心艺术课程标准》

2014年美国《国家核心艺术课程标准》由美国国家核心艺术标准联盟 NCCAS (National Coalition for Core Arts Standards)发起并制定,由视觉艺术、音乐、舞蹈、戏剧和媒体艺术等5个编写团队联合研制而成。

① 五大方面。美国《国家核心艺术课程标准》系统地阐述了其对"艺术何为?""艺术为何?"的基本理解,并构成了学校艺术课程学习的"终身目标"。美国《国家核心艺术课程标准》从"作为交流媒介的艺术""作为个人创造力实现的艺术""作为文化、历史和联结物的艺术""作为幸福手段的艺术""作为社区参与的艺术"等五大方面对艺术学科的"哲学基础"进行了详细的说明。①

② 课程标准内容。从美国《国家核心艺术课程标准》具体内容看,美国的艺术教育已经基本明确了从"发展学生艺术学科素养"的角度来设计课程和教学的宗旨。

美国《国家核心艺术课程标准》的整体框架模型②如下图:

国家核心艺术标准						
舞蹈 媒体艺术 音乐 戏剧 视觉艺术						2014.2.12
艺术素养						
哲学基础 ←					→ 终身目标	
艺术过程	落实标准	学科特定表现标准 幼儿园前—高中				
^	^	幼儿园前—八年级 表现标准	高中表现标准		
^	^	^	熟练水平	精通水平	高级水平	
创造	3个共同 落实标准	想象—计划和实施—评价与改进—呈现				
表演 (舞蹈、音乐、戏剧) 呈现 (视觉艺术) 制作 (媒体艺术)	3个共同 落实标准	选择—分析—释义—排演、评价与改进—呈现				
反应	3个共同 落实标准	选择—分析—释义—评价				
联系	2个共同 落实标准	学科内联系——学科外联系				

美国《国家核心艺术课程标准》整体框架模型

---

① 段鹏.美国《国家核心艺术课程标准》的内容、特点与启示[J].课程·教材·教法,2016(1).
② National Coalition for Core Arts Standards. National Core Art Standards:A Conceptual Framework for Arts Learning[DB/OL]. http://www.nationalartsstandards.org.2016-10-05.

③ 音乐标准的内容特征。一是以艺术素养作为教育目标。艺术素养是个体真正地参与到艺术活动中而获得的知识、技能和对艺术作品、艺术文化的理解，它包括哲学基础和终身目标两个方面。二是关注21世纪技能在音乐学科中的体现。旨在通过创造性实践，促进学生对音乐基础知识的深刻理解，充分发展学生音乐感受与欣赏能力和表演能力。三是关注学生未来音乐发展。美国《国家核心艺术课程标准》不仅设置了面向幼儿园前到八年级的普通音乐课程，还为对音乐学科有特别兴趣的学生，或是准备进入专业音乐学校学习的学生，或是将来要从事音乐方面工作的学生，提供了4门不同类型的音乐课程供高中学生选修。

2. 美国加州音乐教育特征

(1) 课程理念的生活化，关注人类发展

音乐学习本身就具有特殊的自身价值，能够提升人们对自己、对他人的理解，因为音乐学习的过程，本身就是一种内心的塑造。人们关注艺术教育与生活之间的关联，艺术家们不断将生活中的故事、作品艺术化，同时让艺术的语言与非语言、理性与感性有机结合，从而让人更能直观地形成整体感受，感受生活中的一切。

(2) 课程内容的多元化，彰显人文价值

尽管美国的历史不长，但却有着来自世界上100多种文化的移民一族在美国共同生活。美国的音乐教育希望能够让更多的学生认同不同种族、不同群体为其文化所做出的贡献。

(3) 课程结构的一体化，强调学科综合

在美国，幼儿园阶段的学龄前儿童教育，无论是他们的校园安排，还是课程安排，都是中小学教育的组成部分。因为，在小学阶段包括了学龄前教育，在课程标准中"K-12"囊括了学龄前阶段。此外，大学的音乐教育与中学的衔接也非常精美。可以说，从"K-12"再到大学阶段，音乐课程形成了"幼小中大"的一体化衔接。

(4) 课程资源的丰富化，推动音乐教育

美国音乐教育资源的丰富，不仅仅体现在音乐教学内容之上，更多的是让我们感受到了、看到了学校与图书馆、博物馆、音乐厅等社区资源之间的互相合作。艺术学习最有效的途径就是去亲身感受和体验艺术的魅力。

(5) 课程评价的质性化，尊重学生个体

课程评价是保证艺术教育有效进行的重要环节。在加州地区，每位教师对学生进行评价的方式有很多种，并在不同阶段根据不同的教学目标，适时采用不同的评价方式。

3. 加州音乐教育特征

方面		具体特征
课堂教学	教学内容选择	贴近学生的日常生活,并且能够引导学生将音乐学习与日常生活联系起来
	教学方法运用	生活化教学情境的创设,将音乐课堂置于学生的日常生活中
课外实践	实践内容选择	将学生置身于生活中,并从中选择各类音乐生活素材
	实践方法运用	边学习,边实践,边分享

(二)生活化的音乐教学

1. 课堂教学

(1)教学内容选择

教学内容是整个教学的灵魂与核心,从学生的角度来考量,学生通过音乐课程的学习,达到什么样的水平才是一个国家公民应该具有的基本的音乐素养;从教师的角度来考量,教学内容就是在音乐课程教学中,在不同的学段,音乐教师应该要教什么的基本要求。

《上海市中小学音乐课程标准解读》指出,兴趣是学生学习音乐的原动力,同时兴趣又是审美体验的初级阶段。当这样的一些作品作为课堂教学素材与学生进行分享的时候,每个学生都会发出诧异的眼神和惊奇的感叹,这样的课堂对学生音乐学习兴趣的点燃,发挥了极致的作用。

【案例1】"奇思妙想"融入课堂:教学设计"天顶上的一滴水——来自谭盾"

【教学说明】

本课的内容来自教师自己的一次经历。教师在上海朱家角聆听了一场特殊的音乐会,这是一场"把音乐当建筑看,把建筑当音乐听"的音乐会,音乐会的名字为"天顶上的一滴水",来自著名音乐家谭盾先生。

本课旨在通过音乐作品的介绍、作曲家的介绍,感受自然、建筑、音乐的融合,初步了解"建筑音乐"的现代概念。

【教学目标】

1. 在对作品的欣赏中,建立起情感上的共鸣,并愿意去现场观摩感受。

2. 在作品的欣赏、作品的解析和作曲家的介绍中,感受不同器乐、人声、敲打声等融合在一起的音乐之美,感受自然、建筑、音乐的融合之美。

3. 了解"建筑音乐"的概念。

【教学重点与难点】

1. 了解谭盾先生"建筑音乐"的概念。

2. 感受自然、建筑、音乐的融合之美。

【教学过程】

一、导入

1. 教师介绍聆听音乐会的感受

2. 欣赏视频《四季禅歌》片段

说明：

通过使用"开门见山"的教学方法,直截了当地向同学介绍聆听"天顶上的一滴水"的感受,并通过欣赏视频,从情绪上激发学生的课堂兴趣。

二、作品介绍

1. 四幕作品

序,天顶上的一滴水(观众入场就坐)。

第一幕,禅声与巴赫。

第二幕,水摇滚。

第三幕,弦乐四重奏与琵琶。

第四幕,四季禅歌。

2. 音乐会周边环境介绍

(1) 水乐堂的内部环境。

(2) 水乐堂的外部环境(如对面的寺院、两条河流交汇的地方、朱家角的江南水乡特质)。

3. "水"的寓意

老子曰:"上善若水,水利万物而不争。"

说明：

尽可能地对作品做一个全面的介绍,包括作品本身、音乐会场的内外部环境、水的寓意等,让学生在脑海中能有一个最清晰的印象,并为后面作品的聆听、感悟起到助力作用。

三、作品片段欣赏

1. 作品《禅声与巴赫》（片段）

（1）欣赏与思考：为什么谭盾用"禅声"和"巴赫"两个无关联的词语作为音乐的标题？他是如何将两者结合的？

（2）欣赏《杨澜对话谭盾》片段。（实景水乐《水乐堂·天顶上的一滴水》为什么邀请河对岸圆津禅院的僧人一同演出？）

> 说明：
>
> 通过作品与辅助视频的欣赏，感受弦乐四重奏音乐、僧人的吟唱所产生的强烈的艺术效果，两种不同性质的"音乐"交织在一起，给予人"架起了天、地、人之间沟通的桥梁"的感受。同时了解"建筑音乐"的概念。

2. 作品《水摇滚》（片段）

（1）欣赏与思考：作曲家是如何使用弦乐器来表演摇滚音乐的？"水"作为音乐作品的主角，此刻是如何来表现摇滚状态的？摇滚音乐又是如何与江南古朴的建筑相契合的？

（2）欣赏《杨澜对话谭盾》片段。（这次你不只是把河流当琴弦，我也想知道你是如何把建筑当乐器的。）

> 说明：
>
> 通过作品的赏析，感受古典与现代的融合，感受民族与现代的融合。了解建筑在音乐中的运用，感受"水琴"乐器即水滴从天而降时的交响效果。从而能够感悟陶渊明"大音自成曲，但奏无弦琴"音乐情怀。

四、拓展介绍

1. 作曲家介绍
2. 欣赏《水乐》片段
3. 欣赏《纸乐》片段

> 说明：
>
> 从作曲家的其他音乐作品，感受自然与音乐的融合。

五、课堂总结

(2) 教学方法运用

教学方法是指为达到教学目的,实现教学内容,运用教学手段而进行的,由教学原则指导的一整套方式组成的、师生相互作用的活动。它是为完成教学任务而采用的办法,它包括教师教的方法和学生学的方法,是教师引导学生掌握知识技能、获得身心发展而共同活动的方法。[①]

音乐是体验的艺术。音乐创作、表现和鉴赏都离不开人的亲自参与和体验,音乐只能意会,不可言传。音乐教学过程应是一个在教师启发和指导下学生主动参与体验音乐的过程,可以说,没有学生的主体参与,就不会有真正意义上的音乐教学。[②]

【案例2】"全身舞动"课堂全体验:课堂华尔兹

【活动背景】

2007年国家教育部要求,全国所有的中小学生每天都必须要跳校园集体舞,并提供了《青春风采》《校园华尔兹》等7个校园集体舞蹈作品。

尽管校园集体舞活动在行政令下,一度开展得如火如荼,但在一段时间之后,校园集体舞就慢慢淡出视线。尽管如此,校园集体舞对学生的生理与心理、礼仪与审美、集体意识与竞争精神却留给了笔者良久的思考。

【火花四溅】

在加州研修交流期间,每天在马路上观摩行进乐课,学生们一边踩着音乐的节奏翩翩起舞,一边转动、抛起手中的旗帜做出各种造型,流畅敏捷的身影、阳光灿烂的笑容,让每位观众赞叹不已。

回到自己的课堂,在《肢体语言,心灵律动》单元的舞蹈作品时,尽管向学生介绍、分享了诸如芭蕾《吉赛尔》双人舞片段、中国古典舞《踏歌》、军旅舞蹈《走、跑、跳》等舞美精湛、完美飘逸的舞蹈作品,但似乎学生们的感受仅停留在了最表层的感知上。

回想美国那些投入万分的彩旗队的孩子们,笔者坚定地告诉自己,校园集体舞将回到笔者的课堂。

【舞蹈重燃】

在音乐课堂上,笔者依然保留了教材提供的"飘逸舒展的古典芭蕾""含蓄隽永的中国古典舞"和"舞台上崇尚完美的舞蹈"3个主题内容,并对"生活中重在

---

① 百度百科.教学方式[EB/OL]. http://baike.baidu.com/link?url=PtLlU9ScOlvgj_9OJAHXCsl9_ZAmLsrja4kBPc8B1QEetVi7EwFhtI_i41-DTbShSn1qONKwLybVSHuW58XBPa,2016-09-18.
② 音乐课程标准研制组.普通高中音乐课程标准(实验)[M].南京:江苏教育出版社,2011:15.

参与的舞蹈"主题进行了全体验化设想,将《校园华尔兹》舞蹈作品作为主教材,与学生进行赏析、实践。

步骤一:气质培养

为了能让学生们在课堂上表演出男孩子彬彬有礼的绅士风范、女孩子优雅大方的淑女气质,笔者选择歌手梁咏琪的歌曲"AMOUR"作为舞蹈音乐。

第一遍,聆听歌曲,感受歌曲的风格,并能够分辨、拍击音乐的节奏。(歌曲风格结合了法国香颂及圆舞曲的感觉,轻快而浪漫。)

第二遍,欣赏歌曲MV。(在作品中,10余位专业舞者齐跳"现代宫廷舞"。)

第三遍,边观看MV,边模仿。

从"听觉""视觉"上,感受圆舞曲般的轻松浪漫,感受舞蹈男女主角的气质和气场。

步骤二:初学舞步

在学生有舞蹈"气质和气场"感觉的基础上,开始学习最基本的华尔兹动作。要求每个学生都要"端着架子"舞动起来。

第一步:分解动作练习。(关注动作的到位。)

第二步:连贯动作练习。(第一,关注左右脚和身体的协调性。第二,动作熟练的学生可以与动作练习困难的学生组队,合作练习。)

第三步:配上音乐,连贯动作练习。(速度加快,注意协调性。适当加上转体动作。)

步骤三:慢慢熟悉

有了最基本的舞蹈感觉之后,将音乐完整地播放,同时要求同学们两两组合,进行合作练习。在音乐的循环中,反复练习舞步动作,慢慢熟悉。

【舞出快乐】

"这个40分钟,感觉好快,瞬间眨眼的工夫,就这么下课了。"

"以前一直认为,看人家跳华尔兹似乎很简单,而自己真正来体验的时候,才发现自己的脚怎么就那么不灵活,完全不听使唤。"

"这样的舞蹈很快乐,看其他同学的时候,觉得十分别扭。而自己跳的,又被他们开始嘲笑。原来自己的动作也是这么奇怪。真觉得,下节课还是再继续舞蹈吧!"

"宫廷气质,真的很难端出来。不过眉宇之间的一个眼神、一个动作,都是如此优雅。"

【舞后反思】

1. 在好奇中,提升了学生们体验的兴趣

歌手梁咏琪的"AMOUR"现代、复古融合式的宫廷舞蹈表演,大大提升了学生们的好奇感,尤其是男同学。他们开始愿意,并且投入舞蹈动作的练习中。

2. 在合作中,促进了学生们体验的热情

从第一个班级的全部学生、整个40分钟课堂的全体验开始,到整个年级所有学生的初体验,基本所有的学生都表现出了极大的热情。他们中,有的男生女生两两组合认真地、反复地练习着;有的四人成组,互相演示、互相纠正,不亦乐乎。

3. 在体验中,培养了学生们审美意识

从学生们"舞出快乐"的点滴感言中,让笔者感受到的不仅仅只是快乐,更多的是他们对于美的感受,体形美、动作美、气质美,乃至说话的语言美。相信,这样的体验,定会提升他们对于美的理解。

2. 课外实践

(1) 实践内容选择

社区音乐教育环境、社区音乐资源是音乐教学内容非常重要的资源之一。因为这些资源(内容)都会对学生的音乐兴趣爱好、审美情趣、审美能力等产生诸多的影响。

【案例3】教学设计"心泉的律动——东艺歌剧厅"

【教材】上海教育出版社特色教材《走进东艺,品味经典》

【内容】第三单元"心泉的律动——东艺歌剧厅"

【教材说明】

《走进东艺,品味经典》特色教材是由史炯华编著、上海教育出版社出版。本课主要以东方艺术中心歌剧厅作为主线,介绍了歌剧厅的舞台特色"室内剧场冰舞台"和"中国作品世界首演"的艺术品牌。

【教学目标】

1. 在音乐作品、艺术特色中,建立走进东方艺术中心现场观摩优秀作品的想法;从《国之当歌》音乐作品中,激起学生发自内心的爱国情怀。

2. 在音乐作品的对比欣赏中,感受《四小天鹅》芭蕾舞版本和冰上芭蕾舞版本的区别,感受《唱响振奋中华的歌》与《义勇军进行曲》的自然连接。

3. 了解歌剧厅的舞台特色"室内剧场冰舞台"和"中国作品世界首演"的艺

术品牌。

【教学重点、难点】

1. 通过作品的欣赏、比较与分析,了解歌剧厅"室内剧场冰舞台"的舞台特色和"中国作品世界首演"的艺术品牌。

2. 通过原创音乐剧《国之当歌》片段欣赏,感悟音乐作品的爱国力量,激起学生发自内心的爱国情怀。

【教学过程】

一、导入:欣赏与思考

1. 欣赏:《四小天鹅》(俄罗斯芭蕾国家剧院在东艺演出的版本)

思考:芭蕾舞的肢体特点(包括舞蹈姿态、形体动作、音乐律动等)

2. 作品介绍:《四小天鹅》

> 说明:
> 　　直接以作品欣赏的方式作为导入,第一是从"芭蕾"引向"冰上芭蕾",第二是节约课堂时间,直接将芭蕾版本的《四小天鹅》与之后欣赏对比环节的作品进行比较。

二、东艺歌剧厅介绍

1. 歌剧厅简要介绍

2. 室内剧场冰舞台介绍

> 说明:
> 　　通过教师的直接介绍,让学生最直观地了解东艺歌剧厅的特点和室内剧场冰舞台。

三、对比欣赏与实践

1. 作品《四小天鹅》

欣赏:《四小天鹅》(俄罗斯圣彼得堡国家冰上芭蕾舞团在东艺演出的版本)

对比思考:芭蕾舞版本的《四小天鹅》与冰上芭蕾舞版本的《四小天鹅》,在舞蹈姿态、形体动作、音乐律动等方面有何异同?

2. 作品《西班牙舞曲》

欣赏:《西班牙舞曲》(俄罗斯圣彼得堡国家冰上芭蕾舞团在东艺演出的版本)

思考：作为典型的西班牙舞曲音乐，冰上芭蕾舞演员是如何通过自己的肢体语言来表达西班牙人的性格特征的？

3. 实践练习

实践：尝试练习《西班牙舞曲》中的响板节奏。

建议步骤：第一，用手拍打节奏。

第二，脚上练习。

说明：

分别从作品《四小天鹅》的对比中，感受同一主题作品、不同表演形式的异同；从作品《西班牙舞曲》的赏析中，加深了解冰上芭蕾的艺术特点。同时，通过"拍手打节奏""脚上练习"的实践练习，了解西班牙响板的节奏特点，并在体验中更真切地感受冰上芭蕾的艺术特点。

四、欣赏与比较

1. 作品介绍：原创音乐剧《国之当歌》

2. 作品欣赏

欣赏：咏叹调《唱响振奋中华的歌》（片段）

思考：《唱响振奋中华的歌》作为音乐剧中一首新创作的歌曲，作曲家为什么将其与《义勇军进行曲》自然连接，形成一个整体？（初感受）

3. 音乐家的故事

4. 作品再欣赏

欣赏：咏叹调《唱响振奋中华的歌》（片段）

思考：《唱响振奋中华的歌》作为音乐剧中一首新创作的歌曲，作曲家是如何将其与《义勇军进行曲》自然连接，形成一个整体？（建议从音乐旋律、演员表演、爱国情怀等角度进行分析。）

5. 作品全欣赏

欣赏：咏叹调《唱响振奋中华的歌》（完整）

说明：

作为课堂教学的难点，旨在通过作品介绍、片段欣赏、音乐家的故事、片段欣赏、全曲欣赏的层层递进的方式，不断激起学生发自内心的爱国情怀，最后能在作品的全曲欣赏中达到情感的升华。

(2) 实践方法运用

如果说,40分钟的音乐课堂是音乐教学的主阵地,那么音乐课外实践则是师生们共同分享音乐、交流音乐的幸福园,它是音乐教学的重要组成部分。之所以幸福,是因为音乐课外实践可以开拓学生们音乐的视野,培育、发展学生们的兴趣,在丰富学生们精神生活的同时,也让他们学有所长。

我们教师所要做的,就是尽可能地帮学生们创设丰富、多样的音乐课外实践平台。

【案例4】"随时e我"音乐新空间:艺术新空间,新媒体时代下的音乐课外实践——微信公众平台"艺术新空间"带给我的思考

【活动背景】

Arcadia艺术交流的多元与现代技术的普及,让笔者联想到学校正在使用的校园平台、微视频等,我们又何尝不是在摸索中前进、在困难中推进、在便捷中使用?音乐学科能否将两者有机融合,进入属于自己的"互联网+"时代呢?笔者大胆地提出了创建微信公众平台,使其成为中小学艺术教师交流的平台、学生视野拓展的平台,更是师生线上线下互动的平台,成为大家共同"鉴赏、实践、分享、交流"的平台。

【"艺术新空间"带给笔者的欣喜】

从2015年3月14日发布第一条推送帖开始,每期两条艺术交流帖和一条编者心迹交流帖。

1. 艺术交流帖,成为艺术课堂上的教学素材

在"音乐表演的创造——录音制作的再创造"课上,课堂旨在比较同一作品的不同表演版本,让学生感受到这种创造的个性差异和审美价值。为了拓展课堂的教学内容,笔者选择了上一届同学在"艺术新空间"中推送的艺术交流帖《〈夜夜夜夜〉于不同歌手完美的诠释比较》与之分享。通过聆听,同学间互相讨论与交流;再通过交流帖的阅读,每位同学都能最直接地感受彼此之间的差异。同样,推送中的《是否? 不同版本的自我比较》等文章,成为他们课余交流、分享的热门话题。好几位同学通过电子邮件,发送了自己的音乐作品心得。

2. 艺术交流帖,成为艺术教师课后教研的素材

"艺术课堂"栏目的推送帖是来自市教委教研室和艺术人文频道的《艺术课堂》,是在电视节目播出后,通过微信公众号将视频推送到老师们的手机上。"艺

术课堂"不仅成为老师们课堂上向学生介绍的视频资料,更是成为教师团队开展评课、议课等教研活动的资源。此外,好几位老师将自己的课堂教学素材分类、打包发送到了微信平台。叶老师推送了 4 期"印度音乐与印度舞蹈"专题,奚老师推送了 5 期"国歌系列"专题等。

3. 艺术交流帖,成为学生社团成果展示的平台

在校园社团中,U-Guitar 琴艺社、JPC 好声音社俨然已经把"艺术新空间"作为他们分享、展示成果的平台。《流行时尚风——UKULELE》艺术交流帖的推送,瞬间让好几位同学慕名而来,加入琴艺社,就连学校的音乐老师也买起了 U-KULELE 琴,学起了演奏。在"艺术新空间"的平台上,还有一篇名为《我心中的庄奴》的艺术交流帖,627 人次的阅读量,成为大家喜欢的交流帖。其实,这竟然是一篇语文老师在课堂上布置的课后随笔。

五、成效与思考

(一)研究成效

1. 生活化教学,提升了学生的音乐素养

"艺术往往通过典型的艺术形象反映出一个时代的生活和人们的精神面貌,欣赏者可以从不同的艺术作品中认识到具体生动的生活场景和人物形象,了解他们的性格特点、思想感情和精神面貌,从而拓宽自己的生活视野,认识现实、认识历史、认识真理。"[①]生活化的音乐教学犹如一扇窗,让学生们领略到世界各国、民族的文化传统,深层挖掘音乐课堂的文化附加值,提升了学生们的音乐素养。

2. 生活化教学,拓展了教师的音乐视野

随着多元文化时代的发展,在中国,"原生态音乐""新民乐""新潮音乐""传统音乐""新音乐"等现象不断涌现。生活化的音乐教学不仅让教师理解世界各民族音乐传统及动态音乐文化现象,更让教师从音乐方面理解和适应世界文化变化,拓展了教师们的音乐视野。

3. 生活化教学,丰富了校园音乐生活

课堂是学校生活的核心,随着新课程教学的改革,我们的课堂生活日趋丰

---

① 王宏建.艺术概论[M].北京:文化艺术出版社,2000:484.

富。生活化的音乐教学,不仅让我们走出校园课堂,走进社会课堂、网络课堂,让我们的课堂犹如一个"社会",形成了"学生"和"环境"交互作用而形成的生活化生态系统。课堂的社会性发展,让我们更加全面地关注学生的个人价值和创造性培养,让每一位教师成为文化的传播者,从而达到了丰富校园音乐生活的目的。

(二) 研究不足

1. 需进一步加强加州、上海音乐教育差异比较

尽管对美国加州的音乐教育理念、音乐教材做了一个较好的分析和探究,但对于加州与上海的音乐教育的差异在哪里,为什么有这样的差异,存在差异的缘由是什么,尚未分析。只有基于这样的比较,才能更好地进行实践探究。

2. 准确处理好生活化教学实践与教材之间的关系

教材是组成教学过程的四个基本要素之一。在生活化的音乐教学内容、生活化的音乐教学方式、生活化的音乐课外实践的探究中,目前所呈现的案例与课堂上使用的教材两者之间没有太大的关联。

2. 初中课堂导与学要素分析与实证研究

上海市南汇第三中学课题组

一、研究的基础与价值

（一）研究的基础

传统教学以教师讲授教材为主，而现代教学主张，教学的出发点是学生的"学"，不是教师的"教"。叶圣陶先生曾说过："教师当然须教。而尤宜致力于'导'，导者，多方设法使学生自求得之。"教师应从教材和学生的实际出发，给予学生恰当的引导、指导和辅导。目前最迫切的任务是要转变课堂教学研究的思路与方法，对影响课堂教学效率的主要因素开展实证性的分析研究，找出问题所在，作为改进课堂教学的依据和出发点。

2009 年和 2012 年，我校"'目标导向教学单'的设计与应用研究"和"运用'目标导向教学单'优化学生学习方式的实践研究"两个课题被批准立项为市级规划课题。前者侧重研究"目标导向教学单"的设计与应用的内容过程和方法，注重学生整个的学习过程与体验。后者侧重于研究如何运用"目标导向教学单"，优化学生的基于问题、探究、体验、个性、合作等学习方式。

基于目标导向教学单的课题研究，使教师们在运用"目标导向教学单"的课堂实践中，关注"基于合作、基于问题、基于实践、基于探究、基于个性"的多元化学习方式的培养。

（二）研究的价值

1. 理论价值

通过实证分析研究课堂教学的不同要素及关系，并在分析后加以改进，合理配置教学要素，从而实现教学效益的最优化。本研究符合生本教育"先学后教、以学定教"的核心理念。

2. 实践价值

（1）促进学生学习方式的转变。研究倡导教师关注、重视和强化学生的学习过程和体验,以设计制作和应用"目标导向教学单"为突破口,研究如何优化课堂教学要素,调动组织启发学生的积极思维活动,培养锻炼学生的综合能力,培养学生的合作精神,提高课堂教学成效,促进学生的主动学习。

(2)促进教师教学方式的转变。对教师而言,改变课堂教学研究的方法,运用实证研究作为桥梁与中介,把课堂教学理论与实践有机结合,使理论实践化(可操作化),使实践理论化(可复制化),从而探索课堂教学研究的方法。实证研究为教师在进行教学时提供一种新的研究思路,促进教育理论和教学实践的融会贯通,提升课堂教学实效。

(3)注重学生全面素质提升,提高学生核心素养。落实核心素养,关注学习过程,正是本研究追求每一名学生都是一个"整体的人"的存在。本研究意义在于关注"学生"学习的过程以及学习方式的转变,优化课堂各要素,促进学生自主性学习,提高学生各方面素养。

二、研究的主要内容

(一)关于课堂导与学的理论思考

1. 初中课堂教学问题症结在哪里

不少专家学者认为初中课堂教学问题症结在于:历史和客观原因,教师成为主体,承担"教"的责任,即主要运用讲解分析方法进行教学;学生变成被动的受体,接受教师所教,主要是通过记忆模仿接受知识。师生关系倒置是课堂出现诸多问题的根本因素。

2. 课堂导与学中师生角色再认识

课堂教学需要改革、颠覆或翻转,把倒置的师生的地位和角色恢复过来。这种翻转概言之:学生是"主体",教师是"导体"。教师需由传授者转化为促进者;由管理者转化为引导者;由居高临下转为学生学习的合作者。

这个根本性的翻转,必然引发初中课堂的一系列转变。首先,课堂教学的观念和概念要发生转变,如传统的"课堂教学"一词应该改为"课堂导学";其次,适应课堂导学的规则、结构、方式要发生转变;课堂导学的目标体系、评价指标必然发生转变,等等。

3. 课堂导与学的要素分析

课堂导与学的要素是构成课堂导学活动的基本元素,是实现课堂导学活动的必要条件。抓住关键因素，重视平等民主的课堂环境的创设，重视教学目标的动态生成，重视教学内容的恰当取舍，优化教学过程，才能实施有效课堂教学，最大限度地提高课堂教学效益。

课堂导与学的要素分析，必须在课堂中教师和学生二者新的角色与地位背景下，从教师如何"导"和学生如何"学"两方面进行分析研究。

（二）关于课堂导与学的实践设计

1. 课堂导学中学生的基本学习方式设计

学生作为课堂学习、思维、发展的主体，必须建立科学的学习方式，我们在课题研究中设计并实践以下3种：

问题·探究式学习——通过教师所设置的问题情境，开展探究式学习，培养思维能力；

合作·互动式学习——通过师生良好合作互动，激发思维碰撞冲突，在互动中发展；

体验·感悟式学习——通过多种具体的实际体验，从中获得感悟、领悟、顿悟。

本研究旨在改变学生"听"中学的单一方式，努力形成在做中学、在尝试中学、在体验中学、在质疑中学等方式，让学生主动活泼地学，以积极的情绪状态投入学习。

2. 课堂导学中教师教学方式的实践研究

教师在课堂中应该发挥"导师"的作用，表现在"三导"：学习方向的引导，学习方法的指导，学习疑难的疏导。

教师为学生引导方向。确定合理的学习目标。学习目标是"目标导向教学单"的灵魂，教学设计紧紧围绕学习目标来进行。教师要确立合理的、学生能够得着的学习目标。

教师为学生指导方法。问题探究，合作互动，还是体验感悟？教师要选择适合学生、教材内容的学习方法，引导学生自主发展和获得。

教师为学生答疑解惑，不提倡教师课堂灌输，但保留教师传授知识的课堂任务，只是这样的传授应以满足学生需求为目标。

3. 课堂导学要素分析与实证研究

本研究的课堂要素是实现课堂"有效导学"，要关注学生学习、学生成长。导学目标、导学方法、导学流程、导学检测也是导学重要要素。导学目标是教师教学的基本标准和依据,导学目标表明了学生学习之后要达到的"目的地",师生围绕目标进行教与学的活动,目标明确,方向才明确。明确了教学目标的重要性,还要寻找实现教学目标的有效方法、实现导学的有效流程。模型建构、实验设计、具有挑战性的问题都是激发学生动机、驱动学生自主学习的要素。

对初中课堂导学要素进行实证分析,是指运用多种技术手段,把课堂导与学过程全程录音录像,对不同要素展开具体深入的分析研究,并将实践性材料加以理论性分析,从而进行改进,达到要素优化目的,提升课堂导与学的效率。

本课题中,对教师的课堂展示以及录像材料进行实证分析,包含对学生已完成的目标导向教学单、课后作业、实验报告等进行调查,寻找课堂优化的证据,指导教学活动。

三、研究的主要成效

（一）教师课堂导学理论认识水平有显著提高

1. 教师对课堂教学的重要理论问题得到梳理澄清

（1）对课堂关键要素的思考

抓住影响课堂教学的关键因素,重视平等民主的课堂环境的创设,重视教学目标的动态生成,重视教学内容的恰当取舍,改变教学方式,优化教学过程,才能实施有效课堂教学,最大限度地提高课堂教学效益。

朱清清老师在八年级"交通安全需要道德规范"一课中确定学情为本课的关键要素:

> 教师需要关注"学生",关注学生的知识建构、学生的感性认知以及学生的思维过程,教学是与学生间的对话,有效的教学设计需要搭建好文本与学生的桥梁,这样才能提高学生的思维品质、促进学生学会学习。

> "交通安全"是和学生的现实生活密切相关的,有着积极的社会意义。在本节课设计中,根据学生学情的分析,采用丰富的生活资料和互动的教学形式来吸引学生,使学生从中感受交通安全之重要,在师生互动、生生互动中加深遵守交通规则的意识。

丁丹丹老师认为,学习目标的设定是课堂导学的重中之重。在《从复习课"探究物质的变质"的三次尝试看教学成长》一文中,她对这一要素进行了反复斟酌：

"探究物质的变质"多次试教对比表

第一、第二次教学	第三次教学
1. 知识与技能 （1）进一步深化可溶性碱与酸性氧化物反应的性质 （2）在解决实际问题过程中，巩固酸碱盐的重要化学性质 （3）知道物质变质的3种情况：没有变质、部分变质、全部变质 （4）学会设计实验，掌握物质检验的一般方法及注意点	1. 知识与技能 （1）掌握氢氧化钠、氢氧化钙、氧化钙等变质的原因及方程式 （2）依据酸碱盐的化学性质检验物质 （3）知道物质变质的3种情况：没有变质、部分变质、全部变质，并能写出对应成分 （4）掌握物质检验的一般方法，并注意混合物中的干扰，选择合适的物质除去干扰
2. 过程与方法 （1）通过实验提高学生的观察和归纳推理能力 （2）通过提问与引导逐步帮助学生构建比较严密的思维方式	2. 过程与方法 （1）通过实验提高观察能力、归纳能力、质疑能力，并形成良好的实验习惯 （2）通过提问与引导逐步构建比较严密的思维方式
3. 情感态度和价值观 培养学生尊重事实的科学态度	3. 情感态度和价值观 （1）培养尊重事实的科学态度、严谨的实验精神 （2）分享作业，形成对"变质"辩证客观的认识

在某些主题的教学中，信息技术、电子白板等要素尤为凸显。朱冬梅在《浅谈信息技术在物理课堂中的应用》一文中谈到信息技术在"速度"教学中的重要作用：

> "速度"这节课的重点和难点就是得出比较物体运动快慢的方法，进而理解速度概念的形成过程。笔者用雅典奥运会男子110米栏刘翔夺冠的视频来创设情境，并在播放时做两次暂停（第一次在时间到7.5秒左右暂停，仔细观察每一个运动员运动的路程。第二次在110米栏刚结束时再次暂停，仔细观察，这时能不能判断谁运动得快、谁运动慢呢？这两次有什么不同吗？经过讨论，同学们比较容易得出：(1)时间相等的时候，看谁运动的路程长，那么谁就运动得快；(2)路程相等的时候，看谁花得时间短，那么谁就运动得快（所以刘翔获最终得了冠军），即我们判断物体运动快慢必须考虑两个因素（时间和路程），当比较物体运动的快慢时，为了研究问题的方便，

必须将其中的一个因素固定不变,再考虑另一个因素对运动快慢的影响。学生在动感学习环境中,既能听到又能看到,再通过讨论、交流,用自己的语言表达出来,对教学内容也更容易领会和掌握,从而提高了学习效率。

(2) 关于课堂教学本质的思考

教学论认为课堂教学是师生通过适当的双边活动实施教学任务的过程。学习的过程是学生不断发现问题、提出问题、解决问题的过程,教学强调学生探索新知的经历和获得新知的体验。

顾春红老师认为:教学模式和学法指导的应用,不是表现知识容量和课堂热闹与否,而是要让学生学会"渔"的方法,在学习的过程中,把这一套学习的方法,运用到实践当中去。做到这些,学生就会"学会质疑,学会思考,学会表达,学会写作",让他们在主动中获得知识。

教师的"教",根本上是为了学生的"学",所以教师应该深入研究课标、教材和学生,形成明晰的教学目标,并在正确目标的导向下,既从教的角度考虑"教什么,怎么教,教得如何",又从学的角度考虑"学什么,怎么学,学得如何",为学生搭设学习的"脚手架",指导学生学习。

(3) 关于课堂教学症结的思考

课堂教学问题症结在哪？教师们通过课堂观察及教学行为剖析,有以下发现:

陈晓敏副校长在文中陈述了学生英语学习的状态:学生在学习英语的道路上却走得并不顺畅,比如有的学生比较胆小,羞于讲英语,总害怕老师点到自己的名字;有的学生学习动力不足,兴趣不高,缺乏明确的学习目标;有的学生自身缺乏踏实的学习作风,且易浮躁,总是处于似懂非懂的状态。诸如此类,种种原因导致了哑巴英语和方言英语的现象依然存在。

胡桢珍老师描述了语文教师的常态:怕完不成教学进度,于是有的直奔重点、中心,谈感悟;有的急着用大屏幕出示重点句段或抓住一两句重点语句,引导学生反复地进行朗读、感悟、体会、想象。如此,既不利于学生语感的培养,课堂教学的效率也低。因为此时学生对课文整体还没形成印象,对课文的重点部分也不熟悉,此时拿出一词、一句进行重锤敲击,因火候未到必然造成学生体会不深,理解肤浅,泛泛而谈,不得要领。

课堂百态,诟病不少。思想的改变需要付出实际行动,知行合一才是教育理念落地的唯一办法。我们的课堂教学存在着诸多问题,只要教师能够从自身发现、重视并解决课堂上存在的问题,找到课堂教学症结,才能如发动机般真正启动教学行为上的改变,切实有效地减轻师生负担,实现高效课堂。

2. 教学骨干对学科课堂导学改革理论有深入思考

教学骨干是学校教学质量保证的中坚力量,在此次课题研究中,他们带领组员积极思考、反复研究,发挥了重要作用。

物理备课组组长朱冬梅在《课堂教学中存在的问题》一文中指出,新课程理念下,教师要重新定位师生关系、确立高效课堂观念、反思教学影响要素。教学过程中的民主是指教师和学生都有发表自己观点的机会和权利;教学中的平等是指在课堂教学活动中教师和学生共同参与,相互尊重。构建和谐高效课堂,真正提高课堂教学效率,首先要树立正确的教学观,课堂教学必须着眼于"三个追求":一是有效果,追求教学活动结果与预期教学目标的基本一致;二是有效率,追求教学产出与教学投入的比例;三是有效益,追求教学价值的实现,即教学目标与学生的教育需求的吻合。

副校长谈贵华认为教师的"导"是课堂的灵魂,教师要在课堂上"精导":教师能在课堂教学中把握好自己的角色和地位,能最大限度地发挥主导作用,在课堂上有效地引导,适当地提出好的问题,观察学生对知识的理解和领悟程度,给予恰当的点拨,加之对一些知识难点进行讲解,促使学生主体作用得到合理的发挥,数学知识方可真正理解。

学生在课堂中毫无疑问处于学习的主体地位。学生要"三学":学知识、学方法、学情感。地理备课组组长王甜甜在教学实践中领悟到"先学后教,我与学生共成长",她提倡在教学过程中学生"自说自话、自由插嘴、自以为是、自圆其说",就是课堂教学要留给学生自主探究学习足够的时间和空间,充分发挥学生的自主学习能力,使学生在自主探究学习的同时,创新能力得到激发和培养。

3. 广大教师对课堂教学转型理念与关键认识加深

(1)问题·探究式学习,就是要求学生以问题作为载体,围绕问题的发现、提出、分析和解决来组织自己的学习活动,逐步形成一种强烈的问题意识,始终保持一种怀疑、探究的心理状态。在实践中,教师们体会到,只有学生以自己敏锐的洞察力发现了问题,学习才有强大的动力,才能真正激发学习热情,领略到学习的乐趣与魅力。教学中教师要舍得花时间,善于引导学生问题探究。

胡桢珍在八年级《外婆的手纹》教学中,接连提问"作者在文中回忆了外婆的什么?""周围人如何评价外婆的手艺?""外婆的针线活有什么与众不同的地方?""作者如何评价外婆的手艺?""为什么把外婆做的打补丁的衣服称为艺术品?"几个问题,牵一发而动全身,学生们循着问题思考下去……"问"是一种教学方法,更是一门教学艺术。教师应勤思考、多分析、努力优化课堂的"问","问"出学生的思维,"问"出学的激情,"问"出学生的创造。通过多维有效的提问,培养学生的创新意识和实践能力,强化学生的思考意识,从而达到育人的目的。

(2)合作·互动式学习,即合理组织和运用合作学习方式,弥补班级整体教学模式和学生单个独立学习模式的不足,提高学生学习质量,促进学生非智力品质的发展。王君华《浅谈语文教学中的自主、合作和探究》、瞿春慧《初中语文作文互动式批改的研究》、王生清《浅谈初中物理课堂教学中的合作探究学习》、施佳晨《小组合作学习在英语课堂中"导"和"学"的重要性》都在积极探索合作学习的学习方式。

李建英在 7AU11 My food project 教学中设计了 Role-reading(按角色朗读课文)环节,并运用了小组合作学习形式。课文朗读形式多样,有全班集体朗读、小组朗读、单个朗读,等等。在此环节中,学生根据对话内容,按角色分配自由组合进行朗读操练,然后组间轮流展示朗读,极大地提高了学习效益。

(3)体验·感悟式学习,即在实际教学过程中,教师依据教学内容的实际,重视学生的实践体验,侧重于"讲、议、练"的有机结合,充分体现学生学习的主体地位。通过多种具体的实践体验,从中获得感悟、领悟、顿悟。

以下是丁丹丹老师在复习课"探究物质的变质"中对难点氢氧化钠变质程度探究片段:

教师提问:氢氧化钠样品溶液中加入过量硝酸钡溶液反应后的溶液酸碱性如何?

学生实验:取上层清液,滴加酚酞,观察现象。

教师引导:大家都看到酚酞变红了,说明遇到碱性物质。这个碱性物质会是什么?

学生回答:氢氧化钠、碳酸钠。

教师再引导:是氢氧化钠吗?还是碳酸钠?相互讨论。

学生讨论交流:加入过量硝酸钡,碳酸钠已经反应完了。说明此时碱性物质是氢氧化钠,即氢氧化钠溶液部分变质。

思考与讨论:

a. 直接用酚酞,变红可以证明是氢氧化钠吗?

b. 加入硝酸钡过量的用意是什么?

c. 硝酸钡能否用石灰水替代?

d. 完整叙述出混合液中氢氧化钠的检验方法。

教师借助实验一步一步启发学生,学生主动参与实验,在实验中感悟,在讨论中总结,课堂效率大大提高,最终大部分学生都能"完整叙述出混合液中氢氧化钠的检验方法"。合作式学习与感悟式学习有效结合,学生积极探索、发现、质疑、交流、讨论,互帮互助中增强了探究信心。

(二) 教师在课堂导学探索实践取得显著成果

1. 广大教师积极投入学科课堂导学改革实践

"目标导向教学单"是实现"讲、议、练"有机结合的重要载体,将教师"以教为主"的思考习惯扭转到"真正关注学生真实学习的发生"的行为模式,是课堂转型的关键要素。学校多次组织"目标导向教学单"制作大赛,让教师逐渐接受新的教学理念,驱动教学行为的改变。每个学期,为能让"目标导向教学单"成为大家共享的资源,以教研组为单位,要求教师进行梳理汇总。现在,"目标导向教学单"已经覆盖各科教材内容,形成了南汇三中特有的"目标导向教学单"体系。2017年,学校又提出了"目标导向教学单"常用常新的要求,具体为细化目标、体现引导、注重检测3个方面。每周的备课组活动内容之一就是研讨、修改教学单。教师研究教材、研究课堂、研究学生蔚然成风,教师成了研究者,很自然地把教学研究作为重点工作。教学研究也推动着各课组、教研组的教研活动,教师间形成了学习、研究的共同体。

课题进行期间,全校教师热情参与,积极撰写理论感悟及实践体会文章。教科研室共收到论文260多篇。2018年下半年对文章进行了筛选,最后共有78篇文章刊于南汇三中校刊《实践与思考》。同时,在2018年下半年组织多次教学论坛活动,教师交流学习心得、实践感悟。

2. 骨干教师大胆探索课堂导学有效模式方法

教师学习研究型团体的建立,既提高了教师驾驭教学的能力,又能使教师"抱团取暖"。语文教研组组长瞿建华提出以教学单为载体注重文本细读,教师要借助教学单与文本、与学生对话。英语教研组组长孙军敏在《基于数字化学本初中英语课堂导与学要素的实践与运用》一文中多次举例,倡导用数字化学本优化教学方法,为教学注入新的活力。教研组组长、备课组组长、学科骨干在课题研究中提出具体化的校本研修的方法,为教师集体成长提供了可能。

数学教研组长朱光明指出:

> 将教研和科研统一到教学工作中,教师的成长在于平常的教学,在平凡而又重复的工作中获得进步。近几年学校目标导向教学单的设计与应用研究使每次的教研活动有目标有内容,使每次教学研究深入教师的日常教学当中。近年来围绕目标导向教学单的设计与应用研究使我校数学教研组校本教研课题化,从而使教师的教学工作不断进步与成长。通过"目标导向教学单"的设计与应用研究带动每一位教师认清自身的责任并参与到教学的研究过程当中。所有的成员能够共同分享自身的教学经验以及观点,众多的教学经验能够在思想的交融中碰撞,产生具有实践价值的成果。

3. 课堂教学中师生角色与地位开始发生转变

陈晓敏《浅谈英语教师的从旁指导》、谈贵华《在课堂中教师如何实现"导"》、谈春明《做一名"导"师——〈沉船之前〉说课体会》、瞿春慧《初中语文互动式作文批改的实践研究》、倪佩红《道而弗牵,学而不厌——浅谈初识数字化学本的教学感受》、周卫群《学在教前、教在学后——课堂导学中学生主体方式研究体会》等文章表明课堂教学中师生角色已经发生了根本的转变,现以周卫群老师的《机械功》教学为例:

> 八年级物理的"学习活动卡"这节课设计了一个活动:阅读小故事然后回答问题。故事讲一座寺庙正在整修,甲和尚把一块重400牛的石头提到了2米高的墙上,乙和尚把重110牛的瓦片提到了8米高的房檐上,收工后老方丈发了愁:如何比较这两个人贡献大小呢?
>
> 还没等笔者开讲,一个角落里的学生却跳了起来并大声地说:"老师我知道解决办法。"他说只要400牛乘以2米,110牛乘以8米就可以了。笔者被这位同学的一句话给提醒了:这不就是"先学后教"吗?那何不顺着这位学生的思路进行下去?于是请同学把解题过程写在黑板上:
>
> 生:400牛×2米=800牛·米　　110牛×8米=880牛·米
>
> 师:能否补上公式?

生：$Fs=400$ 牛×2 米＝800 牛·米　　$Fs=110$ 牛×8 米＝880 牛·米

师："800 牛·米"和"880 牛·米"在物理学里叫"机械功"，请给机械功下个定义。

生：一个力作用在物体上，物体沿力的方向通过一段距离，这个力就对物体做了机械功。

思考：大家看到有了上面的计算过程，只要稍加分析就可以得到机械功的定义了。那么如何得到机械功的公式呢？告诉学生机械功在物理学里用符号"W"表示，并请学生在计算过程的前面补上"W"。

师：机械功的公式是什么？

生：$W=Fs$

师：机械功的单位是什么？

生：牛·米。

师：牛·米在物理学里称为焦耳。

因为机械功的教学内容就在这位同学的解题过程里，所以根本不需要枯燥乏味的灌输，整堂课就通过这道题目顺利地完成了。

4. 推动学校课堂教学深化积累新经验新资源

现在全校各年级各学科目标导向教学单已经实现了教材内容全覆盖。另外还组织教师进行了教学单拆分，即将教学单四大模块（学习目标、教学流程、学习导航、课内检测）进行了拆解，再由通优技术公司帮助建立后台数据库，将"目标导向教学单"逐渐向"线上网络版"转化，便于教师灵活选择适合自己教学风格、适合自己班级学生学习层次、适合不同教学进度的模块，组装适切个性化教学的目标导向教学单。努力实现教学目标细化分解与教学内容的精准对接，探索教学与现代信息技术的深度融合。

数字化学本已经形成学科样本库。经过多次教学展示活动，课题精神的贯彻，我校骨干教师、青年教师已经率先制作出符合现代数字化教学要求的数字化学本。数字化学本是对传统课件的丰富和拓展，既是教师备课的要素，也是学生课后学习的要素，更是线上、线下，教师、学生都可以方便使用的资源。

四、研究的反思

本课题实施的 4 年中，丰富多彩的教学展示活动、系列课题学习会议、每周定时定点的教研组研讨等使广大教师不断成长。在浦东新区新一轮优秀教研组评选中,学校数学、英语、物理、化学、劳技5个教研组评为优秀教研组;在新一轮区级骨干教师培养报名中,范辉青、丁丹丹、施佳晨、沈燕慧、胡桢珍、朱冬梅等11位年轻教师积极申报,显示出年轻教师要求上进的信心和决心。同时,课堂也在悄然地发生改变,以学生学习为中心的教学理念得到落实,学生在课堂上自由地想、自由地表达、自由地获得。

我们也深知,本课题研究还存在很多不足:教师教育理论素养和观念更新还有较大差距,各学科和各年级推进存在较大的不平衡,教师改革能动性和改革要求落差较大。

该课题适应新时代核心素养培育深化自主学习,适应新时代课程考试改革深化课堂转型,适应新时代教育宏伟目标深化学校科研。边学习边摸索的教学实践使我们认识并深深体会到,课题涉及的内容远比我们在实施初始时的设想预计要丰富和广泛,需要我们持续地研究实践,坚持不懈地探索前行。

课题组组长:丁丹丹
课题组成员:李红娟　谈贵华　瞿广军　王君华　陈敏华　胡桢珍　施佳晨
　　　　　　朱冬梅　沈燕慧　瞿春慧
单位:上海市南汇第三中学

3. 华师大版初中历史单元教学的实践与研究

上海市实验学校东校 张元等

单元教学是立足于新课改理念下的全新教学方法,单元教学不同于传统的教学按教材编排顺序推进,教师需要对整个单元进行整体教学规划和设计,在初中阶段的历史学科开展单元教学的实践探索,是对课堂教学改革的尝试,也是对国家课程校本化的实施。

一、问题提出

(一)研究缘起

1. 基于系统论的理论支撑

系统论是奥地利科学家冯·贝塔朗菲于20世纪40年代创立的一门学科。1968年贝塔朗菲发表了专著《一般系统理论基础、发展和应用》,该书被公认为是这门学科的代表作。系统思想最早是随着现代计算机及电子技术的发展而兴起的。系统思维作为一种方法论的建立,可以使我们在面对错综复杂的局面时能够系统地迅速地理顺各要素之间的关系[1]。使用系统思维的方式指导实际应用工作也有着较为普遍的适用范围,涉及广泛的领域,是一项非常具有指导意义的思想方法。

早在1931年,美国芝加哥大学的莫里逊提出了著名的"莫里逊单元教学法",也就是后来人们提到的"单元教学法"。所谓"单元化教学法"就是主张教师能够以系统化的视角,综合思考单元中各内容的关系,合理安排学习的内容和活动形式,使每节课之间既有联系又各具特色[2]。系统论对于单元教学的整体设

---

[1] 纪恬.系统思维视角下的高中语文主题单元教学研究[D].山东师范大学,2014.
[2] 庞世学.初中美术课单元化教学的探索与研究[D].内蒙古师范大学,2013.

计有着重要的指导作用。

2. 基于上海市历史教研动态的把握

2012年上海市历史教研员於以传发表《中学历史课堂教学把握内容主旨的基本途径与方法》一文,根据对上海一线历史教师的随堂听课和统计调查,发现随着课程改革的不断深入,历史教师对课程标准的重视程度不够,教学尤其是史学素养的缺失,导致当下历史课堂教学无中心、史学无神韵、观念无灵魂的普遍现象[1]。2016,於以传又在全市范围内开展"把握单元内容主旨的基本路径"历史学科教研大讨论,该讨论意在推动课程标准的校本化实施,以单元为单位进行教学的整体思考。这一教研动态引起笔者关注,进而决定与本校历史教师共同跟进。

3. 基于校本历史教学改进的需求

从上海初中历史课程改革至今,不少一线教师普遍感到课程教材内容多而课时不够,常常出现讲不完的现象。笔者所在的学校也有同样的困惑。首先,以前三年讲完的内容现在要两年内讲完,不仅知识结构上内容没有减少,还增加了对史学方法的渗透要求,造成每节课教师上得很累,都是拼命在赶的节奏,但实际教学低效重复,许多无效零乱信息干扰了学生的正常学习。其次,因为缺乏系统思考和整体规划,史学方法和学科知识体系上支离破碎,导致学生的实际学习效果不佳,碎片化的知识记忆影响了学生能力的提高。

究竟什么样的教学才是高质量的教学?带着这样的困惑,笔者认为单元教学相对于传统的单课时教学而言,是提高历史课堂教学质量的重要途径,并决定与本校同组历史教师共同改进历史教学,开展实践研究,尝试探索出一条适合初中阶段历史学科开展单元教学的实现途径和策略,以期为新课程改革做出有益的尝试。

(二)概念界定

1. 单元教学

单元教学法是以一个单元为历史教学的基本单位,将教材、活动等划分为完整单元进行教学的一种教学方法。其目的在于改变偏重零碎知识和记忆的教

---

[1] 於以传.中学历史课堂教学把握内容主旨的基本途径与方法[J].历史教学问题,2012(4).

学,从整体出发,统筹安排,把整个单元内容的各个环节有机地整合起来,形成一个有利于学生学习的教学整体①。

2. 华师大版初中历史单元教学

本研究中的单元教学是以华师大版初中历史教材为载体。华师大版初中历史教材是上海开展第二期课程教材改革阶段的成果。华师大版初中历史学科教材改革有两大突破:一是它具有其他学科不可替代的作用,它以德育为核心,以培养学生的创新精神和实践能力为重点;二是该教材以人类求生存、求发展为主线的文明史为基本框架,同时强调历史思维能力的培养。因此,本研究将以华师大版初中历史教材为研究载体,基于上海历史课程标准,开展以单元为基本单位的新教学模式,重新分析教材、确定单元教学目标、安排课时、设计教学过程、设计单元练习、反馈教学效果。

3. 华师大版初中历史单元教学的实践与研究

本研究将在查阅相关文献的基础之上,梳理国内外单元教学的研究成果,在理论研究的基础上,基于系统论,立足于自身的学校,以华师大版初中历史教材为载体,开展单元教学的实践,结合实践现状中的问题,探索单元教学的基本途径和策略,帮助学生构建结构化的知识和系统化的思维能力,提高教师教学行为的科学性和有效性,促进学校历史教学质量的提高。

二、研究概况

（一）研究的目标

1. 实践目标

第一,从学生发展的角度。单元教学是遵循学生学习的一般规律,重新整合教学内容和重新组织新的教学形式,重视学生能力的培养和实践的体验,所以有利于开阔学生视野,重构学生的知识体系,丰富学生的学习经历,促进学生个人的发展,从而完善学生的学习方式,提高学生学习历史的兴趣和效率。

第二,从教师专业发展的角度。构建单元教学模式,改变传统的历史教学方法,重新整合教学内容,重新分解教学目标,重新安排课时,重新设计教学过程,

---

① 顾明远.教育大辞典[M].上海:上海教育出版社,1990.

重新搭建评价工具。通过实践研究,试图寻求一些组织单元教学的基本策略,帮助教师解决一些单元教学实际操作中的问题和困惑,改变教师传统的教学观念,提升教师教学行为的科学性和有效性,提高教师的专业能力和素养,促进教育教学水平的提高。

第三,从学校课程完善的角度。编写一本校本化的历史学科单元教学参考资料,为教学实施提供依据,完善学校的校本化课程体系。

2. 理论目标

本文针对华师大版初中历史单元教学的实践与研究是基于系统论,以华师大版初中历史教材为载体,尝试突破传统的教学设计和教学方法,真正提高学生的历史学习素养,充分发挥教学的整体优势。本研究可以通过一线教师在实际推行单元教学中获得的一手资料,进一步充实和拓展上海初中阶段历史学科单元教学方面的研究。

(二) 研究内容

本课题研究内容围绕初中历史单元教学的5个方面开展实践研究。

第一部分为单元教学开展的基本模式研究,旨在探索可供操作的教学流程和模式。

第二部分为单元教学内容主旨和目标的研究,主要探究如何进行单元教学内容的确立和目标的细化。

第三部分为单元教学内容结构的研究,基于华师大版教材的解读和研究,建构单元教学逻辑结构图。

第四部分为单元教学组织和实施的研究,通过案例阐释如何在单元教学中组织实施和评价。

第五部分为单元教学的实践案例研究,通过实践案例的分析,进一步归纳出可具操作性的路径和策略。

(三) 研究方法

文献研究法。搜集和查阅国内外有关系统思维和单元教学的著作、期刊、硕博论文,为课题研究提供科学的论证资料。

行动研究法。通过"计划—实施—观察—反思"的研究模式,以实施单元教学对学生的学习行为和教师个人发展会产生积极的影响为研究假设,在笔者所在学校的历史学科实施新的单元教学设计方案,通过调查问卷、个案分析来判断和揭示单元教学的可行性。

个案研究法。选取具有代表性的典型案例，通过案例分析，从个例中总结出具有典型意义的教学策略和方法。

（四）研究过程

1. 课题准备阶段（2016年9月—2016年10月）

确定研究主题和研究人员；动员组员，明确责任，召开开题会议，正式启动本课题实验与研究；资料搜集和学习培训，对课题研究理念进行讨论；制订单元教学的实施方案；撰写开题报告。

2. 课题研究阶段（2016年11月—2018年2月）

一是基于课程标准的知识点和能力点的梳理，编写单元教学结构框架，教师需要细化课程标准，梳理课程标准中的知识点和能力点，合理开发课程资源。

二是依据单元教学结构框架，整合教学内容，设计单元教学过程，开展单元教学。在实践中发现问题，解决问题，不断探索，积累资料。及时进行成果的总结，撰写阶段报告。

三是每三个月至少召开一次课题研讨工作会议，检查并交流课题进行情况，分别就研究过程中产生的问题进行研讨并改进。

3. 总结验收阶段（2018年3月—2018年12月）

整理、汇总研究过程中的资料和成果；形成华师大版初中历史单元教学设计集；形成华师大版初中历史单元教学案例集；形成单元教学教师操作手册；对课题研究情况工作进行全面仔细地回顾、整理、反思、总结，撰写总课题报告。

三、研究实施

（一）文献研究

笔者在中国知网中国期刊全文数据库、中国博士学位论文全文数据库、中国优秀硕士学位论文全文数据库的网络资源进行查找，搜集到以题目为"单元教学"的文章5003篇、加搜索词"历史"39篇，其中17篇文献为近5年以来的研究成果，由此可见，关于针对历史学科的"单元教学"的研究严重缺乏。

从国外的研究看，单元教学的英文表达包括"unit teaching""theme study"

"the matic instruction""theme-bases instruction"等表达虽稍有差异,但基本包括了单元教学的含义。单元教学最早出现于19世纪末20世纪初欧美国家的"新教育运动"①。单元教学法曾在美国大行其道,同时更强调以就业为教学目标,教师往往以一定的生活需要为主题组织单元教学。第二次世界大战后,日本效仿美国开始组织单元教学。20世纪80年代,单元教学的理论研究不断深入,甘伯格(R.Camberg)和欧雷姆(J.Altheim)等人从"学生中心"和"课程整合"的视角出发,尝试对主题单元教学进行全新的概念界定。他们认为:"主题单元教学是一种以学生为主体的教学模式,强调通过广泛的主题探究,而非拘泥于某一学科领域来运作的教学模式。"

从国内的研究看,1919年五四运动后,梁启超在20世纪20年代提出"分组比较"②教学法被视为我国单元教学的开始。历史原因,研究一直不活跃。直到改革开放后,我国各个学段和各学科掀起了一股研究和实践之风,主要的研究成果有3个方面:一是全国各地各学科纷纷开展教材改革,对单元教学内容的研究呈现出多样性和个性化。二是对单元教学目标的研究呈现出适切性和致用性,尽管这部分研究较少,但研究者都强调单元教学的目标要从学生的实际认知出发具有适切性,要有利于学生的发展。三是对单元教学实践的研究呈现出模式化和工具化。研究的范围主要集中在中小学语文学科,经过探索涌现出众多的单元教学法形式,其影响也较大,如山东省滕州市语文教研室的"三部曲十八字"单元教学法、广东省佛山市顺德区研究室的五步三课型反刍式单元教学法等,也取得了较好的成效。

综上所述,国外的研究更强调的是单元教学内容上各学科之间的整合和单元教学目标上对学生生活能力的提高。国内在单元教学的研究上大多以单个学科为研究范畴,而且学科之间的研究活跃度差异很大,针对华师大版初中历史学科的研究几乎是空白。本课题研究可以借鉴其他学科的研究成果,将各地各学科单元教学中的实践经验作为本研究的实践依据。

(二)实施流程与方法

具体实施流程与方法如下图所示。

---

① 李荣华.初中化学单元教学的实践研究[D].首都师范大学,2014.
② 黄金鑫.中学语文单元教学研究[D]福建师范大学,2012.

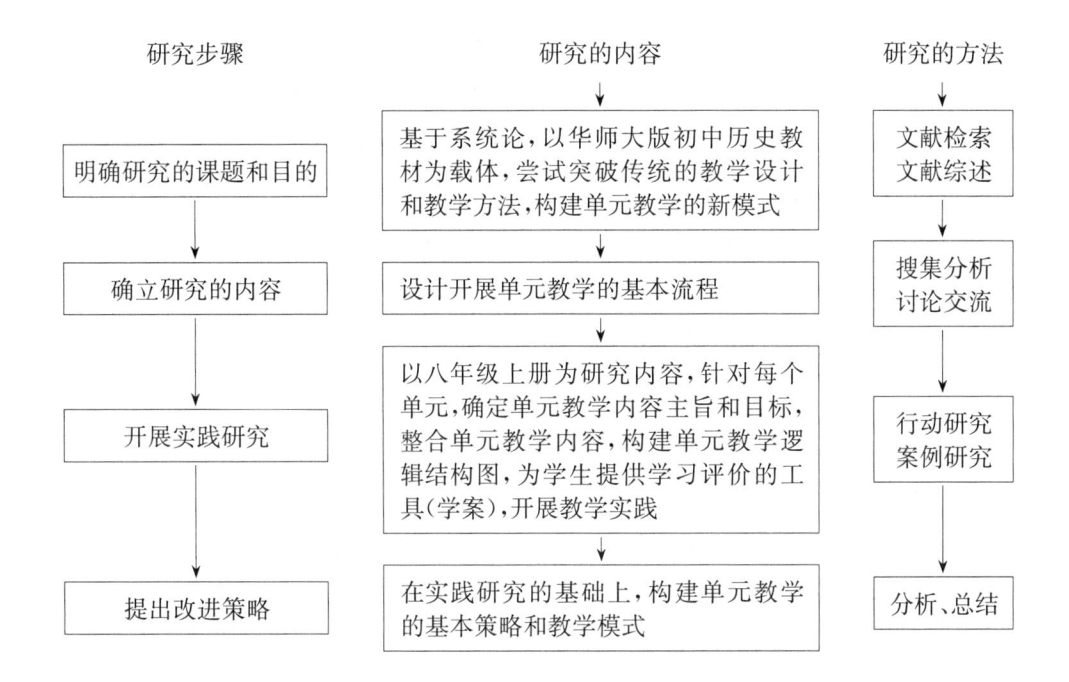

研究步骤	研究的内容	研究的方法
明确研究的课题和目的	基于系统论，以华师大版初中历史教材为载体，尝试突破传统的教学设计和教学方法，构建单元教学的新模式	文献检索 文献综述
确立研究的内容	设计开展单元教学的基本流程	搜集分析 讨论交流
开展实践研究	以八年级上册为研究内容，针对每个单元，确定单元教学内容主旨和目标，整合单元教学内容，构建单元教学逻辑结构图，为学生提供学习评价的工具（学案），开展教学实践	行动研究 案例研究
提出改进策略	在实践研究的基础上，构建单元教学的基本策略和教学模式	分析、总结

四、研究成果

（一）实施单元教学的基本原则

1. 确立单元主旨，应注意逻辑性和主题性相结合

所谓单元主旨，是源于课程标准和单元教学内容之上的精神引领，是单元教学的核心，更是单元教学的灵魂，它必须依据课程标准、教材内容和学生的认知水平和学习能力来确定。它既结合了教师对该单元的思考和开发，又能使学生获得统摄该单元的核心观点，从这个角度看，单元主旨应该强调主题性，即通过内容主旨突出单元的主题、核心、灵魂。

单元主旨的确立，可以帮助我们站在一定的高度理解教学内容，确立教学重难点，设计教学的流程，设置教学的评价。每位中学历史教师均可基于对课程标准的认识，基于学生的实际状况，基于自身的学养，基于对课程内容"源"与"高"关系[1]的处理原则，梳理出更具说服力和站得住脚的单元内容主旨及逻辑图示。从这个角度看，单元主旨应该强调逻辑性，即通过内容主旨梳理教学内容的核心，突出史学知识结构的整体和逻辑性。

---

[1] 於以传.中学历史课堂教学把握内容主旨的基本途径与方法[J].历史教学问题,2012(4).

2. 制定单元目标，应注意系统性和独立性相统一

所谓系统性，是指单元目标应该形成一个有层次性、连续性的循序渐进的单元目标系列。所谓独立性，是指单课时教学目标是相对独立的。系统性和独立性的统一，就是说制定单元目标，要形成一个单元目标的系列；制定系列中任何一个单课时目标，既要从这个单元出发，又要瞻前顾后，考虑到它的承前启后关系。如果说整个单元目标系列是一条链索，那么某个单元目标就是这条链索上的一个环。这样的单元教学目标，才能把整个单元统率起来，成为一个单元的纲目。

3. 整合教学内容，应注意聚焦性和延展性相兼顾

教学内容是指教学过程中同师生发生交互作用、服务于教学目的达成所需要的素材及信息。教师一方面要聚焦单元教学目标，合理地利用教材教学，对教材内容进行选择、取舍、加工；另一方面，教师可以延展教学内容，适度地拓展学生的知识面，激发学生的学习兴趣。

4. 设计教学过程，应注意同一性和差异性相共存

设计教学过程是指为了达到预期的教学目标，遵循学生的认知规律，运用一定的教学方法为学生策划学习和体验的过程。在单元教学的设计环节中应该求同存异，不同教师在集体备课的前提下，依据统一的教学目标，使用同样的教学资源，运用同样的教学方法，进行共性和同一性的教学，这样便于教学研讨和交流。但是，不同的教师、不同的班级存在差异性，作为教师个体可以自主设计具体的教学环节。因此，我们既要尊重其教学过程中的差异性，充分发挥教师的个人智慧，也要不断矫正其无效或低效的教学环节，提高教学的有效性。

5. 评价教学效果，应注意过程性和有效性相融合

教学评价是师生互动、互进的过程。实施单元教学，教师可以通过单元学案的完成情况检测教学效果，学生也可以通过完成单元学案了解自己的学习情况。用单元教学配套的学案和专题作业作为评价依据，注重了对学生学习的过程性评价，和过去每学期只有一次期末考试的教学评价周期相比更为及时。教师在评价过程中要将评价结果及时地反馈给学生，以指导和帮助学生改进学习方式，同时教师也要及时反思教学，补救教学过程中出现的问题。

（二）单元教学实施的基本模式

经实践研究，笔者所在学校探索了一套单元教学实施的基本模式，具体如下图所示。

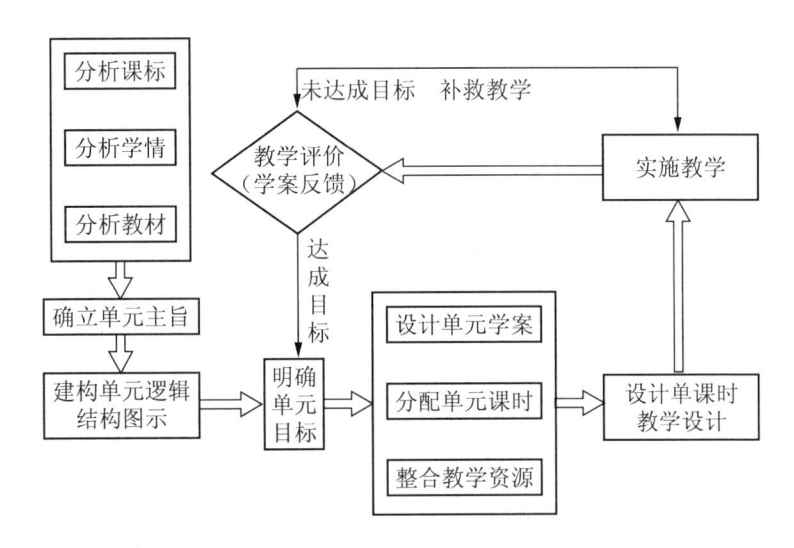

```
┌─────────┐
│ 分析课标 │         未达成目标  补救教学
├─────────┤      ╱◇╲──────────────────┐
│ 分析学情 │     ╱教学 ╲              │
├─────────┤    ╱ 评价   ╲         ┌────────┐
│ 分析教材 │    ╲(学案反馈)╱        │ 实施教学│
└────┬────┘     ╲       ╱         └────▲───┘
     ▼           ╲达成 ╱               │
┌─────────┐       ╲目 ╱                │
│确立单元主旨│      ╲标╱        ┌─────────┐
└────┬────┘        ▼         │设计单元学案│
     ▼        ┌────────┐     ├─────────┤  ┌─────────┐
┌─────────┐  │明确    │     │分配单元课时│→│设计单课时│
│建构单元逻辑│→│单元    │→   ├─────────┤  │教学设计  │
│结构图示  │  │目标    │     │整合教学资源│  └─────────┘
└─────────┘  └────────┘     └─────────┘
```

1. 单元主旨的确立

笔者在实践中开展的单元教学主要是按照现行教材编排体系确立单元，即教材单元教学。不同的单元有着不同的单元主旨。对于一个主题单元，历史教师首先要根据教材内容，挖掘主题的核心思想即教学立意，捕捉历史的灵魂，然后根据教材内容重新加工。这一过程源于历史教师对课程标准和教材的理解和把握，需要教师对教学内容进行认真研读和深入思考，关注相关学科内容研究的学术成果。它需要历史教师要有俯瞰历史的高度、纵览历史的宽度，要有跨越时空领域的眼光。教师要注重从历史动态中触摸和体验历史的演变，善于从整个教材的高度将散见于各个部分的历史素材加以整合，提炼出历史的核心主旨，让碎片化的情节在整体化的历史图谱上熠熠生辉。

对于单元主旨的确立，可以尝试从以下 3 个路径突破：

（1）抓核心课文

在一个单元统领之下的多个课文中找到能够勾连其整个单元内在逻辑的核心课文，并以此作为单元的突破口。这类的单元内容主旨写法可以把核心课文的历史地位和影响写在前面，起到逻辑关系上的统摄作用，然后阐释单元内的其他课文与其核心课文之间关系。

（2）破单元标题

如果单元中各课文之间的逻辑以并列或递进关系呈现时，可紧扣单元标题中的一个或多个关键词来把握单元主旨。这类的单元主旨写法则要有意识地强调各课文与标题关键词之间的历史关联。

(3) 扣核心素养

当前，素养时代呼啸而来，"核心素养"成为教育界议论最多的热词。按照学界和课程专家的论述，核心素养是学生在接受相应学段的教育过程中，逐步形成的适应个人终身发展和社会发展需要的必备品格与关键能力。所以，作为中学历史课程，除了传授基本的史实外，向学生传达认识历史学习的方法，培养学生的核心学科能力，其价值远大于灌输历史认识的结论。如果单元所辖内容繁杂，时空跨度较大，不可拘泥于单一史实或人物。这类的单元主旨写法应指向并突出：了解或解释这些史实或人物所需达成和落实的核心素养内容和目标。

2. 单元逻辑结构图的建构

单元逻辑结构图是教师在整体把握教材某单元内容基础上，基于单元主旨下构建一个有内在历史逻辑的知识体系和教学逻辑的思维体系。逻辑结构图在建构时，需注意以下两点：

首先，文字内容力求简练，以重大史实为核心，贯以简要的历史阐释和说明。

其次，逻辑图中的箭头和线段要表现严谨，箭头代表空间方向、逻辑的先后、历史进程的递进关系，线段则代表着并列、补充、解释关系。

单元逻辑结构图不仅可以帮助教师更好地解读教材，理清教学思路，抓住重点，提高教学效率；也可以帮助学生了解重要史实与基本线索，逐渐形成学生相对稳定的认知结构和知识结构、方法结构。

例如：八年级第一学期"第三单元 亚洲区域文明的发展"单元逻辑结构图：

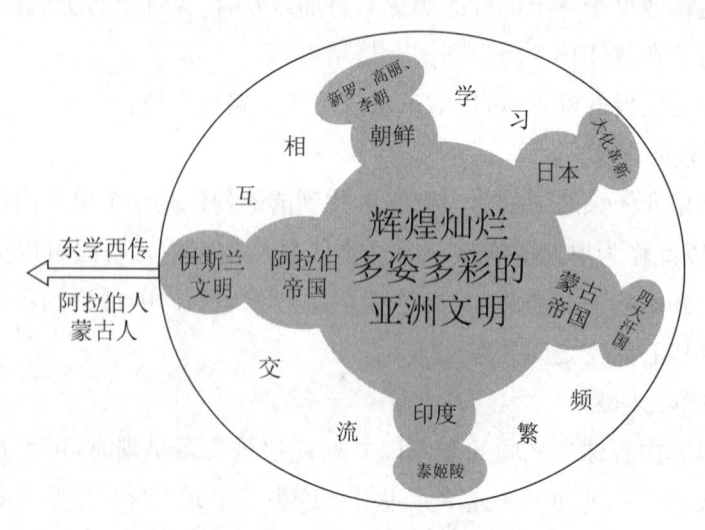

"亚洲区域文明的发展"结构图

3. 单元教学目标的明确

首先,单元教学目标的设定要依据上海市教育委员会编定的《上海市中学历史课程标准》。

其次,单元教学目标的设定要依托单元教学的内容,进行教学目标的细化和分解。因为,《上海市中学历史课程标准》的课程目标比较笼统,教师在实际教学过程中难以操作,需要教师进一步认真研读教材内容,了解教材为什么要选择这段历史,同时还要打通历史的经络,厘清单元内容中的重点和难点,细化教学目标。

再次,单元教学目标的设定要关注学生的学情,设定适切的、可操作的教学目标。

最后,单元教学目标的设定要突出对学科核心素养的达成,教学目标不应该只关注学科知识的掌握,更应关注学习能力与方法的落实,关注情感的体验、价值观的形成。

4. 单元教学活动的设计

(1) 教师讲授,学生聆听

"教师讲授,学生聆听"是一种比较传统的教学方式,但也是教学过程中重要的一种手段。这样的教学活动学生比较被动,但如果教师讲得足够精彩,学生也会听得津津有味,兴趣盎然。尤其,作为历史课堂,少不了精彩的故事和叱咤风云的人物,历史课堂需要教师对历史细节的讲述,更需要教师对历史发展逻辑的讲授,历史教师的教学语言表达是教学活动开展的基本保障和前提。

(2) 教师演绎,学生模仿

"教师演绎,学生模仿"是学生习得思维能力的初步方法。学生对历史学科的学习方法的习得首先建立在模仿教师行为的基础上。教师要通过规范化、操作性强的示范和演绎教学,让学生易于模仿。

(3) 教师启发,师生归纳

"教师启发,学生归纳"是学生习得思维能力的高级阶段。教师需要长期开展之前的示范和演绎教学后,才能进一步要求学生迁移能力,并达到综合分析并归纳的能力。

(4) 教师创设,学生体验

"教师创设,学生体验"是学生充分参与教学活动的良好教学手段。良好的课堂教学氛围应该是师生互动,应该突出学生学习的主体地位。教师可以为学生搭建各种学习体验平台,创设体验情境,学生通过参与活动,在活动中产生体验,感悟反思并习得知识。

5. 单元教学评价的设计与实施

单元教学评价不仅仅要考量学生对历史知识和技能的掌握情况,也要考量学生的学习态度、学习习惯和学习过程。设计单元学案和单元作业就是对学生进行的综合考量和评价。

(1) 单元学案的设计

在笔者所在学校的历史备课组,自开展单元教学模式起,就开始致力于研究和开发基于课标和学情的单元学案。

"学案",顾名思义是指建立在教案基础上针对学生学习而开发的一种学习方案,它能让学生知道老师的授课目标、意图,让学生学习能有备而来,给学生以知情权、参与权。在教学过程中,教师扮演的不仅是组织者、引领者的角色,而且是整体活动进程的调节者和局部障碍的排除者角色。至于"学案"的作用:它可以指导预习,可以随时穿插于课堂教学,也可以作为评价反馈学生学习效果的一种手段。同时,设计完备的学案还是一份很好的学习资料,在会考复习阶段依然能够发挥作用。一般情况下单元学案在课堂上完成,确保在不增加学生作业负担的前提下帮助学生及时消化和巩固所学内容。当然,我们也会在每一次使用之后再根据学生反馈进行修改和完善。

以下以八年级第一期第二单元"中世纪的欧洲区域文明"部分内容为例,具体剖析其学案的设计和评价目标:

学 案 内 容	评 价 目 标
中世纪——连接古代与近代的桥梁 古代 ├─── 中世纪 ───┤ 近代 　　　公元?　　　公元?	时序性是历史学科的基本特征,时空观念则是历史学科核心素养的基本的一环。而这一点恰恰也是初中学生最薄弱的一环,这个时间轴不仅希望学生明确中世纪的概念,也在提醒学生要在特定的时空框架中对事物进行观察和分析,这才是时空观这一素养的最重要的内核

(续表)

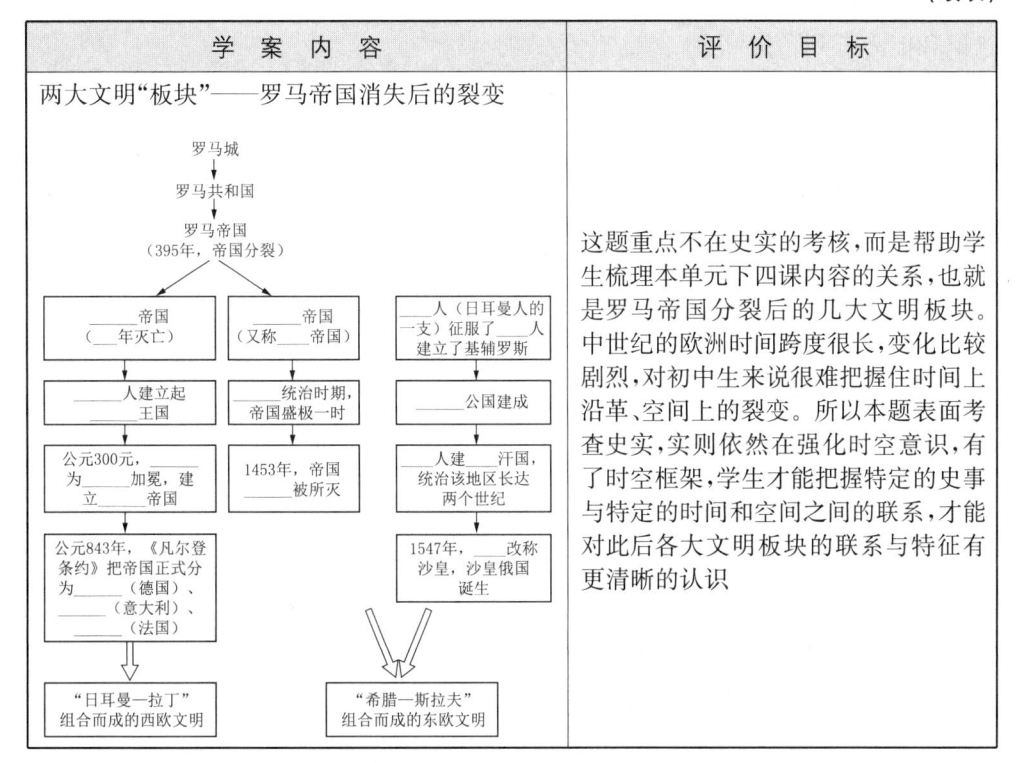

学 案 内 容	评 价 目 标
两大文明"板块"——罗马帝国消失后的裂变 罗马城 → 罗马共和国 → 罗马帝国（395年，帝国分裂） ____帝国（____年灭亡）→ ____人建立起____王国 → 公元300元，为____加冕，建立____帝国 → 公元843年，《凡尔登条约》把帝国正式分为____（德国）、____（意大利）、____（法国）→ "日耳曼—拉丁"组合而成的西欧文明 ____帝国（又称____帝国）→ ____统治时期，帝国盛极一时 → 1453年，帝国被____所灭 ____人（日耳曼人的一支）____人建立了基辅罗斯 → ____公国建成 → ____人建____汗国，统治该地区长达两个世纪 → 1547年，____改称沙皇，沙皇俄国诞生 → "希腊—斯拉夫"组合而成的东欧文明	这题重点不在史实的考核，而是帮助学生梳理本单元下四课内容的关系，也就是罗马帝国分裂后的几大文明板块。中世纪的欧洲时间跨度很长，变化比较剧烈，对初中生来说很难把握住时间上沿革、空间上的裂变。所以本题表面考查史实，实则依然在强化时空意识，有了时空框架，学生才能把握特定的史事与特定的时间和空间之间的联系，才能对此后各大文明板块的联系与特征有更清晰的认识

(2) 单元作业的设计

作业设计是教学的重要组成部分，是课堂教学的延伸和继续，也是知识落实的重要途径和能力培养的重要载体。单元教学中的作业布置要有针对性、有一定的梯度、注意作业的多样化和开放性，努力激发学生的学习兴趣和参与度。

以八年级第一期第二单元"中世纪的欧洲区域文明"为例。在开始学习中世纪这段历史时，教师先给学生列出推荐的阅读书目；整个单元学完之后，给出文聘元《我想知道的西方历史》书中的一段关于中世纪的观点，请学生结合相关史实，谈谈自己的认识，要求150字以上。本题难度系数比较高，虽然表面上看起来仅仅是对中世纪的评价，其实，诠释评价中融合了唯物史观、史料实证、历史解释等多种学科素养。本题既可以作为基础较好的同学的课后拓展作业，也可以作为单元小结时以小组为单位的讨论题。

五、研究成效

（一）增强了教师的课程改革意识

我校历史备课组以这次课题项目为契机，一起研读了许多相关的文献资料，共同参与了课程改革,经过为期两年的项目研究,参与教师自身实践课程改革的意识和能力得到了提高。

(二)编写了华师大版初中历史单元教学学生版学案

本研究在实施过程中编写了一套供学生课堂使用的学案。学案的使用,一方面,有助于学生在学习知识的过程中构建系统化和结构化的知识体系,避免知识的碎片化;便于学生对学习能力进行及时的自我检测和评价;另一方面,在完成学案时学生需要集中注意力,积极思考,认真填写,及时订正并保管,有助于学生良好学习习惯和方式的养成;此外,学案的使用有效地提高了学生参与课堂学习的主动性和互动性,有助于教学目标的达成。

(三)编写了华师大版初中历史单元教学教师版教学参考

我们以八年级第一学期和第二学期的历史课程内容为载体,编写的教师版单元教学参考手册。其中包含了解读单元主旨;建构单元逻辑结构图示;细化单元目标;对每单元实施过程中课时分配、实施步骤和使用资源的建议;学生使用的单元学习评价的学案内容和参考答案。

(四)提升了实践中教师的教学能力

单元教学相较于单课时教学,对教师提出了更高的要求和挑战。教师应该具备扎实、系统的专业知识和专业能力,能整体分析教学内容,整合教学资源,能按照"整体—部分—整体"的方式进行备课和授课。同时具备相应的教育心理学知识,充分了解学生的学习心理特征和变化,运用合理的教学策略和方法,引导学生学习。因此,单元教学有利于提高教师综合素养,向着教师专业化的方向迈进。

实践中,我们对单元教学有了几点体会:

首先,节省教学时间。尽管改变了原先教学的设计,备课时间大大增加,但从实施效果来看,教师的授课时间与原先单课时教学相比都要节时高效。

其次,知识结构科学有序。由于教师注重知识的横纵联系,关注学生已有经验和"最近发展区"所能达到的目标,形成"总体—部分—总体"的教学方式,使得新旧知识形成知识链,先后有序,环环相扣,最终实现学生所学知识的阶段性和连续性。

最后,有利于树立全局观。以学期或学年为整体规划,再按照具有内在联系的单元进行教学设计、实施和评价,促使教师在熟悉学生和教学内容的基础上,更好地把握单元在整个学期教学中的地位,建立起各单元的联系。在此基础上,将单元划分为具体的课时教学,教学目标明确,便于教师把握。

六、反思与建议

(一)开展单元教学的基本保障

首先,提高教师的专业化水平。作为新时代的历史教师应不断更新自己的教育教学理念和知识,紧跟时代的发展需求;要有扎实的基本知识、专业知识,不断提升自己的个人学科素养,开拓自己的视野,尤其要了解学科发展的动态;要敢于探索,勤于反思,不断总结教学行为,提高自身的教学水平。

其次,加强教研活动的研讨。教师要认真参加各级各类教研活动,以课题研究为抓手,合力开展教学试验和研究,在研讨中加强教学资源、效果和经验的交流与共享。

最后,积极开发整合课程资源。充分发挥集体的智慧和力量,取长补短,共同开发课程资源,如学案、课件、教案、试卷,形成共享的课程资源。

(二)今后努力的方向

单元教学是一种全新的教学思路,它不仅是对传统单课时教学局限性的规避,更是提高教学质量的重要突破口。如何更好地实施单元化教学还有很长的路要走,还有很大的空间可以发挥,本文通过课题研究促进了教学思考与实践,形成一定的教学心得,为广大的历史教师在探索单元化教学的道路中提供一些见解与参考。但在研究过程中也出现了一些问题,这些问题也始终困扰着我们:随着教材的调整,如何继续开展单元教学?初中历史学科的部编教材已经在全国开始实施,2018年9月上海的七年级也全面落实新课程改革。本课题研究的载体不再使用,关于教学内容的研究有待重新调整。

单元教学在历史教学中的优势已突显,衷心地希望广大历史教师积极地转变自己的教学思维,放弃"单课时意识",增强"单元意识",在教学中实施单元化教学,不断地提高教学质量,实现教学相长。

课题组组长:张　元
课题组成员:张韶玲　陶蓓蓓
单位:上海市实验学校东校

4. 基于问题解决的学科作业设计与实施的改进研究

上海市东沟中学　马莉等

一、研究背景

（一）课程和教学改革的需要

陈桂生教授在《课程实话》一书中对课程作了重新的定义，认为"课程"的内涵是"有指导的'学程'"，"课程"的外延"包括整个有指导的学习活动的课程规范与运作系统"。在这一课程理念下思考传统意义上的教学基本环节：备课、上课、作业、辅导、评价，就有了新的研究的价值和意义。教学五环节之一的作业，也是课程实践和实现的重要组成部分。研究作业设计和实施的问题和改进是促进课程和教学变革的需要。

（二）推进作业研究的需要

作业是课程的重要组成部分，是连接课程实施和课程评价的中间环节，是课程改革的关键领域。但是，作业的功能和价值却往往被人所忽视，作业的质量和成效却常常为人所诟病。2013年，由上海市教委教研室开展的"提升中小学作业设计和实施品质"的调研发现：多数教师认为作业的功能仅仅是巩固知识和技能，教师作业设计和实施的质量普遍不高，作业设计和实施质量对于学生作业负担造成负面影响，提升作业设计和实施质量迫在眉睫。作业研究属于教育研究的范畴，属于理论支持下的实践研究。但是，国内外与作业相关的作业理论和作业实践等方面的研究却比较缺乏。学校开展关于作业问题的调研和作业设计、作业实施的改进研究对推进作业的研究和实践有其意义和价值。

（三）学校实现办学思想和办学目标的需要

上海市东沟中学是一所有着70年历史的学校，在各个历史发展阶段，都曾积极参与教育改革。学校新四年发展规划树立了"成就教师、成就学生、成就未来"的办学理念，努力打造课程多元、教学开放、特色提升的新优质校。办学理念需要在办学的具体行为和细节的优化中去实践,家门口好学校的办学目标需要在课程、教学的各个组成部分的变革和发展中去实现。学校努力借助作业领域的研究和实践,推动教师的专业发展、学生的学业提高和学校的内涵提升。

二、核心概念

课题中最核心的概念是"作业"。作业,《辞海》解释为"为完成生产、学习等方面的既定任务而进行的活动"。而《教育大辞典》则把完成学习任务的作业分为课堂作业和课外作业两大类。王月芬主持的"上海市义务教育阶段作业设计与实施现状研究项目"(以下简称"研究项目")在《透析作业——基于 30 000 份数据的研究》(以下简称《透析作业》)一书中,对作业作了广义和狭义的界定。广义的作业"泛指学生独立进行的学习活动,包括课前预习、课堂任务和课后作业";狭义的作业"特指由学校教师布置给学生利用非在校时间完成的任务"。[①]

本课题借鉴已有的研究观点,课题组将作业定义为:作业是指学校教师依据一定目的布置给学生,主要由学生利用非教学时间独立完成的任务。这一定义中,作业包括了课前和课后完成的任务,教师布置作业需要有一定的目的,作业完成的时间主要是非教学时间,除需要同伴和家长参与的团队性任务外主要由学生独立完成。

《透析作业》在第 6 章、第 7 章和第 10 章等章节中,分析了作业设计和实施的现状,以及初中语文、数学、英语和物理学科作业的特点,揭示了问题和成因。基于这一研究,只有从学科特点出发,结合学校实际开展的调研,发现我校学科作业设计和实施的突出问题,才能开展基于学校、基于问题,指向问题解决、指向作业改进的研究和实践。因此,基于问题解决,考虑学科特性,着力于作业设计和实施的改进,成为这一课题的关键。

三、研究设计

(一)研究目标

通过调查发现学科作业设计和实施的主要问题,基于问题解决开展学科作业设计和实施的改进研究,促进教师设计作业和实施作业的专业发展,提高作业

---

① 王月芬,张新宇.《透析作业——基于 30 000 份数据的研究》[M].上海:华东师范大学出版社,2014.

效能,减轻学生负担,提升教学质量。

(二)研究内容

1. 学科作业设计和实施现状的调查研究

通过学生问卷、教师访谈,开展对作业目标、作业内容、作业形式、作业来源、作业评价的主要问题,为确定学科作业设计和实施的研究主题提供依据。

2. 基于问题解决的学科作业设计的改进研究

以教研组为单位,以问题解决为导向,结合学科特性,在学科作业目标设计改进、内容设计改进、形式设计改进等方面开展研究和实践。

3. 基于问题解决的学科作业实施的改进研究

以教研组为单位,以问题解决为导向,结合学科特性,在学科作业实施方法改进、实施过程改进、评价方法改进等方面开展研究和实践。

4. 学科作业设计和实施的改进成效研究

通过子课题报告、关于作业改进的论文和案例、校本作业的实施情况、特色作业成果、教师专业发展情况、学生学业发展情况等,研究我校作业设计和实施的改进的成效,总结成功的经验,反思存在的问题和不足。

(三)研究方法

1. 文献研究法

搜集和整理与研究主题相关的文献资料,了解课题研究的理论与实践依据;参考并借鉴已有的研究成果,确定课题研究的起点和方向。

2. 调查研究法

通过学生问卷、教师访谈,了解学科作业设计和实施的现状,分析和发现学科作业设计和实施的主要问题,确定子课题研究的主题和突破口。

3. 行动研究法

从实际出发,结合学科特性,以问题解决为导向,根据子课题确定的研究主题,开展作业设计和作业实施的行动研究。

四、研究实施

(一)研究过程

1. 准备阶段(2015 年 2 月—2015 年 9 月)

搜集相关文献资料,确定课题选题方向。聘请专家指导,制定并完善课题研究总方案。确定课题组核心成员,明确各自的任务和分工安排。成立语文、数学、英语、物理、政治和美术等子课题组。召开课题开题会议,完成课题开题。

2. 实施阶段(2015年10月—2018年6月)

子课题组设计并修改完善调查问卷,开展学生问卷,完成问卷调查报告。通过问卷和访谈,发现学科作业设计和实施的主要问题,确定各子课题研究主题。基于问题,开展各学科作业设计的改进研究和作业实施的改进研究。

3. 总结阶段(2018年7月—2018年11月)

各子课题组搜集整理课题研究资料和研究成果,撰写课题子报告。总课题组搜集整理课题资料和研究成果,总结成功的经验,反思存在的不足,形成课题总报告。在专家指导下,修改完善总课题报告。召开课题结题会,汇报并交流课题成果。

(二)研究具体内容

1. 开展文献研究,梳理学科作业设计和实施的普遍问题

王月芬主持的作业研究项目自2013年10开始开展了为期两年,以问卷、访谈和文本分析为研究方法,以30 000份数据为依据的实证研究,通过数据和证据对作业进行了全面分析和深入解读。课题组成员在认真研读了该项目的成果《透析作业》后,认为其研究结论是科学的、客观的、真实的、可信的。经认真研读,课题组梳理提炼出以下与学科作业设计和实施相关的普遍问题:初中语文学科存在作业解释性亟须加强、作业结构较为单一、作业关联度不高、作业内容无序、使用教辅现象严重等问题。初中数学学科存在作业内容与作业目标匹配度不够、作业来源多样且使用教辅现象普遍、作业量不均衡、作业缺乏分层、作业批改方式简单等问题。初中英语学科存在作业间关联度不够、作业解释性不够、作业类型不够丰富、作业选择性非常不够、教辅运用较为泛滥等问题。初中物理学科存在作业中重复训练或记诵式题目出现率高、作业缺乏整体设计和分层递进、自编作业或教辅练习存在科学性错误、教师作业批改方式单一等问题。

2. 开展问卷调查,调研我校学科作业设计与实施的典型问题

经过多次研讨、设计和修改问卷,课题组围绕作业满意度、作业目标和教学目标相关度、作业内容、形式和来源、对作业评价的态度等4个方面设计了23个问题,开展涵盖语文、数学、英语、物理、政治和美术6个学科的问卷调查。问卷调查共发放调查问卷318份,回收问卷318份,回收率为100%,有效率为100%。经问卷调查,我们发现我校在学科作业设计和实施方面存在如下典型问题:

从作业完成时间、作业量和作业难度来看,学生满意度在 70% 以上,但有 20% 的学生认为部分学科作业偏多、偏难,还有少部分学生认为部分学科作业偏少、偏容易。我校各学科教师设定的作业目标和教学目标有一定的相关度。学生最喜爱的作业是训练巩固类典型题目,其次是开放性、拓展性、阶梯型题目。我校语文、英语学科的作业内容和形式中口头背诵、书面抄写、阅读理解等作业形式的比例较高。作业内容和形式比较单一、机械,偏重记忆和训练,缺乏对语言交流和思维品质的关注。在作业评价方面,我校学生总体上重视和认可教师的评价,但相对于分数、等第的评价,学生更看重教师提出的鼓励性评语、指出的错误原因和提出的订正建议。

3. 开展教师访谈,确立各子课题研究主题

课题组发现,虽然问卷的设计一定程度上考虑了学科特性,问卷的调查反映了我校学科作业设计和实施的典型问题;但是从教师层面上看,各学科作业存在的问题还是没有清晰地提炼,由此带来的问题是,各学科针对怎样的问题来改进作业设计和实施,目标不够清楚。为此,课题组决定就学科作业设计和实施的问题进行教师访谈。通过访谈,学科教师梳理出了各学科作业设计和实施中亟待解决的核心问题。

(1) 语文学科的教师们认为作业的目标与课程目标、教学目标应该有较高关联度,初中语文课程、教学目标最基础的是促进读写能力的提高,所以作业的目标应指向语文读写能力。语文教材的选文特点和单元编制特点,使语文作业更需注重单元作业的设计。语文子课题组确定了"基于读写能力提升的语文单元作业设计与实施"的研究主题。

(2) 数学学科的教师们认为作业设计和实施的有效性还比较欠缺,要提高作业设计和实施的有效性,可以设计作业知识结构表,对教辅资料的综合性、拓展性习题做符合学生学习层次的改编,设计单元作业以回顾章节知识。作业评价需发挥自我评价的作用,作业订正需强化习惯,教师需通过对学生的作业分析及时把握和弥补教学的疏漏。数学子课题组确定了"基于问题解决的数学作业有效性设计和实施"的研究主题。

(3) 英语学科的教师们认为英语学科教学作业主题不清晰,作业设计与课堂教学相关性不够,重点词汇、语法等的知识结构性不强,作业过度依赖教辅资料和报刊。英语子课题组确定了"基于问题解决的英语作业设计和实施改进"的

研究主题。

（4）物理学科的教师们认为物理作业的设计与实施注重了科学性和逻辑性，但偏重于知识的训练和记诵，忽略物理与生活的联系，缺乏趣味性。物理学科确定了"探索物理与生活相联系的校本作业的设计与实施"的研究主题。

（5）思想品德学科的教师们认为思想品德作业的设计与实施以配套练习为主，作业类型比较单一，缺乏与生活的联系和在实践中的运用。思想品德学科确立了"思想品德作业的设计与实施"的研究主题。

（6）美术学科的教师们认为美术作业的评价可以在把握评价要素的基础上，充分发挥学生主体作用，开展多元评价。美术学科确立了"基于问题解决的初中美术作业的设计与实施"的研究主题。

4. 开展作业改进研究，着力研究作业的科学性、有效性、创新性和评价的多元性

各子课题组通过全组围绕核心问题开展研究和教师结合个人实际开展研究两种方式，开展了基于问题解决的学科作业设计与实施的改进研究。在研究过程中，各子课题各有侧重，但都着力于作业设计和实施的科学性、有效性、创新性和评价的多元性等4个方面。

（1）着力于作业设计和实施的科学性研究

我们认为，作业的科学性，不应该仅仅考量作业是否存在知识的科学性，还应该考量作业的设计与实施是否指向学科核心素养，是否与一堂课或者一个章节的教学目标一致，作业目标是否与作业内容匹配，是否有合理的作业结构逻辑等。

语文子课题组调研了东沟中学语文作业设计和实施的现状，分析了问题和成因，认为单课的作业设计和实施较难达成作业提升读写能力的目标，而单元作业设计和实施能较好地提炼出单元读写结合点，能依据学生认知规律和语言要素设计分项内容，能由易到难突出层次性。研究者设计了单元作业设计的基本框架，分为"积累""理解""模仿""拓展""趣味"等5个部分，每一部分都有清晰的目标和任务。单元作业设计形成明确框架，具有清晰目标，具有内在逻辑，体现了作业设计和实施的科学性。作业内容和题目的选择能较好地与单元作业目标、每一部分的作业目标相匹配，作业内容的科学性也得以保证。

数学子课题组确立了与教学目标、学习目标相匹配的作业目标，构建了一个学段的知识结构系统，明确了课时知识结构表，设计了理解型、模仿型、综合型和

拓展型4个层级的题目。这些研究和实践都在努力探索作业设计和实施的科学性。学生版校本作业中，每课时在练习之前的知识结构图中都呈现课题、学习目标、知识考点及其在教材中对应的位置，能很好地帮助学生回顾和梳理知识，建立知识的联系，建构知识链条和框架。教师版校本作业中，每课时也同样呈现包含课题、教学目标、知识考点等的知识结构图。这样的设计，使作业目标始终紧扣教学目标和学习目标，作业内容始终保持与目标的一致性，作业的结构有利于促进学生知识和能力的发展和提升。

（2）着力于作业设计和实施的有效性研究

效，即效能。我们认为作业设计和实施的有效性可以体现在作业能帮助学生巩固所学知识和技能，能基于学生的基础，能促进不同层次学生的提高，能习得态度、习惯和方法，能促进学生自主学习，能发展学生能力。所以，作业需具有针对性、多样性、选择性、层次性，并在实施中及时、有效地反馈、调整和评价。

数学子课题组明确以"有效性"作为作业设计和实施的改进研究的突破口和着力点，将研究内容确定为学习目标的确定、课时知识框架的建构、作业模板（教师版、学生版）的设计、依据学情的作业层次划分、多元的作业评价等。研究者首先剖析了课程标准和教材，对六年级所涵盖的知识点进行梳理和分层，形成知识结构系统。然后依据课时内容和知识的对应关系，从教材、配套练习册、教辅材料、报刊等资料中精选习题和改编题目。在此基础上，研究者根据学生的学习基础、学习能力和题目所需运用的知识和能力层级，分别设置理解型、模仿型、综合型和拓展型题目。其中，理解型题目注重基础，均来源于教材和配套练习，强化学生对单一知识点的理解；模仿型题目主要为研究者对教材例题和习题的改编，在习题数量上有增加，在习题形式上有变化，使作业目标与教学内容的匹配度增强，使学生在课堂教学的"情景再现"中巩固理解；综合型和拓展型题目注重思维拓展和能力提升，习题来源于教辅材料和报刊中较高星级的题目，给学生学习提供阶梯和挑战，促进学生数学能力和素养的提高。除了课时作业外，还设计了单元复习作业，依据知识结构系统强化章节知识的回顾。为加强在作业实施过程中及时、有效地反馈、调整和评价，研究者在教师版校本作业习题偏右部分，设置了"学生易错分析"板块，教师在作业实施过程中，可以依据教学目标、知识考点的达成情况，探究和剖析学生作业出错的内在原因。

英语子课题组着力于研究作业与课堂教学的相关性，根据我校很大部分学生词汇、语法等基础知识和基本能力缺乏的学情,设计了以词汇、语法为主要内容,以选择、词性转换、句型转换等基本题型为主要形式,针对单元教学重点、难点的单元作业集,增强了作业的针对性,提高了作业的有效性。在实施单元作业的过程中,发现学生的错误率还是没有降到教师预期,经分析,研究者认为其原因在于学生未具备对单元进行知识梳理的自主性和学习能力。于是,研究者又进一步作了改进:单元作业设计中增加了对单元知识梳理的板块,为学生提供知识梳理的蓝本。教师指导学生在作业前,依据梳理好的知识点复习巩固,或进行进一步的梳理、补充,然后完成作业。经过这样的改进,学生作业的正确率有较大提高。更重要的是,学生慢慢养成了在完成作业之前先梳理知识点,针对知识点进行复习的习惯,作业具有了促进态度、习惯、方法养成的作用,一定程度上也促进了学生的自主学习。

(3) 着力于作业设计和实施的创新性研究

传统的作业注重了统一性,教材配套练习和教辅材料练习以静态书面知识的训练为主,以抄写、读背默和刷题为主要完成方式,存在形式单一、反复训练、重结果轻过程等弊端。所以,在课题引领下,我们的教师也希望打破作业设计和实施的传统思路和方法,赋予创新性。

语文子课题组形成了单元作业设计框架,是作业设计整体框架结构方面的创新。在具体的设计案例中,也体现了作业设计和实施的创新点。如在获得上海市作业设计二等奖的《生活中的科学——六年级语文单元作业设计案例》中,布置用思维导图梳理作者行文思路和文章内容的组合方式,设计学生扮演医生根据医院检验报告为病孩诊断、学生扮演父母根据说明书指导病孩用药、学生扮演父母向奶奶交代用药3个情景的语言实践作业,都是作业设计和实施思路和方法方面的创新。

物理子课题组开展作业设计和实施改进研究着眼于物理与生活的联系。在《物理八年级上学期〈声学〉章节校本作业案例》中,教师引导学生自主探究、合作学习,找出各种乐器的声源,分析弦乐器发声、音调与弦的长短、粗细和松紧的关系,管乐器音调与空气柱长短的关系,打击乐器音调与鼓面大小、鼓皮松紧的关系。这一作业的设计与实施,作业不再是静态的书面知识,也不以正确、错误为评判唯一标准,而是让学生运用物理学知识观察事物、研究事物,在观察、分析、实验和探究中学习到真正的知识,是创新的作业设计和作业实施。

（4）着力于作业评价的多元性研究

评价指的是依据目标对过程和结果所做的价值和成效的评判，具有诊断、激励和调节作用。但是从《透析作业》所做的调研看，作业设计和实施中作业的评价存在评价主体单一、评价方式简单等问题。我们认为，评价应更多地让学生参与，方式上可以尝试变革创新，在评价主体和评价方式上力求多元。

数学子课题组在校本作业设计中，除分数评价外，增加了"达成度评价""订正评价""整洁度评价"等多个评价板块，教师和学校共同参与评价。特别是注重学生对知识达成度和订正情况做自我评价，教师对全班学生的作业达成度和订正情况做整体评价。在实践中，我们发现，学生能对自己的作业做出比较主动和客观的评价。评价不再只是给予学生作业完成情况和质量的评价，更能促进学生对学习情况的自我判断，促进学生的自主发展。教师对班级整体作业的评价能很好地发现学生作业中存在的普遍问题和突出问题，能帮助教师及时分析和反思教学中存在的问题，把握学生知识和能力的盲区、困惑和缺失，从而更好地思考改进教学和作业设计、实施。

美术《初中美术作业的设计与实施改进研究》关注作业的形成性评价。研究者设计了作业评价表，从"学习态度""合作精神""作业过程""创新能力"和"成果展示"5个维度进行评价。评价主体包括学生、团队和教师，分别以自评、互评、师评和综合评价的形式开展评价。5个维度的评价使作业评价不再只是以质量为衡量学生学习成果的单一维度，不再只是静态的评价学习结果，而是关注了学生的核心素养培育，动态地评价学习的全过程。

五、研究成效

（一）更新了教师的作业理念

正如《透析作业》所言，"作业是课程改革中不可或缺的关键领域，作业又是教育领域中'熟悉的陌生人'"。课题研究首先促使教师对这一"熟悉的陌生人"进行了解、认识和反思。我们的教师逐渐在以下的作业观念上形成了共识："作业的功能不仅仅在于巩固学习内容""作业的质量首先来源于教师设计作业的质量""作业的优化要把激发学生作业兴趣放在更为重要的位置""作业的设计要有明确的目标，且与教学目标一致""作业的内容选择要与教学内容保持高度相关性""作业的设计要更多地改进作业的多样性、选择性和结构性""作业的实施要关注学生的学习习惯、学习方法""作业的实施要发挥学生的主体作用"等。教师作业观念的改变、理念的提升为研究奠定了基础。

（二）提升了教师作业设计、实施的专业能力

在改进研究的过程中，无论是一个课时、一个单元的作业设计与实施改进的案例，或是校本作业用书、单元作业集、特色作业集的编撰，还是关于作业的论文、子课题报告的成稿，都可以反映教师们作业设计和实施专业能力和研究能力的发展和提升。经过两年多的研究和实践，我们取得了6个子课题报告、30篇小论文、33个案例、7本校本作业和自编作业集、2场特色作业展示活动等研究成果。语文组和英语组作业案例参加上海市优秀作业设计、试卷案例评选活动，获得2017年度上海市中小学优秀作业、试卷案例评选初中语文学科二等奖和2018年度上海市优秀作业案例评选初中英语学科三等奖的优异成绩。

（三）丰富了我校校本研修的内涵

作为浦东新区校本研修学校，学校结合区级课题开展校本研修，组织全体教师研读《透析作业》，开展读书摘抄、读书交流等读书活动和案例、论文撰写和评比的科研活动。以教研组为单位，开展以作业设计和实施改进为主题的研讨活动和实践活动。这些研修活动，丰富了研修的内涵，拓展了研修的深度，促进了研修的提升。2018年4月，浦东教育发展研究院教师发展中心主编的《浦东研训》总第58期发表了介绍我校围绕作业设计和实施改进研究开展研修的专题通讯《研究作业改进，提高教学成效》。

（四）改进了我校校本作业的品质

作业的改进研究，促进了作业品质的提升。两个作业案例获得市级二、三等奖，说明我校的一部分优秀作业的品质可以达到市、区级先进水平。2018年3月，我校接受浦东教育发展研究院教研室的教学调研，在调研中，专家们也充分肯定了我校的校本作业品质。如数学教研员调研后，在调研报告中对数学校本作业的研究、实践予以了充分肯定和鼓励："东沟中学尝试按照课程内容，以作业设计的校本化实施为抓手，自行设计符合本校学生学习能力的作业。校本练习在使用的基础上，搜集教师和学生的反馈意见又进行了改版，使之更符合学生的需求。"

（五）促进了作业的减负增效

面对学生学习基础整体较为薄弱，学生学习习惯不佳，自主学习能力极其缺

乏,家庭和家长支持不力的现状,作业题海战术和重复操练对我们学校来说,既是不科学的作业策略,也是注定无法实施和取得成效的作业策略。课题开展以来,我们的作业时间、作业负担没有增加,但作业效益有一定提升。课题研究成果在学生层面实施的两年里,我们取得了中考学业考试成绩进入浦东新区 B 类学校行列,合格率 100% 的佳绩。我们认为,中考学业成绩的进步,在一定程度上得益于基于问题的作业设计和实施改进研究给教学带来的积极的作用。

六、研究反思

正如尹后庆在《透析作业》"序"中所言:作业并没有想象中那么容易研究。在深入学习和研究的过程中,我们发现作业设计和实施的问题涉及面广,涉及点多。在问题纷繁复杂的情况下,我们所提炼的问题是否准确科学,我们对作业设计和实施的研究是否能提供有价值的研究方向、研究路径和研究经验,期待专家和一线教师给予指导和评价。

我们认为各学科的作业设计和实施有共性之处,但也存在学科特性。总课题组作了从提升作业设计和实施的科学性、有效性、创新性和评价多元性等 4 个方面进行研究的整体设计,但是,各子课题的侧重点还是有所不同,每个子课题不能全部覆盖 4 个方面。在研究中我们发现,设计和实施两个环节中包含的关联改进研究的因素很多。所以,有的研究能兼顾设计与实施,有的研究关注设计多一些。如果都能兼顾设计和实施两个方面,且有数据等显性的改进成果,我们的研究将更全面,更有信度。

课题组组长:马　莉
课题组成员:陆海萍　张红梅　刘季萍　毛慧珺　王国强　郑双娜　朱敏君
　　　　　　张　军　朱传芬　奚文静
单位:上海市东沟中学

5. 单元整体视角下小学英语文本再构的实践和研究

——以 2A Module 3 Unit 1 In the children's garden 单元为例

上海市浦东新区金陆小学　张蓓红

著名教育家叶圣陶先生说过:"教材作为教课的依据,要教得好,使学生受益,需要靠教师的善于运用。"我们的英语教材呈现的是科学、统一而规范的知识体系,但我们面对的学生是一个个鲜活的个体,他们的接受能力和学习兴趣不尽相同,如何让统一的教材服务于差异化的教学个体呢? 立足于《上海市中小学英语课程标准》,单元整体视角下的英语文本再构就显得尤为重要。教师通过整体把握教材,研读教材,基于课程标准、基于学生的学习背景和学习兴趣,对现有教材中的语言内容进行改编、改写或整合,教学方法和形式的再调整,以适合不同的学生个体或群体,创造属于学生的一块乐土,成就属于学生的一份精彩。本文试以上海市教学英语牛津教材 2A Module 3 Unit 1 In the children's garden 单元为例来阐述单元整体视角下小学英语文本再构的实践与运用。

一、教学目标的再构

教学目标是一堂课的灵魂、一个导向。教学目标的再构不是无根之水、无本之木,而应建立在原有的语言、语句、教材的基础上,确立知识点,细化、内化教学内容,使之更贴合教学需求,特别是学生的需求。如何科学地制定教学目标? 专家的研究和大量的实践证明,老师们带着如下 4 个问题去制定教学目标,目标的指向性、适切性能大大提高:1.这个单元在整个教材中占有何种地位? 2.根据课标和学情,这个单元的基本教学目标是什么? 其弹性的教学目标是什么? 3.单课时目标是哪些? 如何实现单元中单课时目标的螺旋上升? 4.根据学校实际的课程设置,我们该如何合理安排每个单课的教学时间？①

这也就是我们在设定单元整体目标时要考虑的"三个性"，即统一性、系统性和巩固性。参见下图"设定单元目标思考图示"。

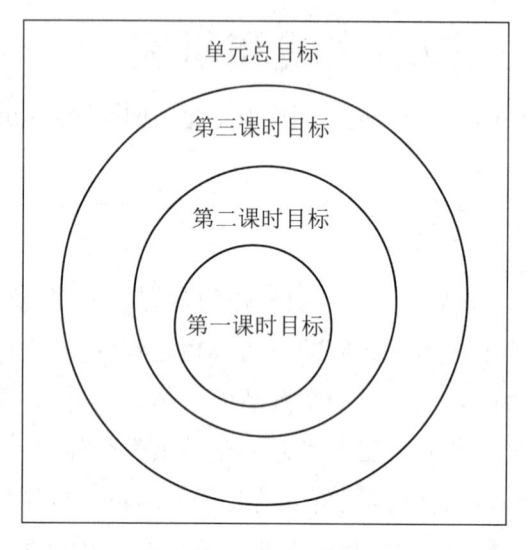

设定单元目标思考图示

以下是我们带着这4个问题去分析 2A Module 3 Unit 1 In the children's garden，实践制定适切的单元目标和分课时目标的实例：

问题1. 这个单元在整个教材中占有何种地位？

这个单元是 Module 3 Places and activities 的第一个单元，它帮助学生建构活动场所描述的基本概念，学生建构了 I can see ...之后就可以描述后面两个单元的场所(room, kitchen)。

问题2. 根据课标和学情，这个单元的基本教学目标是什么？其弹性的教学目标是什么？

根据课程标准倡导突出学生主体，体验参与的理念，以及学生的特点和知识背景，我们把目标定位为以《爸爸去哪儿》4个小主人公带着寻找3个带有"S"字母的任务。第一课时交流分享在儿童乐园看到的游乐设施，主题"儿童乐园所见"；第二课时在儿童乐园游历体验，描述自己的感受和喜好，主题递进到"儿童

---

① 朱浦.教学理论探究[M].上海：上海教育出版社，2008.

乐园所玩";第三课时单元总复习,综合运用所学语言,主题升华到"儿童乐园所乐"。单元基本教学目标为学习和运用核心单词(slide,swing,seesaw)、句型(What can you see? I can see ... What colour is it? It is ...),描述所见所闻。弹性目标是通过层层推进的方式让学生感受到单元主题带给他们的感悟和体验,引起情感共鸣,表达自我感受以及喜欢的缘由。

问题 3. 单课时目标是哪些?如何实现单元中单课时目标的螺旋上升?

问题 4. 根据学校实际的课程设置,我们该如何合理安排每个单课的教学时间?

制定单课时目标时,我们带着问题 3 和 4 来分析教材,制定出本单元的分课时目标如下:

| 1. 初步感知字母 Mm,Nn。2. 初步感知、理解核心词汇:slide, swing, seesaw 的音、形、意。3. 感知、理解词汇:high, low, up, down 的音、意。4. 初步感知、学习句型:What can you see? I can see ... 5. 在交流与分享的过程中了解儿童乐园设施,感受乐园里的欢乐。 | 1. 进一步操练与书写 Mm, Nn。2. 较熟练运用第一课时核心词汇。3. 较熟练运用 What can you see? I can see ... What colour is it? It's ... 开展对话、描述自己的所见所闻。4. 感知、学习句型:like to play ... It's so fun. 5. 在沟通与交流中发现身边事物的多彩,感受乐趣。 | 1. 熟练掌握字母 Mm, Nn 的读音和书写,感受语音儿歌。2. 仿说儿歌句型。3. 能熟练运用核心词汇和句型进行交流和互动,整合新旧知识,搜集游乐设施的喜好等信息。4. 通过互相间的沟通,增进友谊,并懂得遵守游玩的基本规则。 |

单元分课时目标图示

从上图可以看出,我们在制定单课目标时牢牢带着问题 3、4 去设计,呈现出了单元目标和单课目标之间的相关性和统一性,单课目标之间是循序渐进、层层递进的关系。

二、教学内容的再构

在设定了单元目标和单课目标后,我们就要对教学内容进行设计,也就是基于教材进行再构单元文本和单课文本。我们的文本再构就是把教材原有的内容进行重组和构建,但这种构建是基于教材,基于学生的,我们对教材内容进行再度开发,从而形成适合教学对象的教学内容。通过重组单元教学的内容,对新旧知识的有效整合,适当拓展新知识等方法,使教学内容更加充实、鲜明、生动,学生学习的语量和语境更加丰富。

（一）基于学生的文本再构

文本再构必须基于学生,我们要从学生现有的语言能力、语量基础和生活经验,关注再构的文本对学生的适切度。基于学生的文本再构可以从两个方面考虑:1.学生已有的知识技能水平;2.学生的学习倾向和偏好。[1]例如,我们2A Module 3 Unit 1 In the children's garden 第一课时的文本再构就是更多地基于学生的再构。

教材文本	再构文本

基于当时学生对《爸爸去哪儿》节目很感兴趣,所以以这个为背景,小主人公根据村长布置的任务,去 Rainbow Children's Garden 寻找 3 个含有字母"S"的单词,通过完成这个任务来学习游乐园中的 swing, slide, seesaw 3 个单词,文本内容为:

1. Joe：What can you see?

Grace：I can see a slide.

Joe：A slide?

Grace：Yes, a slide. A slide, a slide. Down, down, down!

---

[1] 朱浦.小学英语教学关键问题指导[M].北京:高等教育出版社,2016.

Grace: I can see an "S". "S" is for a slide.

2. Feynman: What can you see?

Belle: I can see a swing.

Feynman: A swing?

Belle: Yes, a swing. A swing, a swing. High and low.

Feynman & Belle: Swing, swing. I can see an "S". "S" is for a swing.

3. Yang yang yang: What can you see?

Duo duo: I can see a seesaw.

Yang yang yang: A seesaw?

Duo duo: Yes, a seesaw. A seesaw, a seesaw. Up and down.

Duo duo: Oh, Seesaw, seesaw. I can see an "S". "S" is for a seesaw.

（二）基于教材的文本再构

文本再构必须体现教材原有的主题和教材内容的安排,必须符合单元教学的整体,因此它必须是基于教材的再构。基于教材的文本再构可以从两个方面考虑:1.基于单元整体进行文本再构的横向整合;2.基于教学主题进行文本再构的纵向整合。例如,我们2A Module 3 Unit 1 In the children's garden 第二课时的文本再构就是更多地基于教材的再构。

教材文本	再构文本

根据第二课时的教学目标,我们对教学内容进行纵向梳理,可以看到1A学习了What colour is it? 句型以及颜色的辨别,1B学习I like…表达喜好,可以迁移到儿童乐园表达对游乐设施的喜好,由此,我们进行了纵向组合的文本再构。

相关知识点比对

Book	1A	1B	1B
Topic	Module 4 Uuit 3 In the park	Module 1 Unit 1 Look and see	Module 2 Unit 1 Toys I like
Key patterns	What colour is it? It's ...	What do you see? I see ...	I like ...

第二课时承接第一课时，借助多多利用活动赢得的免费旅游券邀请 Kitty 游玩来设计文本。具体文本如下：

1. Duo duo：What can you see，Kitty？

Kitty：I can see a slide.

Duo duo：What colour is it?

Kitty：It's red and blue.

Kitty：I like to play on the slide. Slide，slide，down，down，down. It's so fun.

2. Kitty：What can you see，Duoduo？

Duo duo：I can see a swing.

Kitty：What colour is it?

Duo duo：It's yellow and green.

Duo duo：I like to play on the swing. Swing，swing，high and low. It's so fun.

3. Duo duo：What can you see?

Kitty：I can see a seesaw.

Duo duo：What colour is it?

Kitty：It's orange.

Kitty & Duo duo：We like to play on the seesaw. Seesaw，seesaw，up and down. It's so fun.

仔细研读，我们可以发现，"What can you see?" "I can see ..."以及小朋友在表达描述喜欢的游乐设施"Slide，slide，down，down，down ..."等语句都是第一课时的复现。第二课时在第一课时文本的基础上，增加了"What colour is it?" "It's ..."以及对游艺设施颜色的描述"I like to play on the ..." "It's so fun."来描述自己在儿童乐园喜欢玩的玩具以及感受，使对话更丰富、完整了。

单元整体视角下的文本再构就是要突出单元里各课时之间的连续性和整体性。我们要对本单元的新单词和句型进行整理归类，确定每一课时要完成什么内容,注意前后课时的联系,课时之间的文本设计要注意学生知识、能力、语境和情感的推进。

三、教学过程的再构

教学过程的再构是建立在教学目标的再构、教学内容的再构的基础上的再构。教学过程的再构在于使过程有序化,即在教学过程设计中,教学环节是完整、展开和连续的。完整就是要求一个知识点的教学要透彻和完整;展开就是教学环节的实施要充分展开,呈现出如何通过教学内容和教学方法达成教学目标的完整过程;连续就是要求一个35分钟的课堂教学时间中各个教学环节的衔接是连续的。这个连续应该是具有隐含联系的连续,而不是缺乏逻辑的无章法的勉强的连续。[①]

我们还是以 2A Module 3 Unit 1 In the children's garden 第一课时为例,观察如何在教学过程的再构中实现过程的完整、展开和连续。

【案例1】2A Module 3 Unit 1 In the children's garden

教学设计表

教学内容	教学方法	教学目的
学习 slide	1. 聆听 Joe 和 Grace 的对话录音 2. 跟读 slide 3. 图片欣赏,练习:It's a slide. It's ... (colour) 4. 动作跟说:down, down, down 5. 儿歌吟诵 6. 模仿对话 7. 完成任务1,找到第一个 S 单词	通过聆听录音,初步感知学习内容,分层推进 通过图片欣赏,练说 slide,整合旧知辨别颜色 通过肢体动作,感知 down 用富有节奏感的自编儿歌的朗读,巩固单词 slide 和 down 角色扮演模仿对话巩固所学,体会教学情境和任务
学习 swing	1. 聆听 Feynman 和 Belle 的对话录音 2. 跟读 swing 3. 头脑风暴:On the swing, I can see ... 4. 快速反应:yes or no 5. 动作跟说:high and low 6. 儿歌吟诵 7. 角色扮演 8. 完成任务2,找到第二个 S 单词	通过头脑风暴,让学生想象在秋千上看到什么,操练新知,巩固旧知 通过比较游戏、儿歌想象、肢体活动、儿歌吟唱等形式让学生多方面感受新知;在角色模仿中再次体验语言

[①] 程晓堂.英语教材分析与设计[M].北京:外语教学与研究出版社,2011.

(续表)

教学内容	教学方法	教学目的
学习 seesaw	1. 聆听多多和杨阳洋的对话录音 2. 跟读 seesaw 3. 欣赏不同形状的 seesaw 　　It's a _____ seesaw. It's red. 4. 游戏：up and down 5. 动作跟说：high and low 6. 歌曲吟唱 7. 角色扮演 8. 完成任务 3，找到第三个 S 单词	注意象形器具的欣赏，感受活动器具的趣味 通过师生互动来模拟玩跷跷板的过程，体会跷跷板一上一下的趣味性，激发学生的表达欲望 结合歌唱形式的手段，巩固新学，层层递进，化解难点，提高学习兴趣

从上面的教学环节我们可以看到，3 个单词的教学基本都是从听录音引入—巩固练习—角色扮演完成的，这就是一个完整的教学环节。在操练巩固环节，我们的练习形式有时不尽相同，有的用了儿歌吟诵，有的用了歌曲吟唱，有的用头脑风暴，有的用师生游戏等，这就是教学过程的充分展开。但是所有的练习都是围绕 3 个单词在语境中的巩固、运用，强化"合当头，用为重"，这就是教学过程的连续。

"合当头"就是体现"整体融合"的教学理念，因此我们儿歌、歌曲的吟唱都是整合旧知，自己改编的。如 swing 的儿歌：On the swing, I can see the sun. Hot, hot! On the swing, I can see a kite. High, high! On the swing, I can see a flower. Nice, nice! On the swing, I can see birds. Super, super! "用为重"就是我们的设计时要关注学生英语语言运用能力的培养，在时间和方法的安排上要本着以语言运用能力的培养为重中之重，因此我们的设计都是"模仿对话—半开放的对话—开放式的对话"，在递进过程中启发学生的思维，培养学生在开放的语境下的语言运用能力。

四、作业设计的再构

作业设计时课堂教学设计的重要组成部分，也是课堂教学的延续。作为单元整体视角下的作业再构，需要围绕教学目标设计具有可延续性、可操作性、可检测性的作业。作业包括课前作业、课堂作业和课后作业。课前作业是学生对于新授内容的预习；课堂作业是复习环节中的练习设计和新授、巩固环节中的操练运用；课后作业是学生根据老师要求，在上课以外的时间独立进行的学习活动,目的在于复习巩固课堂所学知识,检查学生知识的掌握程度。3种作业设计的是否流畅贯通,它们之间的关系是否内外呼应、呈现出延续性,直接影响课堂教学效果。同时,单元整体视角下的作业再构有别于单纯的作业设计,它需要我们从单元整体的角度去设计作业,在一个单元的作业完成后,学生的语言运用能力达到预定目标,单课作业之间呈现一种呼应性和递进性。

【案例2】2A Module 3 Unit 1 In the children's garden

作业设计表

	第一课时	第二课时	第三课时
课内练习	1. 儿歌、歌曲吟唱 2. 头脑风暴 3. 角色扮演	1. 编儿歌 2. 听录音,填空完成对话 3. 看图,编对话	1. 编谜语 2. 看图,编对话 3. 介绍喜欢的游乐设施
课外作业	★听一听 p.26 课文录音 ★★读一读《爸爸去哪儿》的故事 ★★★完成村长的3S海报,并选择你喜欢的一个游乐设施介绍	★听一听 pp.26—27 课文录音 ★★读一读"Playing in children's garden"的故事 ★★★选择一个喜欢的游乐设施编儿歌或对话	★听一听 pp.28—29 课文录音 ★★读一读"Having fun in children's garden"的故事 ★★★完成儿童乐园的思维导图,并说说喜欢这个游乐项目的原因

从上面表格纵向看,我们可以看到课内练习和课外作业呈现出内外呼应,课内有角色扮演,课外有故事朗读;课内有编儿歌,课外有选择喜欢的游乐项目编儿歌……从横向看,可以看到3个课时的作业呈现出递进性,从第一课时的完成村长的海报、选择一个游乐项目介绍,到第二课时的编儿歌或对话,到第三课时的完成思维导图、说说自己喜欢这个游乐项目的原因,学生的思维在一步步得到开发,语言运用能力在一步步开放的情境中得到培养。

五、教学评价的再构

评价是教学的重要组成部分,通过科学的评价可以让学生不断地认识自我并改进自我,激发学习兴趣。基于单元整体视角下的文本再构,当然也包括对评价的再构,遵循评价主体是学生的原则,遵循形成性评价和终结性评价相结合的原则。

课后作业评价单

内容		家长评价
Listening	Listen to the tape on p.26(听录音第 26 页)	☆☆☆☆
Reading	Read p.26(朗读第 26 页)	☆☆☆☆
	Read the sheet(朗读材料)	☆☆☆☆
Speaking	Say the letters Mm & Nn(说说字母 Mm & Nn)	☆☆☆☆
	Finish the poster and choose one thing and say(完成村长的海报,并选择一个游乐项目说一说)	
(说明:☆☆☆☆优秀　☆☆☆良好　☆☆合格　☆须努力)		
我对本节课的感受　　　(☺)　　(😐)　　(☹)		
家长签名:		

这是 2A Module 3 Unit 1 In the children's garden 课后作业的评价单,通过这份评价单让学生梳理本课的语言知识点,对自己的学习成效有一个清楚的认识,同时让老师、家长不仅关注到学生的学习成效,也关注到学生学习态度和情感的变化等。

新课程中,教师是学生学习活动的组织者、引导者和合作者。教师不应该"带着技能、知识和课本走进教室",而应该"带着学生走向教材、知识和技能",完全可以根据教学对象对知识的不同需求进行文本再构。教师可以根据学生的兴趣和生活实际进行文本再构,但这个文本再构一定是基于单元整体的再构,目标则是提高课堂教学的有效性,提高学生的语言运用能力。基于单元整体视角的文本再构,能带领着师生共同成长、进步、反思、收获。

6. 小学高年级语文教学中运用批注提高学生阅读能力的探索

上海市浦东新区东港小学 乔 静

阅读教学一直是小学中高年段语文教学的重点与难点,怎样才能提高阅读教学的质量,切实打造有效课堂,也成了众多语文教师迫切需要解决的问题。"批注"作为一种传统的阅读方法,早已得到大家的认可,但如何通过语文教学将"批注"这种方法运用到小学五年级学生的课文中,帮助孩子们养成"不动笔墨不读书"的好习惯,促进学生的主体性发展,让课堂活跃起来,灵动起来,一直是研究上的缺失。

一、研究目的与意义

笔者所执教的东港小学,主要服务周边拆迁小区以及进城务工人员子女。因为东临机场,大部分学生家长都是三班倒甚至五班倒的工作性质,学生多由爷爷奶奶抚养,隔代人对于孩子的宠溺,对于孩子学习习惯的忽视,阅读能力培养的缺失,导致大部分孩子学习主动性差、能动性差。平时下发的各类阅读练习卷,除了基础题,其余涉及文章主体的练习题部分学生是答非所问,使得阅读得分非常低。分析试卷时,老师虽花大量的时间,但学生依旧不得要领,成绩不理想。这一现象,令五年级的老师和家长们都非常着急,都希望得到有效的阅读方法,以提高阅读成绩,提升阅读能力。

《上海市中小学语文课程标准》在"内容与要求"一栏中就明确指出:三至五年级学生在课外阅读时要"能理解所读内容的要点,有自己的体会;能做阅读摘要,能根据阅读内容写出一点自己的体会"。沪教版五年级语文第一学期(试用本)教材中,第三单元的导语部分更是旗帜鲜明地提出:"请你静下心来,认真默读这些感人肺腑的文章,边读边体会作者的思想感情,边读边把自己感受最深的词句圈画出来,写上批注,再和大家一起交流自己对课文的理解。"由此可见,小学五年级学生批注式阅读能力的培养应该是当前语文教学改革的主要方向。

小学高年级语文课堂上运用批注的目的和意义主要表现在：

1. 通过课堂指导和训练，提高学生的阅读能力

学会一种技能不是一件容易的事情；做任何事情，没有一定的实践、经验的积累，就不会有很高的造诣。通过在课堂上积累批注的方法，对提高批注能力有很大的意义。

2. 让学生形成自身的一种阅读品质，提升自身的语文素养

在阅读文章时，学生不再是被动、单纯、消极的接受者，而是主动的参与者、意义的积极生产者。让阅读成为学生与作者的一场超越时空的对话。在批注过程中发展阅读兴趣，提升阅读能力，形成独立的阅读个性，提升自身的语文素养。

二、小学高年级语文批注式阅读教学的基本策略

（一）教给方法，了解批注符号

了解批注，系统地进行批注符号的学习，是开展批注教学的基础。

按批注的内容与位置，可以是"眉批"（批在书头上），也可以是"旁批"（字、词、句的旁边，书页右侧），还可以是"尾批"（批在一段或全文之后）。批注主要有以下几类：

1. 注释：在读书时，遇到不认识或难懂的字、词、句，查字典、找参考书，弄清词义，指明出处，写在空白处。

2. 提要：边看边思考，用简练的语言概括中心思想，把握文章脉络，提示语言特点。

3. 批语：读书时，会有各种思想、间接、疑问产生，这些内容可随手写在空白处。

4. 警语：在读书时，发现优美语句、典范引文、重要段落、新颖说法以及特别值得注意的地方，为提醒自己，可批注上"注意！""重要！""用心记住！"等词句，是自己注意力集中，并进行重点阅读。

写阅读批注，要明确批注的符号和作用。为让符号有统一的规格标准，我们借鉴资料设计一套密码——批注符号。建议学生用铅笔做记号，这样在合作交流后，便于修改。

1. ○：圈出本课需要掌握的生字。

2. (　)：标出课文需要掌握的新词。（包括：生字组成的词；词语盘点中出现的词；自己很欣赏或不了解的词等。）

3. ①②③……（序号）：标在每一自然段前。

4. ‖、｜（分开号）：用来划分段落与层次，标在每一段末尾。

5. ～～～（波浪线）：画在文章优美语句下面。

6. △△（着重号）：标在句子关键词下面。

7. ＝＝＝（双横线）：画在文章关键句子（过渡句、总起句、中心句等）下面。

8. ？（疑问号）：用在有疑问的词语或句子末尾。

（二）优化预习，完成批注单

起初，笔者在预习时只要求学生能够熟读课文，扫清识字障碍，同时，要求学生结合"阅读新体验"进行思考并试图解答问题。读写双通道，也可以自己找资料，并完成书写。笔者尝试设计批注单，和课堂教学相结合，明确回家必须先做好预习任务，到校后检查批注情况。

批注单主要从这几方面展开预习批注：

1. 关注词语理解的实践批注。

2. 关注朗读课文的读法批注。笔者要求学生进行朗读批注，标注朗读时的语气、语速、节奏、重音、感情等内容。

3. 关注学会质疑的问题批注。预习中要学会提出有助于解读文本、有价值的问题。

4. 关注语言表达的个性批注。

如预习沪教版五年级语文第一学期的第22课《绿毛龟》时，笔者设计了如下批注单：

22. 绿　毛　龟

1. 圈出不认识的字词，可以借助工具书将字词的大意记在字词旁，并试着用这个词造一个新句子。

_____

2. 用"//""/"试着为文章分层分段，并在一旁用简练的语言写出段意。

3. 朗读课文，可以为句子加上合适的停顿符号。

4. 遇到自己特别欣赏的字、词、句用"~~~"标示出来,并在一旁写写原因。

5. 朗读过程中,遇到不理解的词句,可用"?"表示在句旁。

批注单从文章整体着手,根据文章的不同类型,设计不同的批注问题,帮助学生感知故事的大概内容;用简单的符号标出文章中自己不太理解的或者比较欣赏的地方,学生自主寻找到答案,在批注单上做好记录。上课开始前,笔者翻阅学生的批注单,及时调整教学设计。

(三)分类指导,提升批注能力

初读文章之后,学生进入了文本细读阶段,是教师带领下的文本细读阶段。这一阶段的主要阅读要求是掌握作者在修辞、写作方法方面的特点,理解文章重点语句的意义。文本细读是阅读的重要阶段,也是最重要的批注阶段。此时,教师对于批注的教学指导就尤为重要。

1. 赏析语言特色的批注指导

小学语文课本中编入了许多写景状物的文章。对于这些文章,我们可以让学生从赏析句子的修辞手法进行阅读批注。指导学生找出运用修辞手法的句子,进一步体会修辞手法的好处,体会作者的思想感情。如:笔者执教《林海》,由于文章中有许多描写林海景美的语言,就指导学生找出这些句子,赏析语言并指导批注。学生画句:兴安岭多么会打扮自己呀:青松作衫,白桦为裙,还穿着绣花鞋。花丛里还隐藏着珊瑚似的小红豆。比喻的修辞手法的运用学生能脱口而出。笔者适时点拨:"我们在给句子批注时,可以这样写:这是个比喻句,把……比作……来写,生动具体地写出了……,突出了……;这是一个拟人句,把……赋予了人的行为,生动形象写出了……突出了……;这是一个排比句,这样写增强语言气势,突出了……"然后留给学生足够的批注时间,给学生思考落笔。

有的学生批注:"把青松比作衣衫,白桦比作裙子,树下的小花、小草是兴安岭的鞋子。一个活脱脱美丽的姑娘展现在我们的眼前,兴安岭的美景也让我们透过文字感受到了!"师点评:"说得真好!好一幅美丽的风景画,批注时不仅可以写下作者所用的修辞手法,我们也可写下'真美啊'。"有的学生这样批注:"把红豆比作珊瑚,不仅颜色相一致,那种圆润光滑质感也让我们感受到了,突出那儿的花多,也为后面的红豆酒增添了一分香气。"师点评:"红豆生在花丛中,香气自然来,红豆酒必然是芳香扑鼻,味道极好的!这个时候我们也可以把这样美丽的诗句写在一旁。"教师应给学生充足的时间,引导学生感受语句,作者所表达的思想感情也就不言而喻了。

学生在批注和品味中,升华了自己的情感,体会到了语言文字的美妙。另外,在阅读时进行批注,既体现了学生学习的自主性,培养了学生自主思考的能力,又有助于提高课堂教学的效率,使课堂教学的质量得到了有效的保证。

2. 评点文中人物的批注指导

小学语文课本中有许多写人记事的文章。这些文章塑造了一个个特点突出、个性鲜明的人物形象。在教授这类文章时,老师可以指导学生抓住人物语言、动作、神态等重点词句来品读感悟。批注主人公是个怎样的人,从而把握人物性格特点。

如结合学习第13课《飞夺泸定桥》第7、第8节展开批注指导。

师:同学们,你从哪些地方感受到了他们的英勇?

生:我找到了"号手们吹起冲锋号,所有的武器一齐开火……霎时间震动山谷。"我从"一齐"仿佛看到了当时所有子弹齐刷刷射出的壮观场景,也好像看到了我们的战士英勇无惧的场面。

师:我们可以"一齐"圈画出来,并写下"多么英勇的战士啊!"。试着再读第7节,边读边记下你的感受。

生:我找到"背、带、冒、攀、冲"这几个动词。我觉得这22位英雄不惧死亡,勇往直前。

师:同学们,动词可以用"△"标识出来,细致的动作描写形象地写出了英雄们拼死奋战、勇往直前的人物形象,这两个词我们可以写在句子旁。

师:同学们,这个小节中一句语言描写,团长和政委的喊声,令你们感受到了什么?是不是能写下一两句感受?

生:冲啊!我感觉仿佛一股电流流经全身,让我全身血液沸腾。

生:为了胜利,为了祖国,一定要义无反顾,冲冲冲。

师:说得多么好啊!我们可以把这些句子都记在一旁,将你的阅读感受实实在在地写在书上。作品中的人物,其实并不难品味,只要你们能抓住作者对人物的神态、外貌、动作、语言等细细品味,一一斟酌记录,你会发现,你也可以将作者笔下的人物还原出来!

对于学生来说,抓住人物形象来进行批注的阅读方法,能使学生在学习语言文字的同时,情感、态度、价值观得到发展,人文思想得到净化。

3. "质疑问难"式的批注指导

学生先要会疑，不疑不能激思，不疑不能增趣。有了疑问，让学生带着问题读书，才会让他们真正地走进文本，与文本、与作者进行对话。所以老师在课堂上要指导学生开展"质疑问难"的批注。这类批注的内容可以对题目提出疑问：如《飞夺泸定桥》一文，学生提出这样的质疑性批注：为什么是飞夺泸定桥？可以不可以把题目换成"夺下泸定桥""拿下泸定桥"？再如《桂林山水》一文，学生的批注单上写着：题目《桂林山水》，可按照作者的写法，先写水，再写山，题目是不是应该换一换呢？

"质疑问难"式的批注也可以针对课文中不懂的词句。如《无言的爱》中，出现了这样的句子：两只体态、羽毛截然不同的母鸟都在窝中产卵、孵小鸟，但相容相安，从不互侵互斗。学生批注："相容相安"和"从不互侵互斗"是不是重复了？舍去一个可不可以？

在教学过程中，笔者鼓励学生探寻文章中的矛盾之处，课堂上一同探讨研究。这种"质疑问难"式的批注指导，有利于培养学生的怀疑与探究精神。

4. 关注文本"留白"的批注指导

在阅读课文内容时，很多作者常常运用"留白"的艺术，把一些内容留给读者自己去揣摩，去思索。教师可以充分挖掘这些留白，指导学生在这些地方进行批注，把写得简练的地方补充具体，或者把写得含蓄的地方补充明白。比如，在《穷人》一课的教学中，可以结合"两个人沉默了一阵……"这句话，引导学生进行批注：渔夫当时想了些什么；桑娜想了些什么。这样，不仅可以促使学生加深对课文内容的理解，而且可以提高学生的想象力和语言表达能力。让学生通过给课文做批注，不仅找到了读书的乐趣，更为重要的是养成了"不动笔墨不读书"的好习惯，拥有了自主阅读的精神，在阅读中让自己的个性神采飞扬，使自己的批注能力得以不断提高。

三、研究的成效

回顾本次研究的历程，笔者以行动研究为主，辅以文献法和案例法进行实践为主的探究，了解学生的阅读现状，探索沪教版小学语文五年级教材中运用批注提高学生阅读能力的实践策略。发现，大部分学生能在课前认真阅读课文，完成批注单；课堂上通过教师的指导，学生能体会批注给阅读文本带来的乐趣，从而激发了内在的阅读热情;多数同学能针对文章结构安排、语言运用、表现手法等的鉴赏能力有所提高。在期末考试中,本班阅读分大幅提升。这些表现证明,本次研究是有效的。其成效表现在两个方面:

1. 学生方面

每一堂课后,笔者都会下发实时反馈单,反馈单内容主要以结合课文的内容并作适当延伸,以此检测学生课堂的学习情况。以《鲁迅与时间》一文举例:

鲁 迅 与 时 间

鲁迅对时间抓得很紧,善于在繁忙中挤出时间。他说过:"时间,就像海绵里的水,只要愿挤,总还是有的。"白天,他往往还要接待一批又一批的客人,总要到夜晚十点到十二点客人走了以后,才开始看书、写作,一直工作到第二天凌晨两三点钟,有时睡觉连衣服都不脱,像战士伏在战壕里休息一样,打一个盹,醒来以后又继续工作。

1. 画出语段中的一句比喻句。句中把＿＿＿＿＿＿比作＿＿＿＿＿＿,这样写的好处是＿＿＿＿＿＿＿＿＿＿＿＿＿＿。

2. 文章中用了"十点、十二点、两三点"等数字进行说明,这种方法叫＿＿＿＿＿＿,它的作用是＿＿＿＿＿＿＿＿＿＿＿＿。

3. 说说你对"时间,就像海绵里的水,只要愿挤,总还是有的。"这句话的理解。举例说说你是怎么挤时间的。

本班一共 36 人,10 分钟内全部完成。三题全部做对的有 26 人,剩下的 10 名也仅仅是书写上的小错误。通过课后反馈表的设计和使用,笔者能判断学生们是否对课堂所学知识有及时的巩固,也有利于第一时间了解自己的课堂教学是否有效。

通过两个学期的实践,学生们已经初步养成了自读自悟的好习惯,阅读能力也逐步提升。他们在阅读过程中开始主动地运用已有的生活经验和知识储备,与文本作者进行广泛的、深入的、全方位的直接对话,通过在文中的圈点勾画,画下自己的思维轨迹,打下自己认识的烙印,表达自己的思想情感,学生的阅读能力也有了大幅度的提升。

2. 教师方面

一是提升了教师如何通过批注式教学培养学生自主阅读鉴赏能力的素养。

通过查找相关文献资料,提取批注式教学中适合小学生的有效途径和方法,整合沪教版五年级语文教材的内容,提升教师把握批注式教学设计的能力。

二是发展了教师的语文教学专业素养。批注式教学的课堂,要求教师对文本进行更深入的研读,运用自己的智慧解决教学活动中出现的问题。在课题实践过程中,笔者的教学能力得到提升,语文教研能力也得到了展现。

7. 小学生音乐创编能力的培养

上海市浦东新区金陆小学　张秋华

一、问题的提出

音乐创编能力是指学生在教师的启发和指导下，主动参与、体验、探索、创作音乐的过程，它旨在激发学生对音乐创编的兴趣，逐步使学生掌握音乐创编的学习方法，培养学生创造性思维能力，进一步提高学生自主学习、自主创新的能力。

在小学音乐教学实践中，许多国家都将音乐创作列为音乐教育的一项主要内容，在教学过程中十分强调创编、表演等活动，目的在于促使学生大胆参与，积极探索，促进学生的音乐综合能力得到全面提升和发展。一期课改中我国也将音乐创作教学列为音乐教学的一个主要内容，但教师在实际教学中留给学生自由支配的时间与空间很少，给予学生自主发展的机会不多，没能很好地为他们提供充分展示个人才华的舞台。而如今，新课程改革将"实践与创造"提到了更高的层次，提出了更高的要求，因此培养小学生的音乐创编能力尤为重要，值得一线教师在教学设计和教学实践中加以深入的研究与探索，在内容、方法、途径等方面积累经验，从而真正有效地推进音乐课堂的现代化、促进儿童音乐素养的提高，真正实现艺术既来源于生活又为生活服务的目标，使音乐学习成为儿童健康成长、快乐生活的源泉。

二、研究概况

（一）研究目标

通过本课题的研究，增强学生学习音乐的兴趣，初步教会学生音乐创编的基本方法，逐步培养学生音乐的创编能力，提高音乐教学质量，促进创新思维的发展。

（二）研究内容

经过课题组成员的讨论与研究，我们确定了"小学生音乐创编能力的培养"

课题研究内容为：
1. 调查小学生音乐创编能力现状。
2. 确立小学生音乐创编的内容。
3. 制定小学生音乐创编的原则。
4. 探究小学生音乐创编的途径与方法。

（三）研究方法

主要采用案例研究法、经验总结法。

（四）研究过程

1. 准备阶段：搜集资料、开展调查。
2. 实施阶段：组员各自进行音乐课堂教学实践；聘请专家进行听课，研讨活动；拍摄教学片段、撰写教学案例；积累过程材料。
3. 总结阶段：组员撰写教学反思、经验总结等；整理资料，完成总结报告。

三、研究实施

（一）确立了小学生音乐创编能力培养的基本原则

美国女诗人普拉斯曾经说过："所谓创新，往往是将早已存在的东西加以变化。"音乐创编活动也是如此，是让学生在学习的过程中，对已有知识点进行加工、变化、创造，不断丰富音乐内涵，产生新的音乐作品，享受创编过程的乐趣，潜移默化中学生的创新能力得到了发展和提升。音乐课标中也提到：音乐创造具有"发挥学生想象力和思维潜能"的作用。但是，音乐创编活动并不是一种随意性的行为，必须遵循一定的原则和规律，这样才能在教师的指导下发挥其最大的优势，服务并提高学生的音乐学习质量。我们确立了以下6个原则。

1. 自主性原则

瑞士著名的教育家、教育改革家裴斯泰洛齐认为：自主性原则是以心理学原理为基础的重要原则之一。自主性原则指的是教学中发挥学生独立性、主动性和创造性，使学生积极、主动地发现问题、研究问题与解决问题，经过努力，达到获得知识与发展能力的目的。他指出，能力的发展"来自学习者自己获得观念、知识和能力的强烈欲望，来自获得感觉印象的自发努力"。[①]

---

① 肖为平.数学课堂教学中如何贯彻自主性原则.考试周刊,2012(75).

在音乐课堂中,我们要以学生为主体,努力激发他们学习的自主性,而我们教师的主要作用是帮助学生从依赖老师顺利过渡到自主学习,从而有效地改善教学的效果,因此培养学生的学习自主性是创造学习氛围的第一步。首先我们可以创设一种自主学习的环境,不用每个知识点都由教师来教授,我们完全让学生发挥自己的学习主动性,通过独立思考、同桌商量或小组合作等形式,自己动脑、动口、排练、评价、修改、完善等方式进行音乐创编活动。其次在创编活动中,我们可以让学生根据已有的学习经验,自主选择创编形式和创编方法,在不断的自我实践中感受自己选择的创编形式和方法是否合适,创编效果到底好不好,并进行不断的自我调整和完善,逐步提高创编意识和创编能力。

2. 趣味性原则

俄国著名的文学家、思想家托尔斯泰曾经说过:"成功的教学所需要的不是强制,而是激发学生的学习兴趣。"趣味性原则就是在音乐创编活动中,教师应充分尊重儿童的个体差异、兴趣差异,让有不同兴趣爱好的同学都能主动地参与,创造和表现音乐,并深刻地体验蕴含在"发现""探索"和"创编"当中的成功和快乐。

在音乐创编活动中,我们不能不顾学生的学习兴趣,把创编活动强压给学生,而是要精心设计创编过程,让创编过程富有趣味性,让学生情不自禁产生创编兴趣,激发他们的创编潜能。例如,在创编导入时,教师可以创设一个有趣的情景,让学生有兴趣进行创编活动;在创编的过程当中,教师可以设计多种创编方法,让学生进行多元创编,鼓励学生发挥想象,大胆创编;在创编展示的时候,教师可以设计小组比赛等形式,让学生积极配合,共同为小组争光;在创编评价时,教师可以采用掌声的轻与响、五角星的多与少、支持人数的多与少等多种评价方式,让评价过程也充满趣味性。

3. 创意性原则

创意性原则就是指在音乐创编活动中,教师要引导学生大胆发挥想象能力,鼓励学生有新思维、新想法、新创意,在实践中可以根据实际情况,运用新方法、新途径来进行创编,创编出与他人不一样的、有个性的成果。

在音乐创编活动中,教师要充分肯定学生的每一个创意和每一次创编,就算碰到有些学生创编出了不太合理的创编也不能轻易否定,更不能直接帮学生修改,而是要通过教师的启发、引导或进行实践,让学生体验和感受什么是更好的、更合理的创编,这样才真正达到了创编活动的意义。卢梭曾经说过:"我们教育的目的不是告诉学生一个真理,而是要让学生发现一个真理。"音乐创编活动也一样,我们不能因为时间不够、学生创编的不好等各种原因而代替学生创编进行音乐,而是要努力激发学生的创编积极性,大胆发挥想象能力,并经过不断完善,让每一个创意都成为金点子!

4. 审美性原则

以音乐审美为核心的基本理念,应贯穿于音乐教学的全过程,在潜移默化中培育学生美好的情操、健全的人格。音乐基础知识和基本技能的学习,应有机地渗透在音乐艺术的审美体验之中。音乐教学应该是师生共同体验、发现、创造、表现和享受音乐美的过程。在教学中,要强调音乐的情感体验,根据音乐艺术的审美表现特征,引导学生对音乐表现形式和情感内涵的整体把握,领会音乐要素在音乐表现中的作用。①

古希腊伟大的哲学家柏拉图曾经说过:"音乐教育除了非常注重道德和社会目的外,必须把美的东西作为自己的目的来探求,把人教育成美和善的。"的确,在音乐创编教学作为审美教育的一种方式和途径,也必须遵循审美性原则。审美性原则就是在音乐创编的过程中要有美感,要引导学生以美为核心进行创编活动。例如创编导入要从感性入手,创编出来的作品要以情动人,以美感人等,这样才真正达到音乐育人、音乐养人的目的。

5. 多样性原则

多样性原则是指在音乐创编活动中,教师要提倡运用多样性,包括教学方法的多样性、组织形式的多样性、创编内容的多样性、创编方法的多样性、评价方式的多样性等。

根据小学生的年龄特点,他们喜欢新奇的、有趣的事物,如果在音乐创编中总是运用固定几种办法,创编过程每一次也都一样的,那么小学生很容易会产生厌倦心理,因此我们教师要根据不同的创编内容,采用各种创编形式和方法,激发学生创编积极性和创编的欲望。例如在进行歌词创编时,不同题材的歌曲和乐曲就要选择不同歌词创编方法——替换法、改编法和自编法等;再如根据不同的创编内容可以采用个人创编、小组创编、自由组合等不同形式进行创编等。

---

① 摘自《音乐课程标准(2011年版)》。

6. 循序渐进原则

循序渐进原则是指教学内容、教学方法和运动负荷等的顺序安排,由易到难,由简到繁,逐步深化提高,使学生系统地掌握基础知识、技术、技能和科学的锻炼方法。人们对客观事物的认识,有一个由简到繁,由初级到高级,由直观到抽象的循"序"过程,人们对任何事物都不可能一步就达到对其本质的认识。[①]

南宋著名思想家、教育家朱熹曾经说过:"君子教人有序,先传以小者近者,而后教以远者大者。"也就是说,任何一项知识或技能的学习,都要注意由浅入深、由易到难、由未知到已知,不可能一蹴而就的,都要符合人的认知规律。音乐创编活动也不例外,由于我们面对的是小学生,他们没有丰富的知识和技能,因此在开展音乐创编活动中,教师一定要根据小学生的年龄特点、身心特点,要从易到难、从简到复、循序渐进地开展音乐创编活动,让学生在一次次地实践体验中不断完善,逐步掌握音乐创编方法,提高音乐创编能力。

(二)确立了小学生音乐创编能力培养的内容

我们把小学生音乐创编能力的培养的内容分为以下 4 个方面:歌词创编教学、节奏创编教学、舞蹈创编教学和旋律创编教学。

1. 歌词创编教学

(1)什么是歌词创编

丰富多彩的音乐是来源于创造,因此我们可以为学生创设一种良好的音乐创编环境,运用创编歌词的方法,来巩固学生对歌曲、乐曲的演唱和理解,更重要的是能够培养学生自主创造的意识和能力。

歌词创编教学就是在一首歌曲、乐曲或儿歌的教学过程中,在教师的指导下,不改变旋律、节奏的前提下,学生发挥自己的想象,运用各种方法,创造性地编出新的歌词的一种教学方法。这种教学方法可以丰富学生的想象力,锻炼学生的语言表达能力,激发学生对音乐创编活动的积极性。对于小学生来说,创编歌词相对比较简单,而且比较受欢迎,因为它不需要很多的技巧,只要根据学生已有的生活经验,人人都可以创编出各不相同的歌词,而且只要读起来、唱起来朗朗上口就行了,这就是一次成功的歌词创编活动,而且非常有成就感!

[①] 摘自《百度百科词典》。

（2）歌词创编的方法

在小学阶段进行歌词创编一定要符合小学生的年龄特点，以及他们的身心发展规律，不能对他们提出过高的要求，而使他们失去创编的信心，因此教师要运用适合小学生的教学方法来进行歌词创编教学。歌词创编的方法有很多，最基础、最实用的方法即替换法、改编法和自编法。

替换法就是在原来歌词的基础上，在不影响歌曲结构、不改变歌曲表达内容的情况下，替换原来歌词中几个名词或形容词等，而形成一首新歌的方法。这种方法比较简单，适合各个年级，但更适合低年级作为歌词创编的启蒙。

改编法是在替换法的基础上，把歌词中的部分短语或句子，进行改一改、变一变的创编方法。这种方法要求不改变歌曲的基本旋律，不改变歌词所要表达的主题，但它需要创编者有更多的生活经验和想象能力，因此它比较适合有一点创编基础的学生。

自编法是小学阶段学生歌词创编难度较高的一种方法。它主要是在不改变歌曲旋律的情况下，创编所有歌词，可以是为一首歌曲创编所有歌词，也可以为一首乐曲直接创编歌词，成为一首新歌。这种方法要求学生有一定的词汇量、语言组织能力以及对音乐的感觉。因此，如果旋律比较短小，就比较适合低年级小朋友；如果旋律比较长，就比较适合中高年级的学生。

2. 节奏创编教学

（1）什么是节奏创编

《音乐课程标准（2011年版）》中规定了小学音乐创作实践内容包括：一至二年级能够运用人声、乐器或其他音源，创作1—2小节节奏短句；三至六年级能够创编2—4小节节奏短句。

所谓节奏创编教学就是把单独的节奏，如二分音符、四分音符、八分音符、二分休止符、四分休止符等，根据创设的情境、需要表现的形象，发挥自己的想象力，进行合理的排列组合，创造出符合音乐形象的节奏型或节奏短句的教学方法。这种教学方法能够开发学生的音乐潜能，启发智慧，继而提高学生的音乐创造能力和感悟能力。对于小学生来说，创编节奏有一定的难度，因此教师要根据学生的基础和年龄特点，循序渐进地开展节奏创编活动，让学生感受到创编的乐趣。

（2）节奏创编的方法

在小学音乐课堂上，教师可以根据教学内容以及学生的学习情况进行节奏创编活动。节奏创编的方法有很多，但是必须要针对小学生的实际情况，让学生产生节奏创编的兴趣。这里向大家介绍四种最简单、最实用的方法，即仿编法、填空法、拼排法和自编法。

仿编法就是运用所学过的单个节奏，模仿、模拟自然界的声音节奏，如动物叫声的节奏、风雨雷电的声音节奏、各种汽车喇叭的声音节奏等，创编出相对应的节奏型的创编方法。这种方法比较形象化，又和生活息息相关，因此受到学生的喜欢。这种方法比较简单，适合各个年级，但是更适合低年级作为节奏创编的开始。

填空法就是在一条或几条不完整的节奏句中，运用所学过的单个节奏，根据题目或教师要求填入合适的节奏或节奏型，从而使节奏句完整又符合表现形象的节奏创编方法。这种方法也比较简单，适合各个年级，但是教师可以根据低、中、高不同年级学生的能力，设计出不同难易度的创编，以达到学习有一定的上升坡度。

拼排法就是根据给出的节奏或节奏型，进行拼一拼、排一排，组成新的节奏型或节奏句的创编方法。这种方法也比较简单，而且非常有趣味性，学生乐于参与，适合各个年级的学生。教师也可以根据学生不同的年级设计不同的节奏或节奏型，让学生拼一拼、排一排、拍一拍，激发学生的学习兴趣，提高创编能力，为自编节奏奠定基础。

自编法就是运用所学过的节奏，根据要求创编节奏型或节奏句的一种节奏创编方法。它可以是根据教师的要求来创编，可以根据歌曲、乐曲的不同风格来创编，也可以根据不同打击乐器的不同音色特点等来创编。这种创编方法比较难，需要教师有一定指导，在低年级可以降低要求，到了中高年级创编要求可以逐步提高。总之，教师要根据学生的学习能力有的放矢地运用自编法，使学生的想象能力和创编能力得到有效提高。

3. 舞蹈创编教学

（1）什么是舞蹈创编

爱因斯坦曾经说过："想象力比知识更重要，因为知识是有限的，而想象力包含一切。"舞蹈创编是艺术想象的过程，也是形象思维的体现，更是开发孩子各方面潜能的有效途径。

所谓舞蹈创编教学就是根据歌曲或音乐的风格特点、创设的情境等，在教师的指导下，运用已有的舞蹈经验，发挥自己的想象力，创编出新的舞蹈动作的教学方法。这种教学方法能够开发学生的音乐潜能，启发智慧，继而提高学生的音乐创造能力和感悟能力。在课堂教学中，教师可以根据学生的基础和年龄特点，从易到难地开展舞蹈创编活动，让学生能够人人参与，相互合作，感受到创编舞蹈的乐趣。

（2）舞蹈创编的方法

在小学音乐教材中，有不少歌曲、乐曲和音乐活动中都有舞蹈或律动的学习，教师可以根据教材内容以及学生的学习情况，进行舞蹈动作创编活动。舞蹈创编的方法有很多，但是必须要针对小学生的实际情况，在教师的指导下，先从简单模仿开始，逐步转向独立创编。这里向大家介绍四种方法，即模拟法、串联法、变化法和自编法。

模拟法就是根据歌曲、乐曲或情境所表现的意境，模拟人物、动物或植物等的各种形态，创编出不同的动作和舞蹈的方法。这种方法比较形象化，又和生活息息相关，因此受到学生的喜欢。这种方法比较简单，适合各个年级，但是更适合低年级作为舞蹈创编的开始。

串连法就是教师先教会学生几个基本舞蹈动作，学生根据歌曲或乐曲情绪、节奏变化而选择哪一句乐句、运用哪一个或哪几个基本舞蹈动作，在不改变基本舞蹈动作的前提下把它们串连起来的舞蹈创编的方法。这种创编方法需要学生有过创编舞蹈经历和对歌曲、乐曲的情绪、节奏等有一定的理解，因此比较合适一年级第二学期以及以上的学生。

变化法就是教师先教会学生几个基本舞蹈动作，学生根据歌曲或乐曲情绪、节奏变化而选择哪一句乐句、运用哪一个或哪几个基本舞蹈动作，并在基本舞蹈动作的基础上加以变化，如变化站位、姿态、节奏等的舞蹈创编方法。这种创编方法有一定的难度，因此比较适合中高年级、有一定创编基础的学生。

自编法就是自己发挥想象能力，自由创编舞蹈动作的创编方式。具体可以分两种：第一种是根据歌曲的歌词内容进行的舞蹈动作创编，也称歌表演；第二种是根据歌曲、乐曲的情绪、风格、特点自由地进行舞蹈动作的创编。第一种方式比较简单，适合各个年级，但是更适合低年级进行舞蹈创编的启蒙。第二种方式比较难，适合中高年级有一定创编基础的学生。

4. 旋律创编教学

（1）什么是旋律创编

一位心理学家曾经说过："如果成人能鼓励、引导，并加以不断培养和训练，儿童似乎就是天生的作曲家。"其实,只要仔细观察孩子们,他们都有着天生的想象能力和富有创新的表现和行为。有时候,我们会发现有些孩子会时不时地随口乱哼,这其实就是儿童对旋律的一种初步的"天生的"自然的感受和表露。也可以说,这是儿童表达自己内心世界和感受的最恰当的、最自然的方式之一。

所谓旋律创编教学就是根据情景要求或者需要表现的形象,结合学生自己的感受和理解,创造性地编写出符合音乐形象的、有趣生动的歌曲旋律的教学方法。这种教学方法能够充分发挥学生对音符的感知能力,开发学生的求异思维,达到培养创新能力的目的。对于小学生来说,创编旋律非常有意思,大多数学生都喜欢参与这样的音乐活动,因此教师要根据学生年龄特点和喜好,适时地开展旋律创编活动,要一步步地引导,千万不能一提到旋律创编,学生就感到枯燥和恐惧。

（2）旋律创编的方法

旋律创编可以说是小学阶段相对于歌词创编、节奏创编和舞蹈创编来说最难的一种创编教学,教师一定要根据教材内容以及学生的实际学习情况,从易到难地开展旋律创编活动。旋律创编的方法也有很多,这里向大家介绍三种方法,即补充法、改编法和自编法。

补充法就是运用已学的唱名或选择已有的旋律,把不完整的旋律补充完整的旋律创编方法。具体可以分为两种:第一种根据自己的想法直接创编唱名补充;第二种是运用"重复"的旋律创作手法进行旋律补充。这两种方法都比较简单,适合各个年级,但是更适合低年级作为旋律创编的第一步。

改编法就是把一条旋律中的几个音或几小节进行改一改,重新创编出新的一种旋律的创编方法。教师可以指导学生运用"加花""模进""变奏"等旋律创作手法进行改编。"加花"还比较简单,可以在二年级以上的年级开展,"模进""变奏"比较难,需要学生有一定的旋律创作专业知识和比较丰富的旋律创编的经验,因此比较合适中高年级的学生。

自编法就是根据作品主题内容,发挥自己想象能力,自由创编出符合作品内涵的旋律的创编方法。根据小学生的学习能力和创编潜能,自编法可以分两种:第一种是根据已给的节奏进行旋律创编;第二种是根据已给的唱名进行旋律创编。第一种方式比较简单,适合各个年级;第二种方式则在自编旋律的同时也需自编节奏,比较难,因此更适合小学高年级有一定旋律创编基础的学生。

四、研究效果

（一）培养了学生灵活性、求异性思维的能力

思维的灵活性是指摒弃旧的习惯思维，开创不同方向的能力。思维的求异性是指产生不同寻常的反映和见解，及时把握住独特、新颖观念的能力。提高学生的音乐创编能力关键在于培养学生灵活性、求异性的思维能力。因此，在教学实践中，笔者通过精心设计游戏、巧妙设计提问、利用启发式教学，逐渐使学生养成多面向、多角度认识事物、解决问题的习惯，培养学生思维的灵活性、求异性。

（二）培养了学生发散性思维的能力

思维发散性是不以常规、寻求变异，从多方面寻求答案的思维方式。要使学生的创编能力有所提高，培养学生具备一定的发散性思维的能力是必不可少的。加强发散性思维的培养，等于给学生的智慧插上了翅膀，让他们在活动中发挥想象、展开联想、充满幻想。

（三）培养了学生聚合性思维的能力

聚合性思维是指运用已知信息转一个方向聚敛行进，去获取正确答案的过程的思维方式。在小学音乐创编活动中，我们可以引导学生根据已有的经验和素材等各种各类信息，进行分析、比较、筛选、组合和实践等多种形式，寻找到最佳的创编方案，形成最好的创编成果，逐步培养学生的聚合性思维能力。

（四）培养了学生创造性思维的能力

创造性思维是一种具有开创意义的思维活动，即开拓人类认识新领域、开创人类认识新成果的思维活动。在小学阶段开展音乐创编活动就是为了让学生在玩中学、在学中创，在音乐创编实践活动中，逐步培养学生的创造性思维以及音乐的创造力。

音乐艺术是儿童艺术活动的重要组成部分，音乐教育作为素质教育的重要内容和实施美育的主要途径，不仅能陶冶情操、提高素质，而且在扩大和美化儿童生活，激活儿童创新潜能等方面作用显著。柳斌在《艺术教育改革与发展中应该重视的几个问题》一文中也认为："中小学美育的基本任务是培养学生感受美、鉴赏美和创造美，帮助学生树立正确的审美观，使学生具有高尚的情操。强调要引导学生从真正美好的东西中得到美的享受，从劳动中、日常生活和艺术中去理解和创造更美好的东西。"

我们通过"小学生音乐创编能力的培养"课题的研究和实施，把"鼓励音乐创

造"作为一项基本理念,具体体现在音乐教学中是以音乐创编来实现的。在音乐学习领域中,创编教学是引导学生发挥想象力、发掘创造性思维潜能的途径之一,也是引导学生积累音乐创作经验的主要方法。音乐创编能力的培养是音乐课堂教学的重要教学目标之一,对学生创造能力和音乐能力的提高有着重要作用。

五、探讨、思考

通过几年的"小学生音乐创编能力的培养"课题的研究和实施,我们积累了一些资料和经验。但是,在实施的过程中,我们也发现有些地方要可以不断地改进、完善和继续深化。

(一)在小学音乐教学中创编教学目标定位过高,难度过大

《音乐课程标准(2011年版)》提到的内容标准中的第三个领域是创造。它包括3个方面的内容:探索音响与音乐、即兴创造以及创作实践。其目的就是我们注重创新精神的培养,要发挥学生形象思维的优势,加强"实践创作"的环节。在小学音乐课本中也设计了很多可以开展创编活动的实践内容。这就希望教师能够根据教学内容,来设计符合学生年龄特点的创编教学活动。但是在实际操作中,教师往往把创编教学的目标定位过高,而忽视了学生的年龄特点以及开展创编教学应遵循的基本原则。教师在开展创编教学活动时,也没有很科学、有效的教学方法,使得创编过程难度过大,学生难以完成创编活动,导致创编效果不佳。

(二)在小学音乐教学中创编教学流于形式,重结果,轻过程

美国教育家苏娜丹戴克曾经说过:"告诉我,我会忘记;做给我看,我会忘记;让我参加,我就会完全理解。"这个观点告诉我们,进行任何一项活动必须重在参与和实践,重在体验这个活动的整个过程。音乐创编教学活动亦是如此。但是有时候,在创编教学中,我们根据教学参考书上提供的操作方法与建议,来组织学生进行创编活动,有时候并没有考虑学生的实际情况,或者连自己都没有搞清楚怎么有效地进行创编活动,就直接让学生进行创编,学生也不明白怎么进行创编活动,即使参与了活动,兴趣也不大。很多教师更是为了走过场,见学生讨论得差不多了,就直接宣布答案,草草结束了创编活动,学生不是真正的直接参与者,而是"旁观者",这样的创编教学活动流于形式,没有过程,没有激情,没有火

花,没有效果,失去了创编教学的真正意义。

(三)在小学音乐教学中创编教学活动时间不够充裕

小学一、二年级称为"唱游",主要包括"听、唱、玩、创"四大板块以及"音乐乐园"一个综合练习。小学三、四、五年级称为"音乐",主要包括"听、唱、学"三大板块以及"活动与创造"一个综合练习。可以这样说,小学阶段的音乐课程内容相当丰富,体现了多元化的课程设计理念。但是面对一周只有2节课的现实,大多数的教师只能忍痛割爱,选择部分的教学内容来进行教学,歌曲的学唱和音乐作品的欣赏一般都是作为教学重点被保留下来,如果有多余的时间,才能开展其他音乐活动,因此在小学音乐教学中,能够开展创编教学活动的时间少之又少,甚至没有。创编教学活动很难在小学音乐课堂中拥有充足的时间。

(四)在小学音乐教学中创编教学缺少相应的评价

《音乐课程标准(2011年版)》指出,"音乐学习评价是音乐学习过程的一个重要的组成部分。应将课程目标中的情感态度与价值观、过程与方法、知识与技能等全面纳入音乐学习评价系统,在注重评价结果的同时更要注重过程评价"。因此我们在进行创编教学时,既要给学生的劳动成果给予一个公平正确的评价,更要对整个创编的过程,以及"好在哪里""还可以怎样改进""怎样创编效果更好"等进行导向性评价。但是,目前在小学创编活动中,大多数都是即时性的评价,用得最多的就是"真棒!""太好了!"等,教师没有做出明确的评价,学生只是知其然而不知其所以然,那么创编活动也只是走过场,有些连简单评价也没有,草草结束,这样的创编教学活动没有任何实践意义。因此,教师在进行创编活动之前,就应该定好评价标准,根据标准来进行师生评价、生生评价,并从中学习到他人的优点和长处,来弥补自己的不足,让创编活动积极有效。

第四编

文化创生与实践：沉淀新优质

1. 高效能 5 分钟"父母训练"

上海市浦东新区梅园小学　毛燕菁等

一、问题的提出

亲子关系是社会关系的一种表现形式，是反映在父母与子女之间的一种特殊关系，是以血缘和共同生活为基础，以抚养、教养、赡养为基本内容的自然关系和生活关系的统一体。良好的亲子关系能有效地促进父母和孩子之间的沟通交流，促进相互的认识和理解，直接影响到孩子自我概念的建立、道德判断的形成、个性的健康发展，以及孩子的学业成绩、心理行为问题等，有助于孩子树立正确的人生观和世界观，促进孩子的亲社会行为。

我们的生源来自的家庭既有市区动迁居民、当地农民、外来打工人员，又有高阶层白领、企事业普通员工等，家长的学历层次有高有低。第一，城市和农村留守儿童现象逐渐突出，亲情的缺失让他们感到空虚，对父母的情感需求是他们最大的愿望；第二，传统的双亲教养模式发生了变化，隔代教养情况严重，特殊的成长环境对他们的学习、生活和心理健康造成了不利影响；第三，家庭教育的观念存在偏差，"重智轻德"的教育价值观在家庭教育中表现突出，重大生活事件都会对孩子发展产生积极或者消极的影响。第四，家庭教育方式简单，普遍存在用物质刺激和打骂的方式教育孩子，在父母威逼与重压下，孩子出现心理疾病，如自卑、恐惧、孤僻、心理承受能力差等，甚至自残、自杀的现象增多。第五，缺乏有效的教育方法，大多数家长很重视家庭教育，希望子女将来成才，却苦于缺乏科学的教育方法。第六，特殊家庭，尤其是离异家庭的孩子，容易滋生自卑的心理，不愿与人接触，对周围的人常有戒备、厌烦，表现出神经过敏的症状和孤独、内向的性格特征等。以上都严重影响孩子自我成长、人际交往、工作生活、婚姻家庭等方面的发展。

如何改善亲子关系，如何让亲子互相信任、无话不谈？学生受教育多数是处于学校环境和家庭环境之中，要使小学生全面健康地成长，除家长和孩子本身的努力外,学校和教师在其中扮演着很重要的角色,家长们也大多希望从学校获得指导,特别是在社会教育方面还不能满足父母家庭教育指导的需要时,学校指导仍是主要的途径。

父母效能训练(Parent Effectiveness Training,PET),源于1963年美国心理学家汤玛士·戈登博士首创的一套父母沟通训练系统[①]。让人们通过基本技巧的运用,清楚的界定问题、积极的聆听、明确的表达,使父母、教师与孩子彼此更好地相互了解,达成共识。父母效能训练2004年开始进入中国,本项目尚在起步阶段,仅限于心理培训机构,内容以操作和实际案例为主,但尚无系统的小学学段的课程及推广。

二、解决问题的过程与方法

(一)研究目标

本研究首先通过调查和文献研究,整理归纳出父母效能训练研究最新成果,在此基础上,探索父母效能训练课程的目标与内容;然后开发适用于学校家庭各方面的父母效能课程教材;最后通过课程的实施活动阐明父母效能训练的含义,归纳父母效能训练的特征,概括学校进行小学父母效能训练课程的开发与实施途径、形式和实施的策略,制定和设计评价方法和策略,揭示研究中一些规律性的东西,提高父母效能,验证理论的科学性、针对性和实效性。

(二)研究方法

1. 文献法

在开展本课题研究的过程中,运用文献法指导研究方案的设计、具体操作设计和实施计划的制订;在课题实施与总结过程中,继续借助文献法,以提高实践研究的针对性与成果总结的实效性。

2. 调查法

在准备阶段,主要用于了解目前"小学阶段父母教养方式与父母效能现状"问卷调查为主的研究;在课题实施研究阶段和总结阶段,为父母效能课程的开发与实施提供科学依据。

---

① [美]班杜拉.自我效能:控制的实施(上)[M].缪小春,李凌,井世杰,张小林,译.上海:华东师范大学出版社,2003:160—301.

3. 统计分析法

采用 SPSS 17.0 进行数据的录入与统计分析,主要统计方法为 t 检验、方差分析、相关分析、回归分析和路径分析等方法。

4. 行动研究法

行动研究的基本程序是:计划—实施—观察—调整。研究过程中,先拟订第一步行动计划方案,然后依据计划方案,进行小学父母效能训练课程的开发与实施,并在研究过程中对实践内容进行及时修改,完善实施计划,然后进入第二循环的行动。

5. 个案法

选择小学父母效能训练课程的开发与实施的典型事例或个案跟踪法编制活动案例。

6. 经验总结法

通过对父母效能训练的实践研究活动中的具体情况,进行归纳与分析,使之系统化、理论化,上升为经验,预设活动方案,归纳活动成效。

(三)研究过程

1. "父母效能训练"系列课程的开发

(1)开发前调查

从文献检索来看,国外对父母效能训练的研究相对较多,且主要以行为干预性研究为主[1],而国内这方面的研究较少。本研究探索父母效能训练的指导课程开发与实施,先问卷调查,为日后进行父母效能感训练、促进父母教养能力的提升有重要的借鉴指导作用,从而改善不良的家庭教养方式,促进亲子关系的和谐,有助于教育者关注通过父母效能训练促进父母效能感在亲子关系研究领域的重要作用,以期更加完善影响亲子关系的理论框架。

研究者对本校一至五年级的学生及家长进行问卷调查,了解被试对本现象或问题的看法。所用问卷为"亲子关系问卷",问卷来源于 Olosn、Sprenkle 和 Russel (1979) 的家庭适应与亲合评价量表 (Family Adaption and Cohesion Evaluation Seales, FACES),总分越高说明亲子关系越好。研究假设为:受调查青少年儿童的父母的亲子关系受某中介影响,此中介在父母效能感与亲子关系

---

[1] 杨兢.初中生父母教养效能感心理干预研究[D].重庆:西南大学发展与教育心理学专业,2006.

之间产生一定影响。受调查的父母效能感在某些方面存在显著差异。本课程有助于提升父母效能感，从而促进亲子关系的发展。

问卷施测严格按照心理测验的程序进行。调查结果显示，青少年儿童与父亲及母亲的亲子关系的项目均值与中间值存在显著差异，这一结果说明所调查对象的青少年儿童与父母的亲子关系普遍较好。与母亲和父亲的亲子关系存在极其显著的差异，即和母亲的亲子关系好于和父亲的亲子关系。男生、女生与父亲及母亲的亲子关系均不存在显著差异。不同文化水平的父母在亲子关系上不存在显著差异。不同年龄段的父亲亲子关系不存在显著差异，母亲亲子关系存在显著的年龄差异。

（2）父母效能训练的指导路线图

根据开发前调查结果，结合问卷中的共性问题，参考父母效能训练的指导路线图进行了开发，如下图所示。

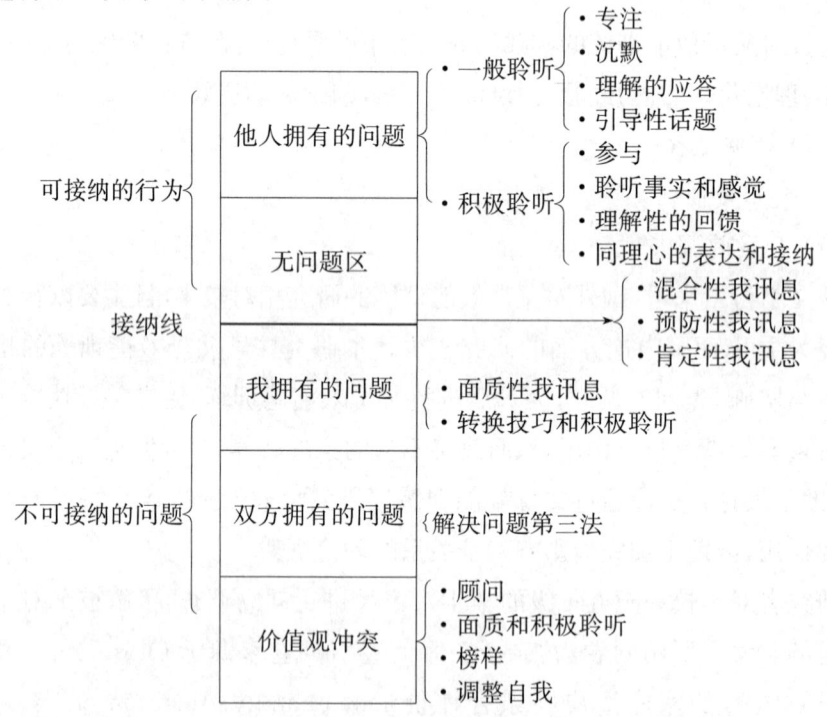

接纳线	可接纳的行为	他人拥有的问题	一般聆听	·专注 ·沉默 ·理解的应答 ·引导性话题
			积极聆听	·参与 ·聆听事实和感觉 ·理解性的回馈 ·同理心的表达和接纳
		无问题区		·混合性我讯息 ·预防性我讯息 ·肯定性我讯息
	不可接纳的问题	我拥有的问题		·面质性我讯息 ·转换技巧和积极聆听
		双方拥有的问题		解决问题第三法
		价值观冲突		·顾问 ·面质和积极聆听 ·榜样 ·调整自我

2."父母效能训练"系列指导课程的实施

（1）教师培训安排

培训准备工作包括对教师培训方法的选择、培训场所的选定、培训技巧的利用等方面。我们用 5 次培训对课程开发的教师进行授课前培训。

培训主题	培训方法	培训技巧
人际关系	讲座	现场操作法、讨论交流法
辅助技巧	沙龙	情景创设法、游戏指导法
沟通需求	讲座	现场操作法、讨论交流法
调节冲突	沙龙	情景创设法、游戏指导法
价值冲突	讲座	现场操作法、讨论交流法

（2）教师应掌握的授课技巧

在实施培训过程中让教师掌握必要的授课技巧有利于达到事半功倍的效果。

亲子沟通体系	授课技巧
帮助家长明确孩子的需求 帮助家长端正自己的需求 帮助家长发现自己的毒性教条 帮助家长调适自己的教育理念 发现孩子的无效理念 引导孩子调适无效理念 帮助家长把握孩子的具体行为 帮助家长界定问题归属 训练家长的倾听能力 训练家长表达我信息 训练家长就需求冲突进行双赢沟通 训练家长能以训练的思维看待孩子的成长问题 应用成长教练法训练孩子提升技能解决问题	赢得听众注意力和兴趣的开场白 感动学员的表白 和学员对话 贡献自己的体验 提出开放性和引导性提问 听出学员的信念并用提问帮助区分 组织学员进行小组活动 推动和挑战学员上台分享 给予学员及时和鼓舞性的肯定 就一个家长的具体问题进行现场练习 使用幽默语言来活跃课堂气氛

（3）教师的角色定位——导师

授课身份	意义	职责
指导者	以家长为中心	带领家长彼此互相学习 鼓励家长为各自的学习负起责任 有技巧地组织活动练习及讨论 能够将家长自身的例子变为即时的练习 活动期间观察，必要时给予指导

(续表)

授课身份	意 义	职 责
顾问	同时成为聆听者与讲述者,能够将改变的最终责任留给家长	积极聆听家长的需求和困惑,解答疑虑
		以家长能理解和接纳的方式传达信息
		使用我—讯息分享自己的意见和想法并给予回馈
		当家长对某问题不理解,愿意一起去找答案
榜样	教师在生活中也一直使用本技巧	内外一致的、真实的、自发的、敞开的
		当家长拥有问题或者抗拒改变时,才用积极聆听
		使用我—讯息果断处理不可接纳的行为
		可以使用第三法做决定并解决问题
管理者	管理课程布置、带领及完结等细节问题	解答疑虑,负责登记、收发作业及反馈
		制定清晰的课程日期、时间及期望等信息
		创造一个积极、安全的学习环境
		确定遵守课程开始、结束及休息时间
		处理课程中的细节,解决可能发生的任何问题
不正确定位	替家长解决问题	目的在于提供家长在课后自己解决问题的能力与技巧
	心理医师获救星	这是一个教育课程,不是替个人解决问题的治疗团队
	权威角色	讲的是沟通、联结,而不是防卫和距离

(4)教师授课的程序与内容

环节	主题	内 容
1	准备活动	课前简单热身,使家长更容易进入学习状态(有家长心神未定、匆忙或者精神状态不佳等)
2	体会分享	家长对上一课的经验分享和运用技能的心得与体会
3	课程概述	教师介绍课程的内容与目的
4	现场讲解	教师作观念与技巧的说明,奠定后面的技巧练习的基础,有助于解决实际问题的能力(PPT演示、示范、分组讨论等)
5	系统学习	在练习中,学员的技能和技巧将得到很大提高,觉察的态度也能有明显的改变(课堂作业、小组讨论、结对分享、角色扮演、技巧练习等)
6	团体讨论	各项有系统的学习活动之后,组合各自的经验及疑虑,进行团体讨论和经验分享。
7	家庭作业	课结束时,要求家长在家或在其他关系中实地应用所学一个或几个沟通技巧(真正完成作业的家长更能成功掌握技巧)
8	团体分享	家长针对该主题所领会的经验进行讨论、整合与分享。

3. "父母效能训练"系列指导课程实施的整体流程

我们总体构思采用如下流程进行实施：

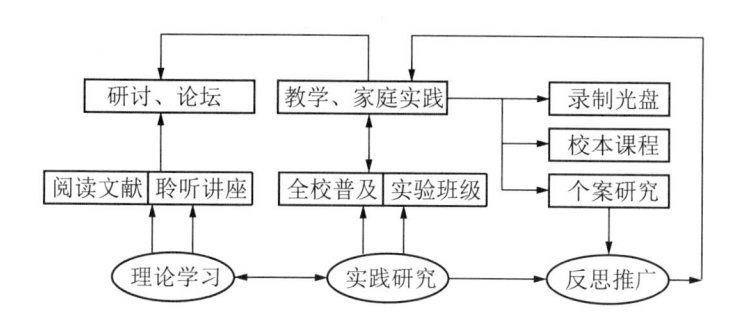

```
    研讨、论坛      教学、家庭实践      录制光盘
                                        校本课程
    阅读文献 聆听讲座  全校普及 实验班级   个案研究

         理论学习          实践研究         反思推广
```

三、研究的主要内容

（一）小学"父母效能训练"系列课程的内容开发

1. 校级课程

我们首先参照托马斯·戈登父母训练教程①，开发了"让我们更贴心——小学阶段父母效能训练课程"，共 42 个课时。

主　题	课时编排	内　　容	设计者
人际关系	10课时	（一）我生命中的人	蒋龚华
		（二）目前的关系	沈　俭
		（三）我的问题	钱　新
		（四）谁拥有问题	李　玲
		（五）设定目标	张琛琪
辅助技巧	10课时	（一）人际关系中的我	杨志艳
		（二）辨认孩子的问题	杨志艳
		（三）绊脚石	奚俊莉
辅助技巧	10课时	（四）辅助的基础	乐潘敏
		（五）一般聆听	乐潘敏
		（六）积极聆听	胡晓燕
		（七）聆听回馈	周玲娣

---

① ［美］戈登.父母效能训练手册［M］.宋苗，译.天津：天津社会科学院出版社，2009.

(续表)

主　题	课时编排	内　　　容	设计者
沟通需求	10课时	（一）无问题区有效开放自我	张敏华
		（二）父母有问题时	姚琼露
		（三）面质性我讯息练习	林　颖
		（四）面质性我讯息不起作用	国　婷
		（五）转换技巧	陈丽芬
调解冲突	10课时	（一）准备阶段	黄　徽
		（二）第三法的六个步骤	严海华
		（三）区分解决方法和需求	顾晓清
		（四）学习界定需求	蔡　华
		（五）第三方检核表	张　旭
第三法不管用的时候	2课时	（一）价值观对立	毛燕菁
		（二）解除价值观对立	毛燕菁
自我评价		自我评价表	毛燕菁

2. 班级课程

以沙龙形式进行开发，开发团队来自中小学心理辅导协会下的小学共19位资深的心理辅导教师和优秀德育工作者，在基本遵循父母效能训练原脉络线条以外，以不同家庭的本土化特质进行深入的探索和开发，形成了19课时的班级课程，每班根据自己需求进行选择，更具针对性和实效性。

主　题	课时	内　　　容	设计者
人际关系	4课时	我的亲密关系	荣艳春
		孩子是父母特别的朋友	杨丽霞
		沟通从心开始	叶季红
		爱的关系和方式	范月婷

(续表)

主 题	课时	内　　容	设计者
辅助技巧	7课时	人际财富	张　昱
		知子莫若父	江　泓
		移开"绊脚石"	吴　洁
		亲子教育中的三个法宝	经彩凤
		世上最美的动作	胡　洁
		做一个好的倾听者	沈丽丽
		聆听的艺术	周　蓉
沟通需求	5课时	满足沟通的需求	余凌凤
		父母的困惑	戴凌燕
		改变称谓，从无到有	季璐婷
		有效的讯息	何清华
		灵活的转换技巧	严静霞
调解冲突	3课时	寻找共同的频率	盛佳妮
		让我们与孩子更贴心	孙　群
		"双赢法"化干戈为玉帛	王琼燕

3. 家庭课程

（1）课程内容设计

我们把生活中经常发生的事件创设相应的情境进行课程内容的设计，分为低、中、高3个年段，每个年段10个课时，每个主题对应相应的父母效能训练技术。

年段	课时	主　题	父母效能训练技术	设计者
低年级	10课时	我想去动物园	一般聆听＋第三法	蒋龚华
		我是弟弟的小老师	积极聆听	黄　徽
		我是文明的小客人	面质性我讯息	黄　徽
		爸爸和我的约定	预防性我讯息＋积极聆听	张琛琪
		爸爸教我扫地	肯定性我讯息	张琛琪

(续表)

年段	课时	主题	父母效能训练技术	设计者
低年级	10课时	妈妈还会爱我吗	积极聆听	毛燕菁
		我也有错的	积极聆听	杨志艳
		我不打扰爸爸看书	面质性我讯息	严海华
		我和妈妈过马路	表白性我讯息	杨志艳
		我爱新铅笔	预防性我讯息	严海华
中年级	10课时	我不给你起绰号了	积极聆听	国 婷
		妈妈,我回家了	积极聆听	沈 俭
		我的选择	积极聆听	陈丽芬
		我和数学题	表白性我讯息＋积极聆听	奚俊莉
		我想当班干部	肯定性我讯息	陈丽芬
		我爱爷爷奶奶,也爱足球	肯定性我讯息	奚俊莉
		我和十元钱	肯定性我讯息	沈 俭
		我想和朋友一起玩	表白性我讯息＋一般聆听	顾晓清
		我被扣分了	表白性我讯息＋一般聆听	顾晓清
		我的三个硬币	肯定性我讯息	国 婷
高年级	10课时	我想选一首歌	表白性我讯息	经彩凤
		我和考试	一般聆听	钟 音
		我们要互相尊重	积极聆听	张 旭
		我知道怎样扔垃圾	一般聆听	姚琼露
		我是名副其实的班长	表白性我讯息	姚琼露
		我不想上学	表白性我讯息＋一般聆听	林 颖
		我能两全其美	积极聆听	张 旭
		我打破了公物	积极聆听	林 颖
		我找到解决方法了	积极聆听	钟 音
		我不想去补习班	积极聆听	经彩凤

(2) 配套视频的拍摄

邀请93位教师家长和孩子参与拍摄,使家长结合课程能自由选择、反复学习和实践。

(二) 小学"父母效能训练"系列课程的实施内容

1. 开展菜单式"父母效能训练"讲座培训

通过对家长的问卷调查及对小学生的生理、心理规律的研究,初步形成各部分的授课菜单,有针对性地给家长授课。

2. 依托社区开展"父母效能训练营"活动

我们和居委、街道、区青少年心理发展中心、上海彩虹青少年发展中心等联合办班,通过沙龙、讲座、辅导、咨询等形式,为家长提供效能培训。

训练营每次培训时间为2小时,由主讲、助教和指导组成团队。主讲提前3天完成讲稿、备课单、PPT、家长作业准备,交指导审核、现场培训;助教需配合主讲完成材料准备工作;指导需指导和审核主讲完成任务,交总指导定稿。所有培训资料以电子材料包的形式,由助教在下一周前完成并上传。每次培训录制做成配套光盘,以便修正和参考推广。

3. 亲子沟通家庭实践活动

(1) 课程的实践

首先是学校层面的学习,利用家长会对课程进行宣传和视频示范,邀请编写教师、扮演家长和学生的演员谈拍摄时的感受,分享经验。同时现场提问,对课程中不清楚的地方现场指导。然后是教师在班级中对课程进行详细讲解和举例分角色演练,结合父母效能训练的相关技能融入情境中进行实践体会,进行真实情景的拓展演绎。最后是家长们在家庭层面进行实践,家长们根据每次班级的要求完成作业进行主题训练。

教师们还鼓励家长们搜集亲身经验在群里和社区的培训中进行分享和提问,给广大的班级家长以借鉴的经验。班级教师把疑问和经验汇总到学校层面进行修改和补充。

(2) 视频教学协助课程学习

培训中存在家长没时间,不专注听讲,走过场,讲师的局限性等问题。视频教学对及时解决教学中的难点有奇效。我们分年段的30个视频不仅涵盖生活各个场景,其沟通的方式也有一定的拓展和引申意义。家长们获得视频以后,和孩子的沟通质量逐步提高,在学习中,视频中"家长"的稳定情绪也给现实生活中的家长以榜样作用。

4. 培训实践反思改进活动

(1) 父母效能训练编辑指导反思

父母效能编辑教师共有56人次参与课程编写与讲座培训,在编辑和实际操作的过程中遇到一些困惑和难题,还有面临理论和实践的不匹配问题,每位教师根据家长们的不同反应和时代热点在每次培训以后都进行了修改,并在课程中进行体现。教师们也与时俱进地加入本土化案例来代替原先的较为深奥的案例,非常受家长们欢迎。例如:

积极聆听(原先的案例)

小明:小王今天不和我一起玩。不论我做什么,他都说不想做。

妈妈:你对小王有点生气。

小明:是的,我再也不想跟他一起玩了。他不再是我的朋友了。

妈妈:你非常生气,以至于你觉得再也不想见到他了。

小明:没错。但是如果他不做我的朋友了,我就再也找不到其他人一起玩了。

妈妈:你讨厌自己一个人玩。

小明:是的,我猜我不得不试着和他相处。但是我还是很难不生他的气。

妈妈:你想跟他更好地相处,但你觉得不生小王的气很难。

小明:我过去从来都不习惯——但是那时候他总是做我想做的事。现在他不再让我指挥他了。

妈妈:小王不能一直赞同你想做的事。

小明:不——现在他不再是个听话的小孩了,但是他变得更有趣了。

妈妈:你更喜欢他现在这样。

小明:是的,但是不再向他发号施令是很难的——我已经习惯了那样。或许,如果我偶尔让他按自己的想法做,我们就不会总是吵架了。你认为这样有用吗?

妈妈:你在想如果你偶尔让步,就会有所帮助。

小明:是的——或许是这样。我会试试。

实际上在真实的生活情境中,除非专业咨询师,很少有这样的家长这样倾听孩子,在培训中教师们也发现扮演孩子的"家长"也并不"配合",究其原因,主要是不符合我国的讲话习惯和沟通模式,所以老师们结合生活中的真实案例进行了改编：

我也有错的

爸爸：今天老师跟我打电话了。

林林：(神色有些慌张,慢吞吞说)老师跟你说什么了?

爸爸：我想听听你说的。

林林：(眼神躲闪)我没有打小明,是他先打我的。

爸爸：(蹲下身子)那你还手打小明了吗?

林林：(低下头不吭声)

爸爸：是不是你认为他先踩了你一脚,也没有跟你说对不起,这样做事不对?

林林：(不说话,点点头)

爸爸：你心里非常地生气。

林林：(沉默了一会儿)是他先踩到我脚了,然后我就打了他一下。

爸爸：(微笑看着孩子)那现在应该怎么办呢?

林林：(看着爸爸)你能不能帮我打个电话给小明妈妈,我想跟小明说对不起,我也有错,希望他能原谅我。

爸爸：嗯,你不生气了?

林林：其实他也不是故意踩到我的,我不应该动手打他。

爸爸：(微笑)嗯,好的,我们先打个电话,明天到学校去和小明和好好吗?

林林：好的。(犹豫一下)爸爸,我保证以后不会打架了。

爸爸：(拍拍肩膀)小男子汉,爸爸相信你。

在改进的案例中,"对情绪的接纳、对态度的肯定、对事件的正确看法"更符合本土化的价值观,家长们感到能够接纳且简单易操作,尝试后发现孩子非常愿意接纳,有利于亲子关系的融洽。

此外,我们请老师们通过"父母效能培训改进成长表"来完成对编辑培训部分的改进修改和体会,成长表分为"精彩片段""改进环节""经验体会"几个部分。最后形成生动的案例,有详有略,起到很好的借鉴和推广的作用。

(2) 助教们的体会建议

助教团是富有经验的教师,每次协助讲师完成培训工作之余承担评价反馈工作,助教完成对讲师父母效能培训课程3个一级指标、8个二级指标的评价。

父母效能课程课堂评价单

评价人：
教师_____ 课题_____ 时间_____ 地点_____

一级指标	二级指标	主要评价点	评 价 标 准	权重	得分
活动设计 30%	活动目标 10%	目标明确具体	1. 面向全体家长的实际心理需求 2. 能够增进家长对相关主题的认知和体验 3. 目标细化为可观察的行为特征 4. 可操作性强	10	
	活动主题 5%	符合家长心理	5. 主题着眼家长心理需要或共同问题 6. 主题体现家长的年龄需求特点	5	
	活动内容 5%	联系家长实际	7. 内容设计适合本地区或本校的情况 8. 联系家长的学习和生活实际	5	
	活动过程 10%	环节设计合理	9. 注重融合心理教育的原理、方法与技术 10. 突出活动的科学性、针对性、实效性	10	
辅导活动过程 40%	教师引导 25%	辅导理念	11. 教师扮演好朋友、小组成员、心理专家或诱导者等角色到位，适度开放 12. 对家长尊重、平等对待，专注聆听 13. 对家长的发言较少进行价值判断和干预，并能适当引导	15	
		辅导氛围	14. 场地布置和情景创设符合活动主题需要 15. 氛围宽松、活跃，互相尊重、接纳，达成开放互动，群体传感强	10	
	家长参与 15%	参与程度	16. 在活动中家长主体地位突出、参与面广 17. 认真倾听，主动、积极参与活动和讨论	10	
		情感体验	18. 家长情感投入、兴趣浓厚、体验深刻 19. 能有较多的自我开放和经验分享	5	
辅导效果 30%	家长成长 20%	辅导目标达成	20. 家长能联系实际学会一定的沟通技能 21. 在活动中有明显的情感体验和自我探索 22. 在情境创设活动中家长获得感悟内化和迁移 23. 有一定的活动延伸——家庭共同成长	20	
	教师发展 10%	相互关系	24. 平等、民主，氛围宽松、自然、真实 25. 互动默契、融洽	10	
简 评				总评得分	

然后,进行具体的描述性点评,助教精准的点评为讲师们更好地开展指导工作提供了很好的建议。如一位助教的点评:

> ××老师一开场就用诙谐幽默的语言吸引了家长们的注意,她结合自己的育子故事,引用了大量的案例,创设了有趣的游戏情境,通过讨论、角色扮演等活动让家长意识到孩子的问题源自家长,源自家庭。给孩子创造一个和谐的家庭氛围,家长努力维持自己平和的心态与良好的情绪,对孩子形成健康的心理有至关重要的作用。走进家长心中,才能到达预期效果。

在阶段性工作结束以后,助教通过文字表达感悟和建议,能够给主讲教师很好的支持和建议。

(3) 参与家长们的体会建议

我们请家长们在各项活动中留下感悟意见和建议,有现场的感受也有实践后失败或成功的经验,另外还有培训时的茅塞顿开都作为培训教师们的良好参考依据,在互动中教师们也能更好地结合家庭实际情况进行内容的改进,家长们也更愿意认真聆听实践以改善亲子关系。

四、研究的效果与反思

(一) 取得的成效

1. 多种形式的研究和实践活动获好评,成果多次获奖

此项课题在研究中采取多种形式、内容和方法的结合,以创新的和实际的相结合,在行动研究中积累成功经验,取得诸多成效,从单一家庭、多个家庭以及全校家庭等多个层面形成家庭、学校、社区一体化的教育格局等。《东方教育时报》《文汇报》等多次对我们的父母效能研究活动进行报道。区教师继续教育培训课程已为全区近千名教师实施,入选区精品课程和市级共享课程。研究成果刊登于《思想理论教育》《教育科学研究》《大众心理学》《心理辅导》《浦东教育》《浦东教育研究》等杂志。成果获市区级近10种奖项,专著《高效能5分钟"父母训练"》由上海三联书店出版。

本研究作为心理健康教育品牌项目也获得各界认可,学校先后获得区、市"心理健康示范校"称号,已为全区5 000多个家庭,2 000多位班主任、中小学心

理辅导教师和骨干教师,包括农民工子弟学校等在内的百余所学校开展了高端精品课程培训、普及培训、沙龙微课和个案工作坊。

2. 教师的课程开发和实践能力获得提升

本课程的开发也是促进教师的内在专业结构不断更新、演进和丰富的过程,教师合力开发了"让我们更贴心——小学阶段父母效能训练指导课程""让爱共同成长——小学班主任父母效能训练指导课程""爱的动力——上海市父母效能训练联合团队教研成果集""爱让家庭更美好——社会主义核心价值观教育与'小学父母效能训练家庭课程'实施有效融合指导手册"等校本课程,编写《爱是连接心的桥梁——小学父母效能训练讲师助教感悟体会汇编》。参与开发实践的教师获得"上海市心理健康教育先进青年奖"、浦东新区教育心理学科带头人、浦东新区心理健康教育先进个人、上海市家庭教育优秀指导者、浦东新区优秀志愿服务组织者等荣誉称号。

3. 教师与家长的合作日趋默契,共同促进了学生的健康发展

研究使教师和家长目标上形成共识,以良好的心理品质教育为主线,把心理品质教育、道德情操教育和思想方法教育融为一体。师、生、家长三方有了信任,相互间的配合趋于默契。教师和家长共同制定针对性的策略,在研究中保持双向交流,互换观点,互相尊重,互相促进,互相帮助。教师从家长那获取更多学生的有效信息,了解家长对教育的理解和期望;与不同背景的家长沟通,教师能开阔视野,以不同角度审视问题;学习怎样与家长沟通,如何处理好与家长的关系等。这都使研究者在实践工作中有的放矢,游刃有余。

研究贴近学生实际,重视学生的主体地位,创建了有利于学生心理健康发展的良好环境,以学生的成长发展为中心,注重心理训练和提高品德行为能力,使学校、教师、家长、学生四方产生互动,发挥了整体效果。许多有情绪问题、学习障碍、注意力缺陷(经专业医院诊断)、单亲家庭的"问题"孩子在我们的专业培训和辅导、关心和支持下,实现疗愈和成长。各种教育力量融合,共同对学生进行辅导和教育,使学校焕发了新的活力,精神面貌为之一新。

(二) 改进与思考

1. 亲子沟通课程可以成为教师培训的必修课

我们在为家校合作建设提供保障的同时,可以把亲子沟通工作作为重中之重和校本教师培训的内容之一,建立激励机制,必将对提升教师转变认识产生积

极的影响。培训内容的设计,可包括理论阐释、中外比较、实践推荐、案例解析等,让教师能在多维吸收与碰撞中,逐步转变自己原有的封闭的、狭义的教育思想,真正认识到家长参与的积极效应。

2. 由上至下引领培训资源的共享

家长来自各行各业,有参与学校工作和做好家长的热情,但缺乏学校教育教学工作理性的认知与思考,也缺少对孩子专业的心理特点和培养目标的了解。虽然学校层面都相继开设了"家长学校"等机构,转变家长的意识、提升家长的教育能力;但是,杯水车薪,基层学校资源毕竟有限,各校独立地开展培训也造成一定的资源浪费与成本的耗费。建议上级的相关机构不定期下发问卷,了解家长及学校需求,利用现代信息技术,通过网络直播、即时互动等方式,提升家长培训的时效性,真正实现家校合作的良性互动。

3. 借助专业培训对家长的成长进一步支持

并非所有的父母都能完成态度上的转变,成为更能接受孩子的父母。学习父母效能训练的经验,为有些父母打开了一扇寻求其他帮助的门——群体心理治疗、婚姻咨询、家庭心理治疗,甚至是个人心理治疗①。这不是一个单纯的家庭教育的问题,需要很多心理学、教育学、社会学的背景作支撑。我们的这些技巧不仅可以用在与孩子的关系中,也可以运用在与配偶、与同事、与父母和朋友的关系中,使之能获得领悟,实现态度上的改变,从而使他们能够有效地使用父母效能训练的方法。

课题组组长:毛燕菁(上海市浦东新区梅园小学)
课题组成员:王佩红　张　悦　王云丽　经彩凤　沈　俭　黄　徽　蒋龚华
单位:上海市浦东新区育童小学

---

① 周宗奎.亲子关系作用机制的心理学分析[J].西南师范大学学报(哲学社会版),1997(2):46—50.

2. 以乒乓文化为载体培育阳光少年的实践研究

上海市浦东新区航城实验小学课题组

一、研究背景

教育部发布的《中国学生发展核心素养》总体框架中明确提出以培养"全面发展的人"为核心,分为文化基础、自主发展、社会参与3个方面。综合表现为人文底蕴、科学精神、学会学习、健康生活、责任担当、实践创新六大素养。

习近平总书记曾在多个场合表达了对我国青少年儿童的健康成长的关怀和希望。近年来随着学生课业负担加重、学习压力增加,学生的身体素质、道德品质、心理素质等方面出现越来越多的问题,严重影响孩子们的身心健康,这是一个关系国家和民族未来的大问题,必须高度重视,不能任其发展。

学校教育作为培养学生德、智、体、美、劳全面发展的主要渠道,一直以来对培养全面发展的人才起到了至关重要的作用。

小学生乒乓球教学是航城实验小学的一项体教结合特色项目,为此,航城实验小学在学校发展规划中,明确提出了以"国球精神为核心的乒乓文化"为引导,全面提升学校的办学能力和办学水平。因此,以国球精神为核心的"乒乓文化"的培育和建设行动,成为航城实验小学新一轮办学改革与发展的价值追求,是学校精心架构并扎实推进小学综合素养教育与培养的重要载体。"乒乓文化"的建设是航城实验小学学校发展和学生教育的双重支撑点和提升点。

二、核心概念

1. 乒乓文化

乒乓运动发展至今已逾百年。现今,乒乓作为一种体育项目已在全球广泛传播。乒乓运动的传播与发展,必然地形成了乒乓文化。乒乓文化引领着乒乓运动的发展。乒乓是一项体育运动项目,在中国有着其他体育项目无法比拟的群众基础。其特征主要体现在身体教育和品德教育两个方面。它可以提高人的身体素质、培养人的主体意识、竞争观念、团队协作等精神,在一定程度上促进了人的社会化与现代化。

2. 国球精神

乒乓球是我们国家的传统优势体育项目,被誉为中国的国球。我们所认同的国球精神是:团结、拼搏、快乐、自信,它代表的是一种自强、向上、不断追求与突破的精神。具体地说就是胸怀祖国、放眼世界、为国争光的精神;发愤图强、自力更生、艰苦奋斗的实干精神;不屈不挠、勤学苦练、不断钻研的创新精神;同心同德、团结战斗的集体主义精神;胜不骄、败不馁的革命乐观主义精神。

3. 阳光少年

"阳光"意思为朝气蓬勃、活力四射、性格开朗、热情洋溢;"阳光少年"是一个泛称,代表那些积极向上、身心健康、心胸宽阔、乐观、有理想有抱负的少年。本课题的阳光少年是指"重礼守规""勤健卫生""坚毅自信""趣雅尚品""创新超越""乐学善思"等方面的6个核心素养。

三、研究实施

(一)阳光少年的核心要素与基本架构

学校围绕"国球精神"要素为参照,根据小学生身心发展基本规律,制定了具有航城实验小学"乒乓"特点的"阳光少年"核心要素和基本架构。

航城实验小学"阳光少年"的核心要素与基本架构

核心要素	一级指标	二 级 指 标
重礼守规	重礼守规好少年	认同中华民族传统伦理价值观,重视日常社交中的"礼仪修养",具有现代规范意识和法制意识,培养学生遵纪守规、团结友爱、胸怀祖国、放眼世界、为国争光的优秀品质
勤健卫生	勤健卫生小达人	在日常的生活中主动积极地参加力所能及的体育锻炼,保持重视体育、乐于锻炼的好品质;同时具有现代健康理念,养成良好的日常卫生习惯
坚毅自信	坚毅自信小行家	培养积极的心态,快乐、自信地主动学习,积极进取、自强向上,具有胜不骄败不馁、同心同德、百折不挠的精神。
趣雅尚品	雅趣尚品小达人	追求"雅"的情趣,提升审美品质;崇尚高品位、追求高品质,突出在心灵修养和人格修养中对品质的追求

(续表)

核心要素	一级指标	二级指标
创新超越	创新超越我最棒	具备21世纪人才的重要素养——"勇于创新""敢于超越",不断追求与突破的创新精神
乐学善思	乐学善思智少年	具备在任何时候、任何环境下"快乐学习"和"积极思考"的品质,在整个学习过程中能够养成发愤图强、不屈不挠、勤学苦练,不断钻研的好习惯

（二）基于乒乓文化的校园环境建设

1. 走廊宣传栏,以乒乓文化熏陶人

学校有3幢横向并列的4层教学大楼,分别由纵向长廊连接贯通。在横向过道中,融合了乒乓文化元素、悬挂着学生行为规范教育的宣传儿歌等。

航城实验小学学生行为规范儿歌

学校纵向长廊围绕"重礼守规、勤健卫生、坚毅自信、趣雅尚品、创新超越、乐学善思"六大核心要素设计综合性的内容布置。如,在1楼的过道中,融入核心要素"重礼守规",围绕着五旗教育和国球精神,分别布置了《中小学生守则》、五旗教育、优秀学生事迹与获奖等相关内容；又如连廊过道中,结合核心要素"趣雅尚品"悬挂了学生的艺术作品、艺术家介绍等宣传图片。

航城实验小学校园走廊宣传栏内容

核心要素	楼层	主题	内容
重礼守规	1楼	五旗教育　国球精神	办学理念、校训、国球精神等
勤健卫生	2楼	乒乓掠影　妙手生花	乒乓活动、习惯养成宣传等

(续表)

核心要素	楼层	主题	内容
坚毅自信	3楼	童心飞扬　快乐成长	学生活动、心理健康宣传等
趣雅尚品	各楼层连廊过道	艺术畅想　美丽人生	艺术作品展示、艺术家简介等
创新超越	各楼层连廊过道	巧手设计　童星闪耀	特色科技项目简介、学生风采等
乐学善思	4楼	中华古韵　品味书香	学生书法作品、优秀作文等

走廊宣传栏的内容都是学生们合作协同，动手动脑去搜集、去创编，以手抄报、展示图片、剪报等形式呈现，通过图片等形式展示。有的同学在上学、放学以及课间经过走廊时，会仰头观望；有的同学会结伴而行，驻足停留观赏，时而还互相交流。学校优雅多彩的乒乓文化走廊正潜移默化地熏陶着航城实验小学的学子们。

2. 功能室建设，以乒乓文化鞭策人

为了贯彻落实学校"人人会乒乓"的教育理念，让全校学生都能了解国球精神，接触乒乓的魅力，人人学会打乒乓，学校设立了专业的乒乓体育馆、乒乓陈列馆和乒乓技能室。

（1）乒乓体育馆

乒乓体育馆每天都有学生和乒乓队员们训练的身影。在专业教练的指导下，各班每周1节乒乓实践课在乒乓体育馆实地上课；每天15:30—17:30，校运动队的乒乓小将们在此挥拍洒汗，勤学苦练。

航城实验小学学生乒乓训练安排表

时间	内容	参与对象	指导教师
9:30—10:55	乒乓实践课	一、二年级各班学生	乒乓教练、班主任
13:40—14:30	乒乓实践课	四、五年级各班学生	乒乓教练、班主任
15:30—17:30	乒乓队训练	校乒乓队队员	乒乓教练

学校乒乓体育馆还时常承办全国、市、区级等各项专业比赛，如上海市乒乓球锦标赛暨十项系列赛、浦东新区青少年乒乓球精英赛暨十项系列选拔赛，浦东新区学生阳光体育大联赛小学生乒乓球比赛等。

(2) 乒乓陈列馆

乒乓陈列馆中陈列了乒乓球历史发展的介绍、当前乒乓运动的发展趋势、我国著名乒乓球运动员的优秀事迹和我校乒乓文化特色的发展历程。此外，还有我校学生参加区级、市级、全国级和国际级各类乒乓大赛的奖杯和奖牌。

学校组织学生参观乒乓陈列馆是每年一年级新生的必修课——"开学乒乓第一课"。在乒乓课老师的带领下，同学们来到乒乓陈列馆，聆听老师的讲解，了解我国乒乓发展史，感知学校的乒乓特色教育。每年的"阳光体育大联赛"等乒乓球重大赛事和活动期间，学校德育室还组织"航宝宣讲员"在乒乓陈列室举行宣讲活动。同学们聆听优秀运动员们的事迹宣讲，被他们的吃苦耐劳、勇于拼搏的优秀品质所震撼，立志要向优秀运动员学习，时刻树立以乒乓为荣的意识。

(3) 乒乓技能室

乒乓技能室硬件设施齐全，内有帮助学生熟悉球性的乒乓发球器，有训练耐力的跑步机，还有握力器、健步机、健腹器、扭腰盘、骑马器、脚蹬拉力器等。还设置了许多乒乓球技能训练的智能交互装置。把灯光、乒乓球台、自主开发仪器、投影仪等联合起来，用声、光、色等引导学生开展趣味性的乒乓球活动，同时在趣味性活动中发展其乒乓球各项技能。同学们在参观乒乓陈列室后，来到乒乓技能室，纷纷热情高涨，在器械运动实践中兴趣浓郁，积极了解乒乓球运动，感受乒乓球运动的乐趣和国球精神的体验。

3. 校园环境美，以乒乓文化促进人

校园乒乓文化成为航城实验小学培育"阳光少年"的隐性课程，一墙一石、一草一木无痕注入了"阳光少年"的核心要素，促进了学生的健康发展。围绕"重礼守规、勤健卫生、坚毅自信、趣雅尚品、创新超越、乐学善思"六大核心要素，设计了6个吉祥物——航宝。它们形态各异，惹人喜爱。如手拿乒乓球拍的勤健卫生小航宝、端坐看书的乐学善思小航宝、意气风发坚毅自信小航宝……6个外形各异、活力四射的吉祥物航宝，时刻出现在学生们的视线中、潜移默化地印入学生们心中，在感官上无形地鼓励学生积极向上。

吉祥物航宝是航城实验小学的象征，在校园墙上、操场花坛中和升旗仪式司令台前的幕布上、在生活中，可爱的航宝身影无处不在。在每周的升旗仪式，优秀学生踏上红毯，在印有吉祥物航宝的幕布前领奖和拍照；闲暇时，同学们与自己的"航宝"小伙伴说说悄悄话等；在迎新活动中，同学们与身着特制服饰的大航宝们合影留念；在社区实践体验活动中，同学们携手可爱的"航宝"参加公益活动、参观消防基地和博物馆；在假期里，同学们带着"航宝"去参观西安古都、走遍大江南北，游览祖国的名胜古迹等地，时时刻刻展现航城实验小学阳光少年的风采。

吉祥物——航宝印章

（三）德育实践活动　融合乒乓文化　彰显阳光少年风采

1. 创"一班一品"温馨教室　携手同进勇于攀登

每个班级在班主任带领下，针对"国球精神"的六大核心要素主题内容，根据本班实际情况和发展需求，找准一个切入点，设计班级的主题、文化标志、实施方案等，并将此内容布置在教室一角，使师生共同努力，有目标、有计划地集体行动、共同前进，打造"一个班级一个品牌，一个班级一个特色"的温馨教室文化氛围，让学生为了班级荣誉规范自己的言行，行之有度。

（1）设定"一班一品"主题

"一班一品"中的"品"指班级共同发展的目标，能使学生明白班级发展的方向，形成班级凝聚力。班主任根据观察和学情分析，寻找班级需要改进的问题和努力方向，确定班名和文化主题，梳理目标，并进行有意识的培养和建设。

（2）设计"一班一品"标志

"一班一品"主题确定以后，师生共同参与班级标志的设计，在"设计—讨论—确定"的过程中认同班级名称、文化主题,集体荣誉感在潜移默化中得到培养。

"一班一品"班级文化主题与标志

班 名	标 志	文化主题	班 名	标 志	文化主题
摘星班		大胆提问,勇于摘星!	飞飞班		守纪律讲文明,争做优秀好少年!
猫头鹰班		播下一分专注,收获一分成功!	小树苗班		一棵树苗,一片绿林!
微笑班		微笑 进取	小荷班		谦谦君子,初露锋芒!
小白鸽班		同成长共进步,飞向蓝天最高处!	七色花班		播种七色花,收获好习惯!
竹子班		虚怀若谷,拥有一颗进取的心!	小蚂蚁班		团结一致向前冲!
天鹅班		讲礼仪,更优雅!	枫叶班		心怀感恩,与爱同行!
阳光成长班		阳光心态,健康成长!	翅膀班		拥抱梦想,展翅飞扬!
啄木鸟班		保护环境,养成卫生好习惯!	知书达理班		以书为伴,知书达理!
小书包班		不做"小皇帝",事事倾心力!	蜜蜂班		我是小蜜蜂,每天有收获!
放大镜班		寻找闪光点,找回自信!	小肩膀班		肩负责任,共创和谐!

(3) 制定"一班一品"达成目标

班级目标的制定是班主任老师指导学生,遵循全员共同参与、目标具体化、实际情况需求等原则制定的与班名、文化主题吻合的达成目标。目标浅显切实,贴近学生生活,易于执行和检查反馈。

"阳光成长班"——"一班一品"达成目标

班 名	阳光成长班	班级标志	
班主任	张晓媛		
核心素养	重礼守规 坚毅自信 勤健卫生		
文化主题	关键词	具 体 目 标	
阳光心态 健康成长	形象 阳光	1. 衣着得体,整洁、大方,正确佩戴红领巾 2. 不戴饰品,不化妆,发型得体 3. 微笑待人,对待同学、老师热情有礼;与人交谈正视对方,面带自信微笑	
	身体 阳光	1. 主动参与阳光体育,按要求认真锻炼,完成每日锻炼指标 2. 每人都能掌握一些跑、跳、踢的基本技能,并有一项专长	
	心理 阳光	1. 用积极的方式思考问题、解决问题,不消极、不逃避 2. 正视自己的缺点,努力改正 3. 肯定他人的优点,学习汲取	

(4) 落实"一班一品"形式多样

"一班一品"教育形式多样,有的主题班会创设情境演绎教育、实践体验活动评比与监督,有的通过《你吹我呼》《珠行万里》《垫球接力》等乒乓游戏,在潜移默化中教育学生,形成良好的班风,使"一班一品"真正落到实处。

2. 以国球精神引领　促学生规范养成

针对"重礼守规""勤健卫生""坚毅自信""趣雅尚品""创新超越""乐学善思"6个核心素养要求,梳理出相对应的"行规教育的培养总目标"。结合六大核心要素,研究制定分目标要求及分年级训练要点,并确定每周行规训练重点,教师对学生进行规范教育和行为指导。各班通过午会课、主题班会课、十分钟队会等形式进行行为规范教育分类训练,同时学校还将行规检查、家校联系、任课老师评价、作业检查等反馈的教育结果,纳入行规考评,优秀班级集体评选。

航城实验小学行为规范分类训练要求

上课：准备充分，学会倾听，积极发言，听中有思，表达顺畅，学会质疑；
作业：按时完成，书写规范，自主作业，独立思考，先懂后做，善用资料；
自习：重视积累，珍惜时间，喜爱阅读，学法多元，举一反三，课外延伸；
家庭：孝敬长辈，谦让同辈，行止有度，遵守家规，作息有序，健康生活；
社会：礼让邻里，助人为乐，文明游戏，遵纪守法，爱护环境，服务社区。

3. 依托主题实践活动 "阳光少年"健康成长

（1）常规活动

学校组织开展的常规活动有仪式教育、红色经典、生命教育和社会实践等四个板块，分别融合了培育阳光少年的六大核心要素。仪式教育渗透少先队争章"重礼守规"章这一核心要素，使得学生们在班集体学习活动中，不断增强组织归属感、光荣感和自豪感；红色经典教育活动在同学们的心里种下红色、奉献和奋斗的种子，时刻将"乒乓文化"中的爱国爱党之情根植于学生心中；生命教育活动培养学生坚毅进取的品格，不畏困难，积极奋进；社区实践让同学们学会了感恩与奉献。

航城实验小学常规活动一览表

	核心要素	活动名称	参加对象	组织形式
常规活动	仪式教育 重礼守规 坚毅自信 创新超越 乐学善思	"航航迎新年"系列迎新活动	全校师生	爱心义卖游园会
		"向阳而生，未来可期"三年级十岁集体生日	三年级师生	主题活动
		"领巾心向党，启航新时代"入队仪式	二年级师生	入队集会
		"童心庆华诞，共圆爱国梦"庆六一活动	全校师生	大队集会
		"扬帆起航，乘梦飞翔"五年级毕业典礼	五年级师生	毕业典礼
		"领巾逐梦新时代，苗苗立志创未来"小红星儿童团入团仪式	二年级师生	入团集会
	红色经典 重礼守规 坚毅自信 趣雅尚品 创新超越 乐学善思	"牢记革命历史，继承红色基因"清明祭英烈主题活动	全校师生	主题班会 网上寄语
		"礼赞新中国，奋进新时代"庆祝新中国成立70周年主题系列活动	全校师生	主题活动
		"红色润童心，筑梦新时代"等暑期红色基因学习探究	全校学生	社会实践
		"我为祖国庆华诞，红色基因代代传"庆祝新中国成立71周年主题活动	全校学生	主题教育
		"星星火炬迸发璀璨光芒"庆祝少先队建队71周年主题活动	全校师生	大队集会

(续表)

		核心要素	活动名称	参加对象	组织形式
常规活动	生命教育	重礼守规 勤健卫生 坚毅自信 创新超越	"航城战疫星，先锋在行动"主题活动	全校学生	主题活动
			"美丽绽放 童心飞扬"——心理健康活动月	全校学生	主题教育
			"国球精神代代传"主题活动	全校学生	大队集会
	社区实践	勤健卫生 坚毅自信 趣雅尚品	航头镇垃圾分类吉祥物取名活动	全体学生	雏鹰假日小队
			社区公益活动——到敬老院慰问孤寡老人等	全体学生	雏鹰假日小队
			……		

（2）特色活动

学校每年组织开展校"乒乓文化节"系列特色活动。组织学生参观乒乓博物馆、聆听知名乒乓运动员的事迹宣讲、开展"小手牵大手"亲子趣味运动会；学校组织校际乒乓文化交流等社会实践活动，抓住国内、国际各大乒乓赛事契机，组织乒乓队学生观看视频，组织乒乓队员参加中日"乒乓"交流大擂台；学校还组建了乒乓社团，定期活动；体育老师自创乒乓操，在阳光体育活动时大家一起唱唱、跳跳，做做乒乓操等。特色活动中，同学们常常用文字描绘着乒乓文化的魅力。

航城实验小学特色活动一览表

	核心要素	活动名称	参加对象	组织形式
特色活动	重礼守规 勤健卫生 坚毅自信 趣雅尚品 创新超越 乐学善思	参观乒乓博物馆	全校师生	组织参观
		参观学校乒乓陈列馆	一年级学生	主题教育
		聆听知名乒乓运动员的事迹宣讲	各年级学生	主题教育
		"小手牵大手"趣味运动会	全校师生、家长	运动会
		校际乒乓文化交流	乒乓队学生	文化交流
		参与并承接各大乒乓赛事	乒乓队学生	比赛
		"唱、跳、做"艺术表达活动	全体学生	拓展活动
		……		

一次次的德育实践活动，不但让同学们规范了自己的行为礼仪，也将文明带向了社会，将学校乒乓文化的传播和阳光少年的形象展现得淋漓尽致，切实发挥

了乒乓文化立德树人的作用。

(四) 基于乒乓文化的课程建设

1. 基础性课程的渗透

各学科教师结合学科课程的特点，挖掘乒乓文化教育资源。分别梳理了语文、数学、英语、音乐、美术、体育、道法、自然等基础学科中的核心要素渗透点，形成了常规教学和乒乓文化教育资源教学的有机整合。学校组织教师围绕六大核心要素，梳理出小学基础学科(语文、数学、英语、音乐、体育、美术、自然、道法)全册中的核心要素 459 个渗透点，并召集部分骨干教师依据这些渗透点，编写了基础学科的课程纲要和教学设计，让任课教师能一目了然地掌握各学科教学的渗透要点。

2. 拓展型课程的开发

学校开设的拓展课程近 50 门。教师们从课程自身特点出发，围绕乒乓文化核心素养，融合了乒乓文化元素，编写课程纲要和教学设计，并组织学生每周的教学活动。在拓展型课程中，鼓励学生合作学习、探究学习、分享交流，在学与玩的过程中养成耐心细致、坚毅自信的好品质；在小组交流中引导学生体会互动过程中的文明、有序、守规、协作的精神。丰富多彩的课程，让学生充分发挥想象，提升了他们的创新意识，也使他们养成了乐学善思的好习惯。

3. 校本乒乓课程的实施

为了突显乒乓理论与实践的结合，学校编撰了乒乓球训练校本教材《玩玩学学 乐乐——在玩中学打乒乓》，制定了各学段学生学习乒乓球运动技能基本标准、教学目标和教学组织形式，也形成了乒乓理论课教案集和乒乓实践课教案集。课程主要分低年级和中高年级学段实施教学。每学期有 16 课时的乒乓球教学内容，各班每周有一节体育课专设为乒乓球教学课，由专职体育教练上课指导。学校教导处对学生乒乓球技能达标水平和达标率也做了一定的要求，师生合作完成《小学生乒乓球学习评价手册》的填写，循序渐进地记录和反馈学生的成长。

(五) 以"航航争章"活动为依托 构建"阳光少年"评价体系

"阳光少年"评价体系以"航航争章"活动为依托，以"重礼守规""勤健卫生""坚毅自信""趣雅尚品""创新超越""乐学善思"六要素指标来进行落实。细化每一个指标，根据学生不同的年龄特征、不同的指标，落实指标，编写具体内容。对学生进行为期 5 年的观察和评价,探究其各方面的成长与乒乓文化的内在联系。进一步渗透"阳光少年"的内在价值,让孩子毕生受益。

1. 制定章目,编撰手册

(1) 设定争章章目,形象多元活泼,增强争章过程趣味性。在章目的设计和争章指标细化的过程中,自始至终以人为本,从奖章的命名、内容、图案等设计都能全方位地体现孩子的身心成长特点。

(2) 设计争章手册,注重过程记录,凸显评价体系的延续性。学校大队部设计了一本"争章手册",用来记录孩子 5 年的成长,新的老师,接手新的中队,只要看看每个孩子的争章历程卡,就能对这些孩子有一个初步的了解。为了更加有效地落实争章活动的延续性,提高活动的操作性和家长社会的参与度,家长通过晓黑板平台了解孩子的争章表现,让争章评价体系的延续性得到了充分的体现。

航航争章——(年级分层)必修章

乐 学 善 思 章			
一年级	乐学善思智少年	由浅入深地培养学生的书写、阅读、守纪、自主学习等习惯,使学生学会学习,提升学习能力	
二年级	乐学善思拓进取		
三年级	乐学善思小行家		
四年级	乐学善思小达人		
五年级	乐学善思迎难上		

航航争章——(各年级)必修章

一年级	二年级	三年级	四年级	五年级
重礼守规	勤健卫生	坚毅自信	趣雅尚品	创新超越
促进学生自律意识,养成良好的品德习惯,提高品德修养,拥有并形成稳定的道德意志品质	鼓励学生积极参加体育运动,孕育团结协作、拼搏向上的体育精神	引导学生在学习、生活中不断感知自我认同感的重要性,提升学生自我认同感的能力,培养学生坚强自信的良好心态	为学生搭建锻炼和展示的舞台,发挥学生在书写、音乐、美术等方面的特长,培养学生的艺术修养	确立自己的"超越目标",在学习生活中不断努力,不断突破,开创新的未来

(3) 优化评价表格,综评操作简便,提升评价体系的可操作性。为了提高活动可操作性,大队部根据每一个评价的要求,设计了"航航争章表",在每一张表格上都明确写明了参与评议的对象以及评价的要求。一个习惯,一张表格,学生、教师根据孩子的表现情况,对照考核要求,定期进行评议。而且中队辅导员只需根据学生评议和自己平时观察到的情况,进行一个总评,操作简便,流程清晰,提升了评价体系的可操作性。

2. 争章过程有序规范

在确定各项指标和内容细化后,提出了争章体验实践目标"六个一":寻找一个岗位;扮演一个角色;写下一篇感受;明白一个道理;养成一个品质;学会一种本领。并按照"定章—争章—考章—颁章—护章"5个环节开展争章体验活动。

(1) 定章:各年级融合"国球精神"对应本身的需求制定出了符合年级特点的章目。一年级的重礼守规章、二年级的勤健卫生章、三年级的坚毅自信章、四年级的趣雅尚品章、五年级的创新超越章,以及贯穿五年的乐学善思章。

(2) 争章:争章的过程就是挑战自我、战胜自我的过程。我们通过开展丰富多彩的少先队活动、雏鹰假日小队活动,充分发挥队员的主观能动性,让他们在活动实践中竞争,提高潜力。因此,队员每争到一枚章,不仅仅学会了一种技能、一种方法,也增加了一分自信。

(3) 考章:考评体现了小型、灵活,强调简便易行,重在激励。考评在中队辅导员的指导下,在中队委的带领下,以中队委员、小队长、队员自主考评为主。各中队争章情况一月一公布(每位同学的争章手册上都有详细的争章记录),大队部每月公布各班争章进程。

(4) 颁章:我们充分利用少先队的各种宣传途径,通过十分钟队会等时间进行颁章,让队员体验成功的喜悦。

(5) 护章:学校定做相应的章,队员获章后要保管、爱护好所得的章,每月重新评比一次,如果认为可以继续得到此枚章的可以继续保存,如果经过评定不能获得此章要重新收回。

3. 激励性的表彰评价

航城争章奖励制度通过以学生自评互评、教师评价、实物奖励等多样的表彰形式,收获成果。不仅能激发学生参与活动的积极性,也能更好地体现航航争章评价体系所带来的驱动力,从而无痕融入了培育"阳光少年"的内在的价值。

（1）阶段表彰。阶段性表彰每两周一次，在争章活动课上进行，当学生在课上获得通过时，就能得到1张奖章的粘贴纸，学生集满5张同样的奖章图案，就能换取实物奖章。

（2）颁章仪式。孩子们争到章以后，会在中队里举行一个小型的颁章仪式，由队员们自己主持，由中队辅导员为他们颁章，孩子们在获得奖章的时候内心是喜悦的，更有了继续努力的动力。

（3）即时表彰。即时性表彰，是学校航航争章的一个特色，主要用于进步明显的孩子，这些奖章是一个提升和更高的要求。在获得成绩的第一时间给予表彰，对他们来说内心成就是巨大的。

（4）争章之星。学校定期评选班级争章之星，在学校的其中一条长廊就专门为争章之星设计，教室门口的班牌有专门区域用来张贴班级争章之星的照片，成为同学们学习的榜样。

四、研究结论

航城实验小学秉承"以乒乓文化建设为载体，用国球精神育人"的办学思路，通过以乒乓文化建设为载体的航城实验小学"阳光少年"核心要素和基本架构；"乒乓文化"校园文化环境的建设；培育"阳光少年"的基本途径和方法；特色课程的开发与实施以及"阳光少年"的评价的研究，积极营造具有学校办学特色的"乒乓文化"氛围，缔造真实欢乐的乒乓课程，打造独具特色的主题实践活动，将乒乓特色渗透于校园文化、主题活动、课堂教学之中，以此在学校新的发展高度架构全新的良性发展通道和平台；在学校发展的良性轨道上，探索和建构以学校特色文化推进和提升学校育人能力和水平的优质平台和育人氛围，培育了新时代航城实验小学阳光好少年！

课题组组长：刘晓奕　刘月英（执笔）
课题组成员：范春健　王　淳　严丽华　高　菲　熊　昊　张　宁　王　雯
　　　　　　谈　莉　王邱平　潘婷婷
单位：上海市浦东新区航城实验小学

3. 培养小学生自主活动能力的实践研究

上海市浦东新区华林小学课题组

在全面实施素质教育,推进教育教学改革的今天,学生能力的培养成为教育教学的重中之重。而能力的形成需要发挥学生的主观能动性,在主动参与学习、实践、探究的过程中,掌握解决问题的方法和技能。活动,是小学生喜闻乐见的一种学习方式。而自主活动,则为学生提供了更广阔的平台,是锻炼和发展学生能力的重要途径。

本课题研究的自主活动是指学生自己主动设计、组织、参与的活动,具有趣味性、自主性、活动性的特点,它能从多角度、多途径深化学生的知识建构、培养学生设计能力、组织能力、合作能力、调控能力、评价能力等综合能力。

一、制定小学生自主活动能力的培养目标

(一)总目标

在各类自主活动中,学生为活动的主体,教师为学生的指导者,在师生互动中,以培养学生设计、组织、实施、评价的能力为主导,根据不同年段学生的能力基础,相应地辅导学生开展自主活动,并在活动中强化已有的能力,挖掘潜藏的能力,提升薄弱的能力,综合培养学生的活动素养,根据学生需求均衡发展能力。

(二)分目标

在总目标的基础上,为确保不同年段的学生在自主活动的实践过程中,有更细致、更明确的行为操作点做指导,依据设计、组织、实施、评价的能力要素,细化具体的能力要求,制定如下分目标。

小学生自主活动能力培养分目标

能力要素	具 体 要 求
设计能力	1. 设计活动海报 2. 设计简单的活动方案 3. 设计活动邀请函 4. 设计活动评分表 5. 设计的活动环节形式多样 ……
组织能力	1. 能根据活动特点进行合理分组 2. 会根据同伴特长进行小组分工 3. 活动前期的经费预算与管理 4. 寻找合适的活动地点 5. 能联络家长参与活动 6. 能制作或购买活动相关的物品 ……
实施能力	1. 及时传达活动通知 2. 活动中善于做好相关记录 3. 遇到问题能与同伴进行协商 4. 遇到问题能及时调整活动内容 5. 活动中进行拍照或摄像 6. 活动中采访组员或其他人员 7. 在活动中敢大胆表达自己的想法 8. 将活动成果做成小报或 PPT 9. 进行成果展示 ……
评价能力	1. 会观察同伴活动中的表现,并进行记录 2. 能对自己的表现作一个评价 3. 根据活动设计一张评价表 4. 设计评价奖励方式 5. 能对整个活动做评价 ……

不同年级学生自主活动能力培养要求

年 段	能力要素	难度系数	具 体 要 求
低年级	设计能力	★	能根据活动提出自己的内容设想
	组织能力	★	在家长或老师的协助下,能准备简单的活动材料;能和组员分担简单的活动任务
	实施能力	★★	在老师的指导下,根据要求进行活动,做力所能及的事,能用涂鸦方式或简单的文字做记录
	评价能力	★★	能用自己的语言表达对活动或者对同伴进行评价

(续表)

年段	能力要素	难度系数	具体要求
中年级	设计能力	★★★	能构建简单的活动设计框架,并对活动内容有所甄选
	组织能力	★★★★	能在老师和家长的陪同下,完成活动材料的准备、活动地点的落实,明确各自的分工
	实施能力	★★★	能用记录表、拍照等方式记录下活动过程,并能协调和同伴的关系,以小组合作的形式完成活动成果的展示
	评价能力	★★★★	能针对自己设计一张活动的评价表,同时能用个性化的方式去评价开展的活动或者设计成果展示的评价
高年级	设计能力	★★★★	能自主选择活动主题,并进行活动内容方案的完整设计
	组织能力	★★★★★	能自主进行活动分组,并明确岗位各自进行活动材料、活动地点、活动邀请等任务的落实;能简单进行活动经费的预算,有一定的经济能力
	实施能力	★★★★★	活动过程中的记录、活动的调整、活动成果的展示形式等基本以自主完成为主,老师、家长根据需求适时从旁给予指导
	评价能力	★★★★★	对活动的评价,对自我和同伴的评价,对奖励形式的评价等都能通过个性化的设计去落实

二、小学生自主活动能力培养的基本内容

小学生自主活动能力强调突出的是"自主",要引导学生跳出常规活动,发挥主观能动性,以活动的主体去参与,在活动中彰显创新能力,这样学生的自主能力便能得到充分的锻炼。本课题要研究的能力培养内容主要包含几下几种:

(一)设计能力

活动设计能力不仅要有计划能力和创造性思维能力,还要掌握设计的方法。小学生自主活动设计能力主要包括对活动整体的设计能力,如对活动主题、活动形式、活动流程等方面的计划安排能力;还包括对活动细节的设计能力,如对活动环境、活动评价等方面的计划安排能力。

(二)组织能力

对于学生来说,组织能力是指为了有效地实现活动目标,灵活地运用各种方法,把各种力量合理地组织和有效地协调起来的能力,包括活动前资源的组建能力和活动中协调关系的能力等,它是一个学生运用所学知识,体现个人素质的外在综合表现。同时,组织能力的培养也是对活动进入实施阶段的有力保障。

（三）合作能力

活动合作能力是指在活动的过程中,学生以小组或团队的形式,为了一定的目标、任务而进行的相互之间或与组外人员进行沟通、交流、帮助的能力。学生在活动中的合作能力具体体现在倾听、表达、讨论、组织、评价这5个方面。培养学生的活动合作能力需要关注以下几个要素:激发小组成员间的合作意识,有明确的分工,能主动和同伴进行沟通,虚心接受他人的建议。

（四）调控能力

所谓活动调控能力,是指针对活动中产生的问题、遇到的意外,能进行调整的能力;以及当对活动内容或方式等有了新的想法后,能进行改进的能力。通过这些调整和改进,达到控制各种因素、保证活动顺利实施、提高活动效率的目的。

（五）评价能力

活动评价一般包括对活动过程中学生、活动内容、活动方法、活动环境、活动管理诸因素等的评价。活动评价能力是指对于参与的整个活动进行评价的能力,主要分为:对活动本身的评价,对活动能力的评价和对同伴行为的评价等。自主活动的评价形式可以多种多样,如汇报、成果或作品展示、竞赛、评比等。评价的方式可以采用自评,或者自评和互评相结合,无论哪一种形式,评价需要关注学生在活动中自主意识的建立,自主行为的表现,自主能力的提高,用观察作为评价学生的基础。

三、小学生自主活动能力的培养途径和方法

本课题将自主活动分成三大类进行实践研究,涵盖了学校活动的各个领域,确保时时处处都能以课题研究的方式指导学生开展丰富多彩的活动,进而培养学生的自主活动能力,提升学生的综合素养。

（一）学科拓展活动

学科涉及语文、数学、英语、自然、美术、音乐、信息技术等众多学科,从教材中挖掘可以组织学生进行自主活动的主题和素材,如调查类、创作类、实验类、表演类等。也可以是由学校层面组织的和学科相关的文化周活动,如语文周、数学周、英语周活动等。该活动建立在学科学习的基础上,又延伸于学生的课外学习生活。

1. 抓学科特点,挖活动选题

由于一节课的时间有限,学习活动的空间也有限,需要将学科知识的学习延

伸至课堂以外,拓展学科教学活动,将学生的认知结构充实得更加立体和完善。教师可以通过对学科知识的分析及梳理,根据课堂教学选择某一点,结合学生现有知识水平,找到具有学科特点的拓展点,对教材内容进行延伸,引导学生找到拓展活动的主题,重新建构自己的知识体系。

学科拓展活动主题设计一览表

学科	学 科 渗 透 点	学科拓展活动主题
语文	《扬州茶馆》一课介绍了扬州的特色小吃和茶点,结合文中"烫干丝"的生动描写,运用合适的动词,仿写一段亲手下厨的小菜制作过程	巧手弄厨　巧心煮文
数学	在之前的学习中学生已经初步接触过简单的搭配问题,已经积累了简单的排列组合、统计、计算等数学知识,进而以改善学生的校园午餐为活动突破口,用所学进行合理的营养搭配,以此改变学生挑食的习惯,均衡自身的营养	营养午餐
英语	结合课文中一些关于时间的单词,引导学生运用 second, minute, hour, day, week, month, year 等单词进行英语情景剧本的设计以及相关道具的制作	Exploring time
品社	《美化我的"小天地"》这一课讲述了可以通过色彩的运用、功能的区分、细节的调整、绿化的讲究使自己的小天地更加舒适、美观、实用。由此引导学生们担当"设计师",用生活中的各种材料和资源去改变自己房间的现状,使之美观	设计我的小天地
信息	在学习"设计与制作表格"的技能基础上,结合学生学习需求,与学生的课程表制作结合起来,既能巩固所学知识,又能将课程表为学生所用	让我们的课程表变漂亮
自然	《解冻》一课帮助学生认识了物体解冻是因为物体吸收热量的结果。为了激发一年级学生的科学探究精神,创设一个给饮料宝宝解冻的情景,让学生对这个实验过程做一个简单的科学记录,引导学生想更多的方法来给冰冻的饮料解冻	我给饮料宝宝解冻
音乐	《音的强弱》这一课教学内容旨在通过各种音乐活动,帮助学生感受体验音的强弱,鼓励学生积极参与音乐活动,敢于表现自我,在生活中找寻与音乐相关的声响	音乐创作工坊
美术	《点线的变化》这一课着重引导学生用不同的点线组合画完整4块面,并注意画面大小疏密的变化。在此基础上利用生活中的圆形物体,结合各色的毛线进行工艺作品再创造	生活中点线艺术

2. 借知识迁移,做活动设计

学科拓展活动就是借助学科知识的迁移,为自主活动的开展做好蓝图的设计。这样的学习更具活动性、探究性和创造性,学生运用知识去解决自己熟知的生活中的各类问题,再反观自己已学的知识技能,将知识结构建筑得更加扎实。此外,任何一门学科都并不是独立存在的,它们始终相互依存。学科拓展活动正好将这些知识的迁移巧妙地设计在一起,由学生在自主的探究、实验、游戏中去领会其中的精髓。

如"奇妙的剪纸"这一探究活动,是学生在认识了轴对称图形以后安排的拓展活动。其目的是通过活动,一方面让学生体会数学在生活中的应用,培养学生创造性运用数学知识的意识和技能,提高学生自主活动的能力;另一方面,让学生体会我国民间艺术的绚丽,培养学生对民族、对人民的美好情感,激发学生欣赏美、创造美的热情。活动中,教师将轴对称图形的知识迁移到了美术学科领域,用民间工艺剪纸的艺术去实践设计轴对称图形的窗花,教师边指导剪纸的各类方法,边将如何进行轴对称折纸的数学原理融入,学生既体验了一把民间艺人的美学之旅,又将所学数学知识变为了身边最美的实用艺术。

3. 融学科技能,拓活动平台

学科拓展活动是以某一学科的知识作为活动支撑点,并融合其他学科知识而开展的活动。通过多学科的交叉融合,让学生经历多样化的学习方式,开拓综合性的活动平台,既能促进学生对学科知识的学习,又能使学生所学的知识形成整体的、系统的知识框架,不仅拓宽了学生的知识面,加深对知识的理解,还进一步提高他们对知识的运用能力和迁移能力。

(二)探究活动

所谓探究活动就是指基于学生的兴趣和需求,在教师的启发诱导下,以学生独立自主学习和合作讨论为前提,以学生周围世界和生活实际为参照对象,通过自我探究引导学生学会学习和掌握科学方法,进而能自主发现问题、提出问题、分析问题、解决问题,从而获取知识、发展能力的活动。

1. 问题导入,确立探究主题

探究主题的来源取决于问题的发现,而探究过程中问题的产生,或者重要信息的发现也都取决于学生发现问题的能力是否得到锻炼。由问题导入探究主题,这样更有明确的目标性,方便学生开展探究活动。

探究活动主题设计一览表

序号	问题点	探究活动主题
1	植物的生长过程是怎样的？ 怎样做观察记录？	玉米种子成长记
2	我的家每天会产生多少垃圾？ 怎样进行垃圾分类？	侦查家庭垃圾
3	生活中有哪些常见的汽车？ 每种汽车的用途是什么？ 汽车发展的历史是怎样的？	汽车展示会
4	哪些物体能在水中浮起来？ 哪些物体浮力大？ 如何改变浮沉的状态？	浮与沉的探究
5	眼睛、耳朵、双手等有哪些本领？ 手有哪些本领？	身体的小秘密
6	交通标志有哪些？ 这些标志有什么作用？	交通标志进校园
7	……	……

2. 深入生活，多元探究释疑

社会是另一个重要的学校和课堂，生活是另一种重要的课程和教材。探究活动的开展可以带着学生走进他们的生活，用生活中的各类资源去调动学生的各个感官，从而将探究过程中的各种能力潜能激发出来。只要学生主动探究，他们一定能在预定和生成的各类困惑中得到所需的答案，进而改变自己能力的现状，不同程度地强大自我。

如"侦查家庭垃圾"这一探究活动，就是将学生推向家庭，推向社会，通过一系列的探究与调查，了解每个学生家庭中垃圾的情况，并通过小组合作有效地去落实垃圾分类，这是很有现实意义和环保作用的活动，学生受益匪浅。"花木的路"这一探究活动很有意思，对生于花木、长于花木的学生来说，穿梭于花木社区的"芳华路""白杨路""樱花路""牡丹路"本来是一件很平常的事，但是这个议题的抛出，让学生对道路命名充满了好奇心，于是一次"花木一日游"的亲子社会探究活动应运而生。

无论是在课堂内，还是在课堂外，学生的生活就应该是多元化的，探究内容便能随时在学生的生活中冒出来，推动着他们向自己的学习目标迈进，学生也能在生活中养成仔细观察、发现问题、解决问题的好习惯。

3. 注重过程,锻炼探究能力

一个有效的探究活动不是一蹴而就的,它需要经历一个长期的过程,少则一个星期,多则一个月。因此,教师更要注重学生过程性的记录以及在探究过程中学生能力的锻炼。诚如加拿大医学家班廷所言:"人生最大的快乐不在于占有什么,而在于追求什么的过程中。"注重过程的充实与丰富,学生的探究意识也会变得更强。

(三)德育活动

德育活动是校园文化的重头戏,也是培养学生思想道德品质的主阵地,因而包含了学校开展的诸多节庆、主题活动以及少先队活动。将常规的校园德育活动自动化,以体现学生的自主活动能力,可以放手由学生来完成某一个德育活动或者某一个活动环节。

1. 启动学生内需,设计德育活动

"需求"是学生主动求知的不竭动力,德育活动的设计应从学生亲历的生活入手,了解、满足、反映学生的内在需求,营造充分民主的环境,从而真正触动学生的心灵,让学生在参与德育活动中真正有所感,有所思,更有所行。

德育活动内容设计一览表

活动对象	活动形式	活动内容概要
学校戏剧社学生	"汽车总动员"校园剧创作	结合学校安全教育活动周,学生自主开展交通安全方面的作品创作。搜集一年内本市发生车祸事故的数据、事故发生原因,撰写调查小报告,提炼故事素材
一年级学生	叠衣服、系鞋带比赛	以"童心巧手自理"德育校本活动为主题,学生自主开展生活自理类活动,通过培训课、训练课、竞赛课等活动类型,开展劳动体验活动,培养学生的动手能力以及珍惜劳动成果的良好习惯,形成积极的生活态度
二年级学生	剥毛豆比赛	
三年级学生	剥大蒜、缝纽扣比赛	
四年级学生	包书皮比赛	
五年级学生	扎辫子、削土豆比赛	
三、四、五年级学生	值周中队实践岗活动	发挥少先队的主动性和活动性,以"我们的中队我们管,我们的队员我们负责"的意识,进行课间休息、文明午餐、有序放学等行规内容的管理和检查考核,以此产生学校的行为规范示范班
……	……	……

2. 开拓活动资源，优化实践育德

丰富的活动资源，能够吸引学生的兴趣，对学生的德育认知和德育行为的外化起着重要的推动作用。在各项德育活动中，教师需要调动起学生的积极性，让每个学生都自主参与活动的策划、管理和实施的过程中。要相信学生必定能在活动中找到属于自己擅长的岗位或位置，进而在自我的体验与实践中成长。如少先队活动中有的中队开展"学习雷锋精神"主题队会，队员们选拔主持人，撰写主持稿，并自由组合以小组为单位准备节目，各种才艺齐上阵，在活动中，学生们进一步认识、了解了雷锋这个英雄人物。又如以"理书包"为主题的十分钟队会，中队委员们撰写活动方案，进行人员分工，成立活动组、培训组、评委组、参赛组等，进行小队之间的评比与颁奖……

在各项德育活动中，教师需要担当的是导演的角色，资源的开拓者，学生才是活动的主角，在活动的组织和活动建设上，要把重点放在"还给学生，让每个学生都自主参与活动的策划、管理和实施的过程中"。

3. 自主管理团队，有效运作活动

自主管理是培养学生责任感和能力的最佳途径，它重在引导学生如何理解同伴的合理要求和建议，如何理顺老师和同学之间的关系，如何调理同学之间的矛盾等。学生的目标一旦清晰，做事的激情和方法就会多出许多来，有了好的目标加上不断改进的方法，往往会达到事半功倍的效果。如，在一些自主活动的场地物资准备方面，物资准备小组队员的能力，也是活动能否有条不紊开展的关键。学生们"扮演"小总务的角色，他们学会了用3个问题来作彼此间的温馨提示：(1)活动时间、地点、准备的物品都合理？(2)活动中可能还会出现什么困难？(3)活动的安全注意了吗？在问题的引领下，学生的自主思考问题和解决问题的能力就得到了很大的培养和提高，他们也学会了以"小当家"的身份邀请老师和家长一起参与，咨询问题，寻求帮助。当教师尊重每一个学生的个性特长之时，便是学生融入自我管理的最佳状态。

四、教师在培养小学生自主活动能力中的指导策略

自主活动的实施是学生以活动为中心，重组经验的过程。在这个过程中，需要教师对学生的活动环节进行持续的管理、监控和有效指导，才能让学生的能力在实践中得到提升。教师的指导要充分发挥学生的主动性，体现主体意识，引导

学生变被动为主动。

(一)聚焦学生的兴趣点或困惑点

选择学生感兴趣的、喜闻乐见的活动主题能最大限度地调动起学生活动的主动性,能够让他们以饱满的热情主动参与到活动中来。当学生对学科中的某一个知识点特别感兴趣时,教师要抓住这股热情,引导学生做探究。同样,学生对某一事物的困惑也是教师需要格外注意的,因为这也是他们想要寻求答案的契机和动机,进而可以转化为一种活动的兴趣,为开展自主活动寻找到了一个突破口。总之,教师需要保持敏锐的观察力,充分了解不同年段学生的兴趣点和问题点,以这些落脚点为自主活动开展的起点。

(二)指导学生进行活动方案设计

活动方案的设计是活动前的计划文本,是活动开展的前提,也是活动成功的有力保障。所以教师必须以"参与者"的身份参与学生的方案制定和讨论过程,教给学生一定的方法,而切不可代替学生做决定,指定任务给学生。为了确保活动开展时有一定的文本参照和指引,教师还可以提供活动方案的文本框架给学生参考。

如在"叠衣服"德育活动中,由于面对的对象是二年级学生,相对来说,让他们完整地组织活动明显不太可能,所以就在自主活动能力的策略培养上,落在"指导学生制定比赛规则"这一项。通过叠衣服训练课,让学生讨论"怎么才能拿冠军",引导学生慢慢总结出"快""美""齐"评价要点,然后以小组为单位,制定比赛规则,从时间上、完成程度上进行细化和完善,利用低年级学生爱好涂涂画画的特点,用图文相结合的方式完成比赛细则表。

(三)协调学生活动中的各类突发状况

自主活动是开放型的活动,学生虽有一定的生活经验,但在活动中还是会碰到各种各样的困难或突发状况,因此活动实施的过程中,作为指导者、参与者、引领者、管理者的教师要时刻跟进学生的活动,了解活动的进度,和学生一起研究,共同解决。小学生自我控制能力差,好玩耍的个性心理特征常导致学生在自主活动中会做出一些带有危险性的事情,所以教师还要把培养学生的安全意识当作活动过程中一项重要的任务来抓。比如做各类科学小实验时,必须引导学生注意正确使用工具;走出校门探究时,则要注意交通安全和人身安全;利用网络进行资料搜集时,也得时刻防范垃圾网站的侵袭……

（四）指导学生用恰当的形式进行成果展示

展示交流既是对学生在综合实践活动中的各种表现和活动产品作一个小结，是学生能力成长的最好见证，也是一种师生间、学生同伴间共同学习和交流的机会，是学生学会发现自我、欣赏别人的过程。教师要指导学生用恰当、有效的方式展示成果，能够扩大宣传效应，满足学生的成就感，获取更多的愉悦感。

如在"巧手弄厨　巧心煮文"活动中，教师引导学生在家亲自动手制作了"烫干丝""炒鸡蛋"，许多学生争先恐后地将做好的菜用照片记录下来，有学生拍摄了视频，在班级里进行播放，还有学生直接把"烫干丝"这道菜带到学校和小伙伴分享。这样的成果展示方式让学生们兴致盎然，有好几个还对原来的制作过程进行了创新，品尝会上好评连连，味道绝对是各有千秋。在教师"百家争鸣"的倡议下，学生们各显神通展示活动成果，动手能力、信息技术能力、表达能力得到充分提升。

五、对小学生自主活动能力培养的评价

本课题研究的评价主要分为评价活动和评价学生两大方面，通过各种形式的自评、互评、总评，来验证活动的价值，以及学生活动能力、参与度等方面的情况反馈。教师在组织学生开展各类自主活动过程中，可以自行设计各种评价量表和评价方式进行评价。

（一）对活动的评价

对整个自主活动进行全面的评价能让教师和学生清楚地了解开展的这一活动在目标设计、活动内容、活动意义等方面存在的优势与不足。这既是在活动前对活动的指导，也是对活动中每一个环节的考核，还是为今后的活动后续延伸做好充分的预备工作。

自主活动评价表

评价指标	具体指标要求	非常符合	比较符合	一般	基本符合	完全不符合
活动目标的适切性	（1）活动设计的难易度能适应我所在的年级以及自己的年龄 （2）活动目标任务明确，我知道如何去认领任务并实施					

(续表)

评价指标	具体指标要求	评价等第				
^	^	非常符合	比较符合	一般	基本符合	完全不符合
活动内容的趣味性	（1）活动内容十分有趣，有足够的吸引力吸引我 （2）活动内容有游戏、实验、社会实践等，内容丰富多彩					
活动价值的有效性	（1）自主活动让我增长了许多知识，锻炼了我的能力 （2）自主活动能有效解决我再学习和生活中的困惑，开拓了我的眼界					
活动环境的安全性	（1）活动环境很安全，我能安心地进行活动 （2）活动中提供的工具等也十分安全，我能顺利地使用 （3）活动前有专门的安全指导或安全提示					
我对自主活动的总体评价（建议）						

（二）对学生能力的评价

本课题研究的重点是学生的各种活动能力，因而在活动开展前期、开展过程中，以及活动结束后，都需要对学生能力的现状做一个评价。评价的方式可以采用自我评价，或者自评和互评相结合。评价需要关注学生在活动中自主意识的建立、自主行为的表现、自主能力的提高，用观察作为评价学生的基础。

学生活动能力评价表

评价指标	评价方式			
^	自评	同伴评	教师评	家长评
设计能力	☺ ☹ 😮	☺ ☹ 😮	☺ ☹ 😮	☺ ☹ 😮
组织能力	☺ ☹ 😮	☺ ☹ 😮	☺ ☹ 😮	☺ ☹ 😮
协调能力	☺ ☹ 😮	☺ ☹ 😮	☺ ☹ 😮	☺ ☹ 😮
合作能力	☺ ☹ 😮	☺ ☹ 😮	☺ ☹ 😮	☺ ☹ 😮
交流能力	☺ ☹ 😮	☺ ☹ 😮	☺ ☹ 😮	☺ ☹ 😮
我想对你说：				签名：

（三）对学生参与情况的评价

自主活动是一个实践活动的过程，不但要关心学生学会了哪些知识、掌握了哪些技能，更要关心学生在参与活动中的情感、态度、价值观的发展和变化，关心学生合作与交往能力的提高，关心学生社会化的发展，因此自主活动的评价也要注重过程性评价，注重学生在活动过程中的体验。

学生参与情况评价表

学生姓名：_____

评价指标	评 价 等 第 标 准 A	B	C	评价
参与的主动性	积极参与活动、主动承担活动任务	接受分配任务，并认真参与	参与活动比较被动，一直需要同伴提醒	A（　） B（　） C（　）
活动的执行力	明确活动要求，并在活动中出色完成任务	在活动中能比较认真地完成任务，质量有提高的空间	执行活动任务中出现了一些问题，需要同伴帮助得以完成	A（　） B（　） C（　）
与同伴的合作	与同伴友好相处，并懂得与同伴合作，提高活动的效率，岗位分工明确，并能适当协调任务	和同伴相处中比较友好地开展活动，目标任务明确，但偶有与同伴的矛盾需协调	对自己所在团队中的岗位任务不清，与同伴相处中不善于包容	A（　） B（　） C（　）
对自我的认可度	觉得自己在活动中表现出色，成果展示交流也很成功，认为自己是一个能干的人	觉得自己在活动中的地位比较重要，在今后的活动中还能变得更强	觉得自己不是很能干，总需要别人帮助，能力方面比较弱	A（　） B（　） C（　）

六、研究成效

（一）学生自主意识的增强

孔子曾经说过："知之者不如好知者，好知者不如乐知者。"学生的学习兴趣一旦被激发，其潜能便会得到开发，自主性便会得到提高。根据小学生好玩好动的天性，内容丰富、形式多样的活动能够很好地激发出学生的活动兴趣，从而形成主动参与活动的积极性，学生从"要我做"转变为"我要做"，自主意识的增强能够促使学生各方面能力和素养的提升。在不同类别的自主活动中，学生所体现出的自主意识是有所区别的。

1. 学生主动运用知识解决问题的意识增强

学科拓展活动是基于学生在课内已经获得的学科知识和技能而开展的，学生将已有的知识经验作为活动开展的基石，使得自己在开展活动时有了足够的底气和信心，从而激发出学生乐于主动去运用所学知识解决问题的意识。学生在主动参与的过程中，不仅知识面得到了拓展，思维能力得到了提升，还能增强运用知识解决问题的能力。

2. 学生发现问题、解决问题的意识增强

小学阶段的学生有着强烈的好奇心和求知欲，他们喜欢观察周围的世界，提出自己的疑惑，对身边的一些现象、事物充满着兴趣。兴趣，便是学生探求知识、发现规律的推动力，能够很好地激发出他们主动探究的欲望。在探究时，学生会变得愈发地善于观察身边的事物，从中发现存在的问题，并在好奇心的推动下尝试自己解决问题。

3. 学生挖掘生活素材、自我教育的意识增强

德育活动，是为了强化学生的道德实践、培育学生的情感体验、培养学生的良好行为习惯。为此，德育活动的素材往往是从学生的生活中挖掘出来的。贴近学生生活的事件，更容易激发出学生内心的共鸣，提高学生参与的积极性。在学生成长的过程中，能够对生活中的事物有所思考，学会挖掘生活中有价值的素材，从中锻炼自己的能力，培养良好的品质，从而在自己设计组织的活动中对自我进行教育。任何活动过程的意义都胜于结果的意义，活动中的困惑也好、欣喜也好、成功也好、挫败也好，学生的心理经历了丰富的体验，学生的能力得到了发展。

（二）学生活动能力的提升

自主活动给学生提供了自主合作探究的平台。学生在参与活动的过程中，亲身体验、亲自实践，不仅拓宽了知识面，更重要的是活动能力得到了充分提升和发展，其中尤为突出的就是学生调控能力和表达能力的提升，同时学生的设计能力、组织能力也在活动中得到了进一步发展。

1. 调控能力的提升

在活动过程中，学生不可避免会遇到或大或小的问题，这些意外状况的产生就给予了学生锻炼随机应变能力的机会，这时学生就可以发挥自己的智慧，对活

动过程中产生的问题和意外进行调整,以及对活动内容和方式等及时改进,以确保活动能够顺利开展。

2. 表达能力的提升

自主活动为学生的表达营造了一个宽松、自由的良好环境,创设了一个可供学生自由发挥的平台,提供了一个让学生可以表达的契机。在与同伴讨论的过程中,学生学会了生动有效地表达情感、想法、建议,同时懂得在不同的活动场景中调整自己的语言,更好地与同伴交往。

3. 设计能力的提升

学生是自主活动的主体,自主活动给予了学生自由发挥想象创意的机会,学生根据活动要求,自己构思、设计活动的方案、活动的形式、活动的环节等计划安排或者设计活动中所需的海报、邀请函、评分表等活动材料的机会,让学生有机会发挥自己的创意,做自己想做的事,做自己感兴趣的事。在亲自动手设计的过程中,学生会激发出对活动内容的探究欲,会产生对知识追求的一种深层次动力。

4. 组织能力的提升

"爱表现自己"是孩子的天性,积极主动的学生总是事事冲在前,能力强的学生总喜欢大包大揽,学生在活动中容易出现角色定位不清晰、分工不明确的问题。为了能实现活动的各项计划目标,学生就需要通过讨论、协商,发挥自己的智慧,灵活地运用各种方法,把活动的各个分工、各个环节有效、合理地组织起来。在这一过程中,学生们学会了比较全面地思考问题,学会了分工合作,学会了合理安排活动步骤,知晓了活动中需要的后勤保障,以确保活动顺利地开展。

(三) 学生合作意识的强化

合作是自主活动最主要的载体,自主活动离不开学生间的合作。在活动过程中,学生想要获得成功,想要达成活动目标和任务,就需要彼此之间进行沟通、交流、帮助,发挥合作的力量。其中,小组的建设有助于强化学生的合作意识。在互助合作的过程中,大家集思广益,共同出谋划策,以达到活动目标,从中体验合作成功的快乐,自然而然地把自我融入集体当中,树立起合作精神。在合作过程中,学生逐渐学会与人相处,增进友谊,发展协作能力,充分了调动每个成员的积极性,让他们相互取长补短,共同进步。即使是班级中平时不爱与人沟通的学生,在活动中也会表现得比较积极,他们从中感受到了前所未有过的轻松和愉悦。学生自主活动的过程就是一种交往合作的过程,学生为了达成活动任务、解决活动过程中产生的问题,就会主动与他人沟通交流,学会运用集体的智慧和力量高效地完成任务。其实在不知不觉中,学生的合作欲望就已经在活动中被激发出来了,合作的意识也在不知不觉中增强。

(四)学生学习方式的改进

学生的学习方式对学习结果具有决定性的影响,教育必须着眼于学生潜能的唤醒、开掘与提升,促进学生的自主发展。学生是学习的主体,学生学习方式改进的过程就是他们主体意识和自我发展意识逐步增强的过程。基于学生的兴趣和发展需求而创设的自主活动,让学生产生"我要学"的学习兴趣,激发学生"我能学"的学习动力,培养"我会学"的学习能力。学生能够主动地参与活动、独立地完成活动、全身心地投入活动之中,化被动为主动,真正地从内心改变学习方式。

除了内在的变化,外在的改进也是不可或缺的。自主活动在内容上、时间上、形式上给予学生自主支配的机会。学生可以自主地选择活动的主题、活动和形式,在时间的选择上可以更加灵活,不仅仅局限于课堂之内,还可以延伸至课堂之外。自主活动从根本上改进了学生的学习方式,充分调动了学生的主观能动性,让学生在主动参与、乐于探究、勤于动手的过程中,获取新的知识,提高自主探究、合作交流的能力,促进自身的全面发展。

课题组组长:张建平　刘　湧
课题组成员:罗丽惠　汤　慧　刘逸婷　奚凤英　邵菊花　王　卫　郭明君
　　　　　　杨晓华　顾瑞红　乔洁琼　马祥音
单位:上海市浦东新区华林小学

4. 运用团辅技术提高特殊家庭学生心理健康水平的实证研究

上海市施湾中学 朱琼等

一、研究背景

（一）核心概念界定

1. 特殊家庭

特殊家庭指不同于正常家庭的家庭类型，这类家庭往往面临日常生活中家庭成员不全、家庭结构不完整或家庭功能不全等问题。本研究的特殊家庭主要是指单亲家庭（离异、丧偶）、再婚家庭、寄养（留守儿童）及残疾人（父母或儿童）家庭等。

2. 团体辅导

本研究界定的团体辅导为由领导者根据成员问题的相似性组成团体或者由成员自发组成课题小组，在领导者的心理援助和引导下，通过共同讨论、分享、训练，解决成员共同的发展问题或共有的心理问题，从而帮助成员得到积极向上的发展。

3. 心理健康

本研究的心理健康指在没有心理疾病的前提下，能积极地有目的地营造良好的环境，预防心理疾病，维护和促进心理健康的良好状态，使个体具有良好的心理素质和心理功能。[①]

（二）文献综述

1. 特殊家庭学生心理健康的相关研究

特殊家庭学生的心理健康问题是社会各界的学者研究的一个焦点问题。江西九江"家庭结构缺损型学生心理特点及其教育对策的研究"课题组 2005 年对家庭结构缺损型学生心理健康状况的研究表明，缺损家庭学生中存在较高比例

---

① 谢培松,秦平.学生心理辅导[M].北京:北京出版社,2017.

的心理异常者,尤其在冲动倾向和孤独倾向2个项目上,均有约占7%的学生存在中等及其以上程度的心理异常。柴江和许庆豫(2015)的研究表明特殊家庭中学生的社会适应性明显低于正常家庭中学生,主要表现在情绪控制、人际关系和学习适应三方面。[1]邢艳菲(2008)对特殊家庭学生心理健康的研究发现,特殊家庭儿童量表总分标准分和各分量表得分的标准分均高于非特殊家庭青少年,其中量表总分、孤独倾向、自责倾向、身体症状和冲动倾向的差异有显著性。[2]刘海洋(2016)对秦岭山区特殊家庭学生存在的心理问题及原因剖析,重点从家庭、学校、家校合作、社会及学生个人等方面进行深入的研究。[3]李涛(2012)研究单亲家庭学生心理发现,这一群体普遍存在自卑感强,有强烈的嫉妒心,性格孤僻,行为叛逆,存在着交际障碍。[4]

综上所述,初中阶段是学生心理发展最不稳定的时期,其心理逐渐从幼稚转变为成熟。而特殊家庭学生的情况要更严重一些,他们的心理健康状况不容乐观,作为教育者的我们要重视这个处于人格发展关键期的群体,更要关注他们的心理健康状况。

2. 已有研究的不足

近年来,研究者就团辅技术的理论研究比较多,运用团辅技术对某一特定群体的特定问题展开的实证研究也比较多[5];对特殊家庭学生的心理健康问题的理论研究也有大量的研究[6]。不过,对特殊家庭学生心理健康水平的理论研究不多,运用团辅技术提高特殊家庭学生心理健康水平的实证研究更是没有涉及。

二、研究设计

纵观我国团体心理辅导的研究对象大多以大学生、中职校学生、初三学生、

---

[1] 柴江,许庆豫.特殊家庭中学生社会适应性明显低于正常家庭——基于特殊家庭中学生社会适应性的调查研究[J].中国教育学刊,4:25—29.
[2] 邢艳菲.特殊家庭结构与初一学生心理健康关系的研究[D].硕士学位论文,华中科技大学,2008.
[3] 刘海洋.秦岭山区初中特殊家庭学生心理健康教育研究[D].硕士学位论文,山东师范大学,2016.
[4] 李涛.单亲家庭学生心理行为偏差及学校教育策略——以包三十六中初中单亲家庭学生为例[D].硕士学位论文,内蒙古师范大学,2012.
[5] 吴秀美.高中生人际焦虑现状及其团体辅导研究[D].硕士学位论文,内蒙古师范大学,2013.
[6] 贵霞.班主任如何做好特殊家庭学生的教育工作[J].科技信息,2014(1):45.

初一新生为主体；以某一类学生作为研究对象，比如对单亲家庭学生、留守儿童、贫困学生或者是学业不良学生的团体心理辅导的研究非常丰富。但针对特殊家庭学生这一群体的团体心理辅导的研究比较少，对这一群体团辅活动的实证研究更是凤毛麟角。

大量的研究表明团体心理辅导对提升研究对象的心理健康水平有着得天独厚的优势，但是哪些团辅活动能有效地提升特殊家庭学生的心理健康？它们能提升这一群体心理健康的哪些维度呢？这些都是本研究所要探讨的问题。

（一）研究假设

1. 团辅技术对改善特殊家庭学生的心理健康状况有显著性作用。

2. 团辅技术有助于增强特殊家庭学生的认知能力，改善他们的情感体验和支持系统，最终促进他们心理健康水平的提高。

（二）领导者

本团体有1位领导者持国家二级心理咨询师证书，并为心理健康教育研究生，2位持国家二级心理咨询师证书的助手兼观察者。

（三）研究对象

1. 招募团体成员

选取上海市浦东新区一所普通公办学校，研究者根据研究对象的特点，利用学校招募拓展课成员的时机，在课题组成员帮助下，以知情和自愿为原则，签署"知情同意书"。共招募18名特殊家庭学生。为避免标签作用，未告知他们都是来自特殊家庭，而说明是参加一个提升心理健康水平的团体辅导活动小组。

2. 确立研究对象的过程

招募的18名特殊家庭学生，男生12名，女生6名，均来自预备年级，之所以选择预备年级学生为研究对象，是因为预备年级是学生从小学进入中学的起始年级，也是他们从小学生成为中学生的过渡阶段。很多研究发现，处于起始阶段的学生面临青春期的身心发展阶段的不适应和升学的不适应[①]。

（四）研究工具

中国中学生心理健康量表（MMHI-60）是由我国著名心理学家王极盛教授

---

① 张慧娟.农村初中新生学校适应的团体辅导干预研究——以宿迁地区某农村中学为例[D].硕士学位论文，南京师范大学，2016.

等人于1997年编制的,可以有效而准确地测查中学生心理健康状况。该量表采用五级评分制,由60个项目10个因子组成。①

王极盛教授对2 446名中学生用"中国中学生心理健康量表,MMHI-60"进行大样本的施测,研究表明,10个分量表重测信度在0.716—0.905之间,同质信度在0.650 1—0.857 7之间,分半信度在0.634 1—0.840 0之间,表明该量表的信度较好;量表总分与各分量表的相关在0.765 2—0.872 6之间,各分量表之间的相关在0.402 7—0.758 7之间,表明该量表的结构效度较好以及各项目区分度良好(王极盛等,1997)。以上数据表明"中国中学生心理健康量表,MMHI-60"可以作为中学生心理健康测试的可靠工具。

(五)研究过程

1. 准备阶段

2017年1月—8月,主要工作为查阅文献、观察、交流、访谈。

(1)课题组选择适切的理论基础,研制团辅方案

通过对特殊家庭学生的课上和课后观察、与任课老师交流、对他们的访谈以及查阅文献,我们发现,特殊家庭学生的心理问题主要包括:情绪不良、学习适应不良、人际关系不良等方面。根据团体目标和团体对象特点,我们选择积极心理治疗和认知行为疗法这两种理论作为设计此次团体辅导方案的理论基础。

① 积极心理治疗。积极心理治疗来源于人本主义心理治疗,但与人本主义治疗注重来访者在治疗过程中的主体地位,强调来访者自身的作用不同的是,积极心理治疗主张对来访者的问题进行分析,让来访者体验到积极的情感,从而激发自身的积极能力。这些无疑对特殊家庭学生这一群体应对自己家庭的问题是很好的方式,因为对他们来说,虽然不能改变自己的家庭,但可以在接纳现实的同时,用积极的眼光看待自己,努力发现和提升自己的优势,树立生活理想,不断发展和成长。

② 认知行为疗法。特殊家庭学生存在很多情绪和行为层面的问题,像抑郁、沮丧、焦虑,人际关系不良,学习适应不良、时间管理不当等问题。这些问题都需要特定的方法加以改善,而认知行为疗法在矫正非理性信念、培养积极情

---

① 王极盛,李焰,赫尔实.中国中学生心理健康量表的编制及其标准化[J].社会心理科学,1997(4):15—20.

绪、改善不良行为模式方面都有着得天独厚的优势,所以在设计某些单元的团体活动时,我们借鉴了认知行为疗法的理念和技术。

(2) 开展前测,分析团体成员常见问题与表现

2017年9月使用"中国中学生心理健康量表"问卷测查学生的心理状况,并搜集前测数据。2017年9月1日—10日期间,使用统计分析软件SPSS 20.0对数据进行录入整理和分析后,发现研究对象心理健康的10个维度中的情绪不平衡、学习压力、人际关系和适应不良因子得分最高,得分越高说明心理健康水平越低。

① 适应不良。良好的适应能力是能根据环境的需要,努力调整,使自己的心理活动和行为方式更加符合环境变化和自身发展的要求,从而达到平衡。但对我们所研究的特殊家庭学生普遍存在不能根据环境的变化,调整自己的行为和心理活动。

② 学习压力过大。相对于小学,中学涉及的学科更多、学习的范围更广、学习难度更大,同学之间的竞争也更激烈,再加上由于家庭的特殊性,父母所能提供的物质和精神上的帮助都很有限,所有这些都让进入预备年级的学生倍感压力。

③ 情绪不平衡。特殊家庭学生往往存在抑郁、沮丧的自卑心理,焦虑愤懑的躁动心理以及幽怨苦闷的悲观心理。

④ 人际关系不良。由于自卑、悲观心理,以及内向孤僻的性格特征,特殊家庭学生往往在人际交往中受挫。

(3) 设置团辅方案

① 团体名称。为了保护研究对象,避免"特殊家庭"这些敏感的字眼给他们贴标签,在实际活动过程中,团体的名称定为:预见美好的自己——预备年级学生自我提高训练营。

② 团体目标。整体目标:提高特殊家庭学生的心理健康水平,促进其自我成长。具体目标:培养成员积极的情感能力和积极的认知能力,帮助其树立自尊自信,提高人际交往能力,缓解压力和焦虑情绪,培养积极合理的认知方式;帮助成员在解决实际困惑,如学习适应、时间管理、人际交往等问题。

③ 团体的阶段目标。研究者根据团体辅导的理论基础、特殊家庭学生的心理特点及其在现实生活中最常遇到的心理问题等,编写出针对特殊家庭学生心

理辅导方案,共 16 个单元。团体辅导各阶段的活动设计重点如下表:

团体辅导各阶段的活动设计重点

第 1—3 次	第 4—15 次	第 16 次
团体心理辅导的介绍,小组成员相互认识并初步了解,组员对小组的基本情况更明确,形成初步团体感	激发团体动力,从改善心理健康水平入手设计活动	整理自己在团体中的收获,分享在团体活动中的成长,进一步激励自己
初识期	工作期	结束期

④ 团体性质。本团体属于教育成长型团体,以成员的发展为主要目标;本团体的结构化程度很高;属于同质群体,均为特殊家庭学生。

⑤ 团体时间和次数。本团体分 16 单元,每周活动 1 次,每次活动时间 40 分钟。

(4) 团辅方案的设计

团体辅导内容及进度

序号	日期	活动名称	单元目标	活动内容
1	2017 年 9 月 11 日	邂逅"心晴小屋"	知道团辅活动的特征、形式和优势	活动一:认识团辅活动 活动二:签署"知情同意书" 活动三:畅想未来
2	2017 年 9 月 18 日	很高兴遇见你	小组成员相互认识并初步了解,组员对小组的基本情况更明确,形成初步团体感	活动一:虎克船长 活动二:猜猜 TA 是谁 活动三:扑克人生 活动四:滚雪球
3	2017 年 9 月 25 日	相约而遇	扩大交往圈子,拓展相识面;初步建立协作关系;明确团体目标、达成心理契约	活动一:桃花朵朵开 活动二:自制胸卡 活动三:天使之翼 活动四:明确目标、达成心理契约
4	2017 年 10 月 9 日	我有我梦想	明确学习目标,增强学习动力	活动一:天气报告 活动二:名字回顾,一句话梦想 活动三:三年后的蓝图
5	2017 年 10 月 16 日	我的未来不是梦	规划、分解目标,将长远目标与近期目标联系起来,增强学习动力	活动一:天气报告 活动二:青春梦田 活动三:我的未来不是梦

(续表)

序号	日期	活动名称	单元目标	活动内容
6	2017年10月23日	博弈vs双赢	知道学习中竞争与合作的重要	活动一:天气报告 活动二:红黑大战
7	2017年10月30日	合作共赢	明白同学之间应该在竞争中同进步,在合作中共发展,初步学会双赢	活动一:桃花朵朵开 活动二:众人七巧板
8	2017年11月6日	我的时间饼图	知道自己的时间分配	活动一:天气报告 活动二:冥想体验 活动三:时间饼图
9	2017年11月13日	再创我的时间饼图	发挥团体的力量解决学习中不善于规划学习时间的问题	活动一:分享时间饼图 活动二:我在做,你在看 活动三:时间管理理论 活动四:再创我的时间饼图
10	2017年11月20日	侧耳倾听	提高人际交往能力,改善人际交往状况	活动一:交头接耳 活动二:画图游戏
11	2017年11月27日	真我的风采	知道大家都有学习上的困惑,学会向他人求助	活动一:我的代表色 活动二:学习困扰求助信
12	2017年12月4日	赞美的力量	了解自我,认识自我,欣赏自我,建立自信	活动一:天气报告 活动二:画"自画像" 活动三:优点轰炸
13	2017年12月11日	做一个受欢迎的男生女生	了解受欢迎的男生女生性格特征,学会悦纳自己的性格特质,做一个受欢迎的人	活动一:你说我说 活动二:我欣赏的异性特征 活动三:我讨厌的异性特征 活动四:再定义"女汉子"和"暖男"
14	2017年12月18日	调一调心灵的弦	学习放松技巧,通过团体力量降低学习压力,将压力转变为学习动力	活动一:大风吹 活动二:肢体放松训练 活动三:想象放松训练
15	2017年12月25日	命运纸牌	学会接纳自己,懂得珍惜现在所拥有的资源,乐观地面对困难	活动一:天气预报 活动二:命运纸牌 活动三:我们的榜样
16	2018年1月8日	挥挥手,带走一片云彩	整理自己在团体中的收获,分享在团体活动中的成长,进一步激励自己	活动一:照片回顾 活动二:团体中的故事:我的成长与变化 活动三:"天使之翼"揭晓 活动四:告别寄语

（5）编制过程评估工具

领导者观察记录表：记录团体氛围、团体成员在活动中的表现、领导者自己的感受想法。

团体单元反馈表：每次团体活动一结束就由团体成员填写，当场回收。该表用于对每次活动的效果进行反馈，让领导者发现团辅活动存在的问题和不足，以便及时修改和完善。团体总反馈表：在所有的团辅活动结束之后由团体成员填写，目的是搜集团体成员对此次团辅活动的反馈和评价。

2. 实施阶段

2017年9月—2018年1月，主要工作为实施团辅方案及后测。2018年1月8日再次使用"中国中学生心理健康量表"问卷测查学生的心理状况，并搜集后测数据。

3. 总结阶段

2018年3月—2019年6月，主要工作为根据数据，撰写论文。

（六）数据处理

使用统计分析软件 SPSS 20.0 对数据进行录入整理和分析。

三、研究结果与分析

本研究采取定量研究和定性研究相结合的方式。定量研究主要通过"中国中学生心理健康量表"的测试，采集前测和后测数据。定性研究主要通过团辅过程记录。

（一）特殊家庭学生心理健康状况

1. 前测

对18名特殊家庭学生的心理健康状况进行前测，结果见下表。

特殊家庭学生心理健康及各因子前测结果分析

	M	SD
T1 强迫	2.20	0.75
T1 偏执	1.76	0.82
T1 敌对	2.07	0.93
T1 人际关系紧张与敏感	2.36	0.83
T1 抑郁	2.02	0.83

(续表)

	M	SD
T1 焦虑	2.16	1.02
T1 学习压力	2.46	0.87
T1 适应不良	2.24	0.76
T1 情绪不平衡	2.50	1.09
T1 心理不平衡	1.67	0.62
T1 心理健康均分	2.14	0.65

根据王极盛教授编制量表的评分标准,如果总均分小于2,表示研究对象心理健康总体状态良好,大于2小于3表示有轻度心理健康问题。从描述性统计结果来看,特殊家庭学生前测心理健康状况总均分为2.14,说明他们存在轻度心理问题,除在偏执和心理不平衡两个因子上小于2,处于良好状态外,在其他8个因子上的均分都大于2,有轻度心理问题。其中情绪不平衡、学习压力和人际关系紧张与敏感和适应不良这4个因子较其他更严重一些。

2. 后测

对18名特殊家庭学生的心理健康状况进行后测,结果见下表。

特殊家庭学生心理健康及各因子后测结果分析

	M	SD
T2 强迫	1.96	0.54
T2 偏执	1.71	0.80
T2 敌对	1.93	0.78
T2 人际关系紧张与敏感	2.12	0.69
T2 抑郁	1.90	0.70
T2 焦虑	1.98	0.71
T2 学习压力	1.98	0.56
T2 适应不良	1.91	0.59
T2 情绪不平衡	2.00	1.01
T2 心理不平衡	1.66	0.62
T2 心理健康均分	1.92	0.44

从描述性统计结果来看,特殊家庭学生前测心理健康状况总均分为1.92,说明他们的心理状况比较良好,除在人际关系与敏感、情绪不平衡两个因子上稍微

大于 2,具有轻度心理问题外,在其他 6 个因子上的均分都小于 2,处于良好的状态。

3. 特殊家庭学生心理健康在性别上的差异检验

为了研究特殊家庭学生心理健康状况在男女性别上是否有显著的统计学差异,采用独立样本 t 检验,结果显示男女生在心理健康总分和其他因子无论在前测还是后测都没有显著的统计学差异,见下表。从下表可以看出,无论是前测还是后测女生心理健康均分都略高于男生,心理健康均分越高表明心理健康水平越差,男生的心理健康水平略高于女生。

特殊家庭学生前、后测心理健康的性别差异

	男(n=12) M±SD	女(n=6) M±SD	t	p
T1 强迫	2.25±0.81	2.11±0.65	0.353	0.729
T2 强迫	2.02±0.61	1.84±0.37	0.648	0.526
T1 偏执	1.63±0.66	2.03±1.09	−0.980	0.342
T2 偏执	1.58±0.61	1.96±1.11	−0.939	0.362
T1 敌对	1.91±0.92	2.39±0.96	−1.034	0.316
T2 敌对	1.95±0.86	1.89±0.65	0.134	0.895
T1 人际关系紧张与敏感	2.23±0.89	2.61±0.70	−0.910	0.376
T2 人际关系紧张与敏感	2.13±0.73	2.09±0.67	0.110	0.914
T1 抑郁	1.79±0.67	2.47±0.99	−1.740	0.101
T2 抑郁	1.70±0.61	2.31±0.76	−1.863	0.081
T1 焦虑	1.86±0.72	2.23±0.90	−1.865	0.081
T2 焦虑	1.93±0.57	2.10±0.98	−0.462	0.650
T1 学习压力	2.39±0.93	2.61±0.79	−0.501	0.623
T2 学习压力	1.98±0.66	1.98±0.28	0.032	0.975
T1 适应不良	2.17±0.69	2.39±0.93	−0.549	0.591
T2 适应不良	1.83±0.61	2.05±055	−0.725	0.479
T1 情绪不平衡	2.34±0.85	2.83±1.49	−0.903	0.380
T2 情绪不平衡	1.80±0.79	2.40±1.36	−1.192	0.251
T1 心理不平衡	1.50±0.51	2.00±0.73	−1.684	0.112
T2 心理不平衡	1.50±0.51	1.98±0.73	−1.626	0.123
T1 心理健康均分	2.01±0.53	2.42±0.84	−1.285	0.217
T2 心理健康均分	1.85±0.36	2.07±0.58	−0.999	0.333

4. 特殊家庭学生心理健康变化分析

为了解特殊家庭学生心理健康的变化情况,对18名特殊家庭学生的心理健康状况前后测数据进行配对样本 t 检验,结果见下表。

特殊家庭学生心理健康及各因子前后测结果分析

	M±SD	t
强迫	0.25±0.42	2.478*
偏执	0.05±0.10	2.251*
敌对	0.14±0.52	1.153
人际关系紧张与敏感	0.24±0.40	2.529*
抑郁	0.12±0.23	2.133*
焦虑	0.17±0.72	1.017
学习压力	0.48±0.68	3.004**
适应不良	0.34±0.53	2.691*
情绪不平衡	0.50±0.73	2.916*
心理不平衡	0.01±0.02	1.000
心理健康均分	0.22±0.26	3.562**

注:表格中 * 表示 $p<0.05$,** 表示 $p<0.01$。

从结果来看,特殊家庭学生前测与后测的心理健康水平差异极显著($p<0.01$)。其中,学习压力因子的前后测差异极显著($p<0.01$),强迫、偏执、人际关系紧张与敏感、抑郁、适应不良、情绪不平衡差异显著($p<0.05$)。

从调查结果来看,特殊家庭学生在心理健康上,性别的主效应不显著。这和单丹丹2011年的研究结果一致。单丹丹发现,流动儿童的心理健康状况在性别中不存在显著的统计学差异,但男生的心理健康状况比女生稍好。[1]这和王极盛教授在1997年的研究结果是有差异的。王教授在1997年建立心理健康性别常模时发现,男女生心理健康水平的性别差异是显著的。其中的原因很有可能是,王极盛的研究距离现在时间比较久远,人们的观念也发生着日新月异的变化。男生的心理健康状况比女生稍好,这可能和男女生进入青春期时间不同有关。研究发现,女生进入青春期的时间为11—12岁,而男生进入青春期为13—14

---

[1] 单丹丹.城市流动儿童的社会认同及其对心理健康的影响[D].硕士学位论文,陕西师范大学,2011.

岁,女生普遍比男生早两年。处于预备年级的女生普遍进入青春期,而男生还未进入这个时期。青春期是一个从少年期向青年期过渡的时期,也是身体日渐成熟、思想活跃,从依赖走向独立的过程。在这个身体急剧变化的时期,学生的心理也承受着巨大的压力,较没有进入青春期的男生,女生在这一时期普遍存在情绪不稳定,过于敏感,自我评价、自我观察、自我体验较差以及自我控制的能力比较弱的特点。这也是本研究发现尽管男女生在心理健康状况方面没有显著差异,但女生的心理健康状况要弱于男生的原因。

特殊家庭学生的心理健康状况前测为轻度心理健康问题,后测心理健康状况良好,前测与后测有极显著性差异,其中学习压力前后测有极显著差异,人际关系敏感与紧张,适应不良和情绪不平衡前后测差异显著。学习压力、人际关系敏感与紧张、适应不良和情绪不平衡是前测中表现出最严重的4个因子。

本研究主要涉及缓解学习压力的单元有:我有我梦想、我的未来不是梦、博弈 vs 双赢、合作共赢、我的时间饼图、再创我的时间饼图。

"我有我梦想"的设计目的是让团员明确学习目标,增强学习动力。

"我的未来不是梦"是在上个单元明确学习目标的基础上规划、分解目标,将长远目标与近期目标联系起来,增强学习动力。

"博弈 vs 双赢"的设计目的是知道学习中竞争与合作的重要性,明白同学之间应该在竞争中同进步,在合作中共发展,初步学会双赢。

团员对"红黑大战"活动表现出极大兴趣,这可能和这个年龄段爱好竞争的心理有关。在分享环节中,有团员说只有学会在竞争中和他人合作,才会获得双赢。

基于合作才会双赢,我们设计了"合作共赢"单元。分享环节,有团员说在"众人七巧板"活动中,如果只考虑自己的话,团体的任务很难完成。也有团员说,学习中不能只从自己的角度考虑问题,要学会和他人合作,获得双赢。

发挥团体的力量解决团员学习中不善于规划学习时间的问题,我们设计了"我的时间饼图"这一单元活动。很多团员在分享环节中说到,表面上,我们花了很多时间在学习上,但其实真正有效的时间少之又少。他们也很想知道如何让时间有效起来。

为了让大家有效利用时间,我们设计了"再创我的时间饼图"的单元活动。团员在故事分享中纷纷表示:成功只属于做的人;要勤奋,不要懒惰;要付诸行动,不要空想象;心动就要行动,行动才会主动,等到最后只是后悔抱怨。

(二)团体辅导效果的定性研究

本研究除了用"中国中学生心理健康量表"对团辅方案的效果进行定量分析外,还使用"领导者观察记录表""团体单元反馈表""团体总反馈表"对团辅过程进行定性分析。

1."团体单元反馈表"的研究分析

本研究中,除了第一次和最后一次,总计14次活动,要求团体成员在每次活动之后立刻填写"团体单元反馈表",以便研究者通过此表了解成员对此次团体活动的感受和想法,作为对此次团体活动效果的参考。具体见下表。

各活动评分统计表

	1	2	3	4	5	6	7	8	9	10	11	12	13	14	平均分
适用性	4.4	4.5	4.8	4.4	4.9	4.6	4.6	4.6	4.7	4.5	4.8	4.5	4.8	4.4	4.6
趣味性	4.2	4.7	4.6	4.4	4.9	4.8	4.7	4.8	4.6	4.6	4.8	4.5	4.5	4.5	4.6
吸引力	4.1	4.2	4.6	4.7	4.8	4.4	4.7	4.4	4.7	4.6	4.9	4.6	4.6	4.6	4.6
愉悦度	4.5	4.4	4.7	4.8	4.7	4.7	4.8	4.3	4.8	4.7	4.7	4.7	4.4	4.7	4.6
坦诚度	4.0	4.1	4.2	4.3	4.4	4.4	4.4	4.6	4.8	4.5	4.5	4.7	4.8		4.5
合作性	4.2	4.2	4.3	4.4	4.4	4.5	4.4	4.7	4.6	4.6	4.7	4.9			4.5
主动性	4.2	4.3	4.4	4.4	4.5	4.3	4.3	4.4	4.5	4.6	4.6	4.7	4.8		4.5
自信心	4.1	4.4	4.4	4.5	4.7	4.4	4.5	4.6	4.6	4.6	4.6	4.7	4.8	4.5	4.5
满意度	4.6	4.7	4.7	4.8	4.8	4.8	4.5	4.4	4.9	4.7	4.7	4.6	4.9	4.8	4.7
友好度	4.7	4.7	4.5	4.8	4.5	4.7	4.6	4.9	4.7	4.5	4.8	4.6	4.6	4.9	4.7

注:表格中每项项目以1—5分进行评估,1—完全不符合,2—大部分不符合,3—不确定,4—部分符合,5—完全符合,本表所列的是平均分。

从表中不难发现,团体成员认为此次团体辅导方案的主题都很有意义,能够帮助他们解决一些学习和生活中的困惑和烦恼,符合他们的需要,有很强的适用性。尤其是"我有我梦想""博弈 vs 双赢""侧耳倾听""赞美的力量""调一调心灵的弦"这5个单元的适用性得分最高(超过4.6分),说明这5个单元的活动最能帮助到团体成员。

团体成员对寓教于乐的团辅活动充满着兴趣,普遍体验到了团辅活动带给他们的快乐和愉悦。相比平时以知识传授为主的课堂,团辅活动对团员们充满着吸引力,这也比较符合预备年级学生的身体和心理特点。这也是我们采用团辅活动这样的形式来提高团体成员心理健康水平的一个重要因素。

从团员个人的具体表现上看,他们在团体中勇于说出心里话的坦诚度,感受到组员间彼此相互信任、团结友善的合作性,勇于主动发言、主动表现自己的主动性以及自信心。从平均分的趋势上看,随着团体活动的开展有逐步向上的趋势。这和团体成员体验从彼此陌生到互相熟悉和理解这样的过程是分不开的。团体成员最早进入一个陌生群体,紧张不安和焦虑是难免的,导致团体成员之间不坦诚、不信任以及不友善。随着活动的开展,彼此之间也越来越熟悉,团员之间的信任、友善和合作性就体现出来了,个人的自信心也随之增强。

团体成员对期待下次团体活动的到来以及对领导者的喜欢在10个项目中评分最高。这充分说明团员对领导者十分信任,他们感受到领导者对他们的真诚和理解,团体带给他们的安全感和舒适感,他们在团体中找到了归属感。

综上所述,"团体单元反馈表"结果显示,本辅导方案能够有效地引导全体成员参与团体学习,有效地针对团体活动想要达到缓解团体成员情绪、学习压力、人际关系以及适应不良的目的,达到预期目标。

2."团体总反馈表"的研究分析

在最后一次团体活动之后,引导全体团员回顾之前的所有活动,然后填写"团体总反馈表"。

总单元反馈情况统计表

满意率	自我了解	人际沟通	情绪改善	处理学习压力	价值认同
94.7%	93.2%	95.6%	93.7%	89.5%	94.1%

分析发现,绝大多数团员对本次团体辅导满意。他们在此次团辅活动中增加了自我了解、人际沟通并改善自己的情绪。但在处理学习压力的能力上相比其他几项还有待提高。这可能和他们是学生这一身份有关,对学生来说,学习就是他们的使命,所以在有限的时间里提高处理学习压力的能力还是有难度的,需要在今后的学习中继续加强。总体上说,团体成员普遍认为此次团体辅导对他们来说非常有价值。

给团员印象最深,对他们最有帮助的活动单元分别是"博弈 vs 双赢""合作共赢""再创我的时间饼图"以及"赞美的力量"。这和之前"团体单元反馈表"上的调查结果也是一致的。这可能是因为这几个单元都以活动为主,比较贴近预备年级学生心理特点。因为这一群体特别喜爱有一定规则的竞赛，因此以"红黑大战""众人七巧板"为主题活动的竞争与合作类单元最受到团员的喜爱。

进入预备年级的学生，自我意识慢慢觉醒，他们特别在意同伴对自己的评价，当感受到同伴的正面评价时，他们的自尊心、自信心会得到特别大的提升，这也是"赞美的力量"这一单元会受到团员喜爱的原因。

四、结论

1. 特殊家庭学生在心理健康得分上不存在性别差异，这和当下男女平等的观念深入人心不无关系，再加上无论是男生还是女生，他们的生活环境也比较相似，因此他们的心理健康都没有像以往的研究一样体现出男女差异。

2. 特殊家庭学生的心理健康状况前测与后测有极显著性差异，其中学习压力为极显著差异，人际关系敏感与紧张、适应不良和情绪不平衡为显著差异。本研究的团体心理辅导方案对缓解特殊家庭学生学习压力有极大帮助。

3. 团员对本次团体辅导满意度较高。

4. 本研究编制的团体心理辅导方案能有效提高特殊家庭学生心理健康水平，他们的学习能力、人际关系能力、适应能力和情绪管理能力随心理健康水平的提高而得到显著改善。

5. 运用团体辅导一对多的形式节约咨询的时间和人力；团体辅导创设的信任、温暖、支持的团体氛围，为团员提供了优越的社交情境，较好地培养了团员对自我、对他人的积极态度，提升了团员的心理健康水平。

课题组组长：朱　琼
课题组成员：唐艺荣　乔国妹　施晓冬　胡　圆　游　燕　邵闵园　刘雯婕
　　　　　　金婷婷　张晓珍　檀燕芬　徐燕敏
单位：上海市施湾中学

5. 基于实证的学生过程性评价的实践研究

上海市浦东新区实验小学　谢尚文等

一、课题的提出

（一）概念界定

实证：指实际的证明、确凿的验证。我们所认识的过程性评价的内涵是指"在课程实施的过程中对学生的学习过程进行评价，内容包括学习方式方法、学习效果、与学习密切相关的非智力因素及学习过程中有教育意义的行为或结果"。"等第制评价"是指用"优秀""良好""合格""须努力"4个等级或用"A""B""C""D"等若干个等级指标相对应，来评价学生的学业成绩和综合表现。

（二）研究依据

1. 理论价值

对学生进行过程性评价方式来评价学生，有利于引导学校和教师牢固树立课程标准在教学与评价中的地位；有利于学校完善相应的评价工作管理机制；有利于促进学生全面发展与个性发展。因此，我们认为"基于实证的学生过程性评价的实践研究"课题能为等第制评价提供新的思路和操作途径，为丰富评价方式增加一种新的思考和有益案例。

2. 实践意义

本课题最大的实践意义是能更好地落实《上海市教育委员会关于小学阶段实施基于课程标准的教学与评价工作的意见》（以下简称《工作意见》），为落实《工作意见》提供一种操作思路和具体方法，使《工作意见》不仅具有可行性，而且具有真实性。

二、研究概述

（一）研究目标

1. 通过对学生进行过程性评价的实践，改变学生的学习方式、促进学生素养和能力的提高,使他们在学习过程中产生积极的态度,促进他们更主动、更有效地学习。

2. 通过教师对学生全面观察,激励学生,评价学生,分析与反思自己的教学行为,促进自身的专业发展。

3. 通过实施过程性评价,将评价融入日常的学习过程中,并合理利用评价的结果,发现学生学习中存在的问题,通过改进教学、加强反馈等形式,给予学生有效建议和针对性指导。

（二）研究内容

本课题研究内容主要体现在以下几个方面：

1. 在哪些范围内实施过程性的评价方式,用何种方法实施过程性评价,如何对学生的课堂学习表现、学生作业、学生学习进步情况等方面确定若干项目进行评价研究和实践。

2. 确定具体评价指标的研究,探索不同于以往的更合适的指标,乃至指标体系,也就是"确定、执行和调整具体的评价指标"的过程性研究和实践。

3. 寻求更好的评价方式,尝试让一、二年级学生参与评价的方法和途径,即"教师的评价方式和学生参与评价"的过程性研究和实践。

4. 评价过程中,学生表现的记录和相关信息搜集的具体研究,即"教师评价依据的观察、记录、分析"的过程性研究和实践。

（三）研究方法

1. 观察法

2. 作品分析法

3. 文献法和情报研究法

4. 行动研究法

5. 经验总结法

三、研究过程及实施

（一）确定研究对象

1. 研究对象

我们以浦东新区实验小学 2013 届的一班、二班,2012 届的一班、三班、四班学生作为研究对象,从 2014 年 1 月起,持续至 2016 年 6 月,进行了两年半的跟踪观察研究,搜集了近190名学生5个学期的课堂表现和作业表现的相关数据,对学生的学习情况、学习过程做记录。

2. 研究范围

涉及一、二年级的语文、数学学科,8位老师参加了此项研究。教师选择根据以下原则:有一定教学能力、有比较强的责任心、有一定的科研基础。

(二)确定指标及量表

为了使评价具有导向作用,必须制定过程性评价表。制定过程性评价表应该做到:一是将学生的学习过程、学习方法与学习态度作为评价的主要内容;二是评价的主体兼顾教师、学生;三是评价的方式分为等第制评定;四是评价目标力求明确。作为一种过程性评价的工具,它应具有提供评价依据与记录载体的重要功能;它规范老师、学生的评价行为;还应具备可操作性。评价指标必须考虑学科实际、教学实际和师生负担。

1. 第一轮实践:确定指标

起初,我们分语、数学科确定指标。数学学科重点从学生的运算能力、独立思考能力、合作交流能力、解决简单数学问题等能力进行评价,从而促进学生各方面的发展。确定目标后发现预期成果太抽象,不宜实施。根据学校课题总目标的要求,经过反复的讨论,针对一、二年级学生的年龄特点和数学学科低年级课程标准的具体要求,我们对指标进行了修正。最后,我们决定把评价的重点放在两个方面:学生作业情况评价和学生课堂表现评价。接着,我们细化这两个指标的二级指标:

低年级数学学科学生作业情况、课堂表现评价指标

学生作业情况评价	态度	学习是否认真,书写是否工整、清楚
	运算能力	解题是否灵活合理、正确率是否高
	进步幅度	对错误题目是否及时订正
	审美	本子是否干净、平整
学生课堂表现评价	发言情况	上课是否积极主动举手、回答是否正确、完整、有条理
	小组合作交流	是否积极参与组内成员讨论、主动发言多
	课堂练习反馈	习题正确率是否高

在实施过程中,我们发现"学生作业情况评价"中"审美"的二级指标(本子是

否干净、平整)与"学生作业情况评价"中"态度"的二级指标(学习是否认真,书写是否工整、清楚)有交叉、重复的地方。于是我们把"态度"和"审美"的二级指标进行了合并,对"态度"的二级指标重新进行了描述:学习认真、及时完成作业、对错误的题目能及时订正。在最初的学生作业情况记录表中,第二个二级指标原定为"运算能力"。我们设计指标时认为,低年级运算能力的培养至关重要,而且运算的评价相对容易操作。可后来在实施过程中发现,课堂中只评价学生的运算能力比较片面,因为数学学科涵盖了很多内容,只评价学生的运算有失偏颇。解题能力范围广,运算能力是其中的一部分,在教学过程中教师往往会发现有些学生运算不错,而灵活解题能力较差。所以我们认为把运算能力改为解题能力比较贴切和全面。

我们在制定语文学科过程性评价表时,把语文学习过程评价的指标定为课前准备、课堂表现和作业评价。希望通过课前、课中和课后的评价来呈现学生的学习状态。但在第一轮评价过程中,我们发现指标太笼统,无法进行量化统计。于是,我们开始修改指标,把各项指标细化为若干个小指标,如把"课堂表现"分为举手发言次数、发言情况、课堂专注度3项;把"作业情况"细化为整洁度、书写规范度、正确率3项;把"课前准备"分为带齐、少带、未带3项。这样,所得的评价更能反映学生的学习过程和方法、情感态度,老师操作起来方便,有目的性。

2. 第二轮实践:细化标准

评价指标确立后,就开始了实施过程性评价。我们主要以下述问题作为评价方案标准:

(1)评价方案实施时是否超出了老师现有的条件和能力?

(2)评价方案的评价标准是否恰切,评价工具搜集的信息是否准确?

(3)评价的工具是否给教师和学生带来很大的负担?

在实践中我们发现"学生作业情况评价"中有一个二级指标:进步幅度。原定的二级指标没有体现进步幅度,而进步幅度前后需要比较。在教学中,某些学生的进步表现比较明显,表现为解题的正确率大幅提高,这类学生教师比较容易评价。但是,班级中还存在一些优秀学生,他们很少会出现解题错误,对于这类学生我们怎么评价呢?为了体现评价的公平与公正,我们决定细化评价标准。于是,我们制定了"低年级数学学科学生作业情况进步幅度评价标准":

低年级数学学科学生作业情况进步幅度评价标准

评分	学 生 表 现
5分	（1）作业全对 （2）作业偶然出现错误（平均每月出现1—2次）
4分	（1）作业有错误，但是月平均正确率上升50％ （2）平均每月错误不超过5次
3分	（1）平均每月错误不超过上月 （2）月平均正确率上升30％
2分	错题会订正，但下次碰到类似题目继续出现错误

最终形成"_____学年度第_____学期浦东新区实验小学低年级数学学科学生作业情况评价记录"。随后我们还细化了"低年级数学学科学生课堂表现发言情况评价标准"：

低年级数学学科学生课堂表现发言情况评价标准

评分	评 价 标 准	实施主体	评价方式
5分	学生主动发言次数多（3次以上），完整有条理地回答问题，能用多种方法解题	小组评价	同伴评价
4分	学生能基本完整地回答问题，至少能用一种喜欢的方法说出算理	教师	课堂交流
3分	学生能回答出正确的结果，但不能具体说出有关的思考过程与方法	教师	课堂交流
2分	学生回答出现错误，对知识的掌握、相关的数学概念和技能运用不熟练	教师	课堂交流

在修改低年级数学学科学生小组合作这个指标的评价过程中，一开始教师觉得很难上手操作与评价。小组学习中怎样发挥每个学生学习的积极性，让每个孩子都有机会参与？我们做了相应的调整，主要表现为：

（1）小组分组时教师有意识做到好、中、差相结合。

（2）先选择好学生担任组长，再请小组成员轮流当组长。

（3）小组成员人人有任务。

（4）组长主要负责记录和总结，要求做到相对公正。

（5）实施一定时间后，小组人员可做一定调整。

（6）在合作时，尝试固定小组和临时小组相结合的灵活机动的方式。

在细化评价标准时,我们明确在评价的过程中,教师是评价者,参与评价过程,但更多的是作为评价的监督者和组织者,所以评价的主体主要是学生,评价的责任也就相应地落到了学生的身上。因此,评价工作的第一步是使学生理解评价的内容和标准。于是我们修订了"低年级数学学科学生课堂表现小组合作交流评价标准"和"低年级数学学科学生课堂表现课堂练习反馈评价标准":

低年级数学学科学生课堂表现小组合作交流评价标准

评分	评 价 标 准	实施主体	评价方式
5分	在小组交流讨论中能担任组织者的角色,能清晰正确地发表自己的见解和解题思路,能认真倾听组内成员的发言,能主动引导组内成员参与讨论与交流	学生	同伴评价
4分	在小组交流讨论中能主动发表自己的见解和解题思路,能运用简单的数学方法进行正确地交流,能认真倾听组内成员的发言	学生	同伴评价
3分	在小组交流讨论中能基本正确地发表自己的见解和解题思路,能倾听组内成员的发言	学生	同伴评价
2分	在小组交流讨论中很少能发表自己的见解和解题思路,或者交流中出现一定的错误,也不能倾听组内成员的发言	学生	同伴评价

低年级数学学科学生课堂表现课堂练习反馈评价标准

评分	评 价 标 准	实施主体	评价方式
5分	能在规定时间内提前完成有关的练习,解题速度较快,练习的正确率达到100%,且书写端正	教师	练习反馈
4分	能在规定时间内完成有关的练习,练习的正确率较高,达到90%以上,且书写端正	教师	练习反馈
3分	能在规定时间内完成有关的练习,练习的正确率达到70%以上,且书写端正	教师	练习反馈
2分	不能在规定时间内完成有关的练习,练习的正确率较低,低于60%,且书写潦草	教师	练习反馈

最终汇总成"_____学年度第_____学期浦东新区实验小学低年级数学学科学生课堂表现评价记录"。

语文学科对学生进行过程性的等第制评价,普遍采用"A、B、C"3个等第或

"A、B、C、D"4个等第对学生进行评价。例如,在一堂语文课中,"上课主动举手次数"来确定"A、B、C"3个等第。"发言情况"和"课堂专注度"这两个指标综合考虑学生语言、准确度、学习态度等各方面的表现,对学生综合素质的要求较高,因此,这一指标特设"A、B、C、D"4个等第,对学生予以更客观、细致的评价,形成了"_____学年度第_____学期浦东新区实验小学低年级语文学科课堂表现评价记录"。

在对学生语文书面作业评价时,一般采用"A、B、C"3个等第。我们根据"整洁""书写""正确度"这几个标准进行评价,最终汇总成"_____学年度第_____学期浦东新区实验小学低年级语文学科作业情况评价记录"。

按照语文学科学习过程评价指标为课前准备、课堂表现和作业评价,我们汇总成"_____学年度第_____学期浦东新区实验小学低年级语文学科学习总体评价记录"。

3. 第三轮实践:调整指标

2015学年,由于学生已升入中年级,原定的各项指标有些不适合评价、激励学生的学习发展。数学学科中,我们把课堂表现评价标准和作业评价标准分别进行了适当的调整。例如:数学课堂表现评价标准中的"发言情况"这一项目增加了一条"能否质疑"指标;"小组合作交流"这一项目增加了一条"动手操作实践能力"指标。作业评价中的"解题能力"这一项目增加了一条"一题多解"指标;"审美"这一项目删除了"本子保持干净、平整"这一指标。调整评价标准后,我们继续对学生进行10个月的课堂表现、作业情况的跟踪观察,并进行了统计。

语文学科中,根据中年级学生的年龄特点,学生的学习仅用发言积极性指标来衡量已经无法满足学生学习发展的需要,还需发展学生学习的探究能力。因此,我们把指标做了调整,增设了课堂探究能力;在作业情况方面,由于学生年龄增长,基本都能做到书面整洁,于是,将"整洁度"指标改为"按时"。对3个指标分别评价后,同样也对学生的作业情况进行总评。

在实施的过程中,我们对指标、量表的设计进行不断调整,最终,我们分别设计了"浦东新区实验小学中年级语文学科作业情况评价记录""浦东新区实验小学中年级语文学科课堂表现评价记录"和"浦东新区实验小学中年级语文学科评价记录",并将课前、课时、课后学生表现浓缩成"浦东新区实验小学中年级语文学科学习总体评价记录",更加直观、清晰、简便。

_____学年度第_____学期浦东新区实验小学中年级语文学科评价记录

班级_____　　时间_____

学号	姓名	课堂表现(A、B、C)			作业情况(A、B、C)				总评
		发言情况	课堂专注度	课堂探究能力	总评	按时	书写	正确度	总评	A、B、C
1										
2										
3										
4										
5										
6										
7										

说明:1. 发言情况:A.语言流畅,答题正确,声音洪亮,十分自信;B.答题正确,语言较流畅,声音较轻;C.回答基本正确,声音较轻。

2. 课堂专注度:A.认真听,注意力集中,仔细聆听别人的发言;B.较认真听,跟着师生的问题呼应;C.较认真听,有时会做小动作。

3. 探究能力:A.主动质疑并能积极参与问题探究;B.提问后,深入问题,动脑解答;C.问题意识不强。

4. 按时:A.按时完成;B.基本按时,偶尔有拖拉现象;C.经常拖拉,不按时交。

5. 书写:A.字体美观,赏心悦目;B.端正匀称;C.有涂改,改变字形。

6. 正确度:A.全对;B.错误很少;C.错误较多。

_____学年度第_____学期浦东新区实验小学中年级语文学科学习总体评价记录

班级_____

时间	姓名	课前准备			课堂表现总评	作业总评	总评
		带齐A	缺少B	未带C	A、B、C	A、B、C	A、B、C

（三）数据搜集

过程性评价具有过程性、长期性和周期性的特点。因此,我们对学生的表现进行评价也会选择合适的周期,以便观察学生在前后周期学习表现的变化。在实践中,我们发现一个月分别进行 1 到 2 次课堂表现和作业情况的评价是一个较为适当的周期。在研究实施中,我们首先根据班级的实际情况,把学生分成 4 组,每月按照 4 周计算,每周重点对一组开展观察、记录与评价。这样可以保证每个学生在每个月中都得到一次相应的课堂表现评价和作业表现评价。我们采用了行为观察法、作品展示法、赏识表扬法、自评互评法等对学生进行了观察、记录与评价。

我们引导学生参与到评价中来,学生自评时重点在于引导学生将评价的重心指向学习态度、过程及结果。在学生自评的基础上,我们注重学生互评,让学生之间进行交流,体验自我评价与他人评价之间的差距。请学生参与评价主要在于 2 个方面:

1. 请学生帮助教师记录同桌(或自己)一节课主动举手的次数,然后在课后把记录的结果反馈给老师;

2. 在小组合作交流评价时,请组长负责评价组内成员的表现,然后在课后把记录的结果反馈给老师。

（四）数据分析

通过搜集数据,对比分析学生前后学习积极性、学习态度等指标的变化,进一步分析过程性等第制评价对提高学生综合能力的效果。以下是数学老师对 43 名学生 10 个月的课堂表现、作业情况的跟踪观察,并进行了统计分析(见下表、下图)。

43 名学生数学课堂表现评价结果统计表

序号	年月	A(人)	B(人)	C(人)	D(人)
1	2014.2	7	13	15	8
2	2014.3	7	15	15	6
3	2014.4	11	15	11	6
4	2014.5	12	14	10	7
5	2014.6	11	13	13	6

(续表)

序号	年月	A(人)	B(人)	C(人)	D(人)
6	2014.9	14	15	9	5
7	2014.10	15	14	11	3
8	2014.11	15	16	8	4
9	2014.12	16	15	9	3
10	2015.1	17	16	7	3

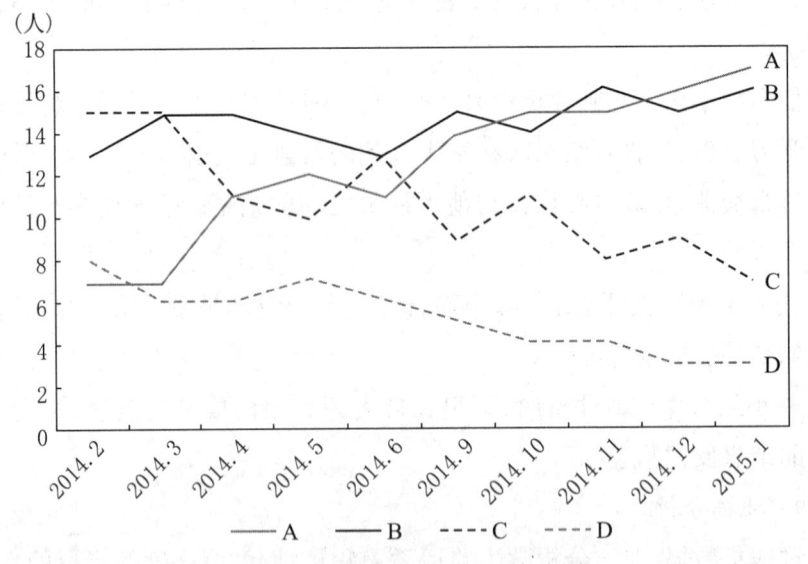

43 名学生数学课堂表现评价结果统计

从上面的数据统计中可以看出：2014 年 2 月，课堂表现总评 A 档学生只有 7 人，B 档有 13 人，C 档有 15 人，D 档有 8 人。这些数据呈现出：优等生偏少，中差生较多。经过 3 个月的评价实践，至 2014 年 4 月，A 档学生有 11 人，B 档有 15 人，C 档有 11 人，D 档有 6 人。通过 2 月和 4 月的比较，A 档和 B 档都提高了比例，C 档和 D 档都降低了比例。A 档人数增加是 B 档的学生进入了 A 档；B 档人数增加是 C 档的学生进入了 B 档，所以 C 档和 D 档的学生相应减少了。至 2014 年 6 月期末时，A 档学生有所增加，但不明显；B 档、C 档和 D 档都略有减少。通过一个学期的实践，虽然学生的课堂表现不太稳定，但总体而言，他们的学习积极性还是有所提高的。2014 年 9 月起，我们对这些学生继续跟踪观察，至 2015 年 1 月，A 档的学生上升到了 17 人，B 档有 16 人，C 档下降至 7 人，

D档减少至3人。B档的人数在增加,一部分C档的学生进入了B档,所以C档和D档的人数相应减少了。通过等第制的评价方式对学生进行课堂表现的评价,促进了学生学习的主动性,提高了学生的学习积极性。

课堂评价中评价学生的发言情况,在一学年实施以来也大有起色,学生的活跃性、参与性得以激发。例如:实施这个评价方案之前,我们发现课上小组合作讨论仅仅局限于一部分学生在讨论,其余的同学不积极参与,课堂讨论气氛不热烈,效果不理想。当进行课堂表现评价时,学生在思想上引起了重视,课上的讨论气氛有所好转,为了能更好地促进学生的主动性,小组里的小组长进行轮换制,4人轮流当小组长,这样一来,对于中等或偏下的学生组织能力得以历练,自信心倍增,他们也会学着原先小组长的角色做好记录、分工合作,压力变动力,被动变主动。在组长轮换过程中,个人的能动性被激发了。

语文学科通过对89名学生进行长达22个月的课堂表现、作业情况跟踪观察,统计出了各等第的人数和所占总人数的百分比,如下图所示。

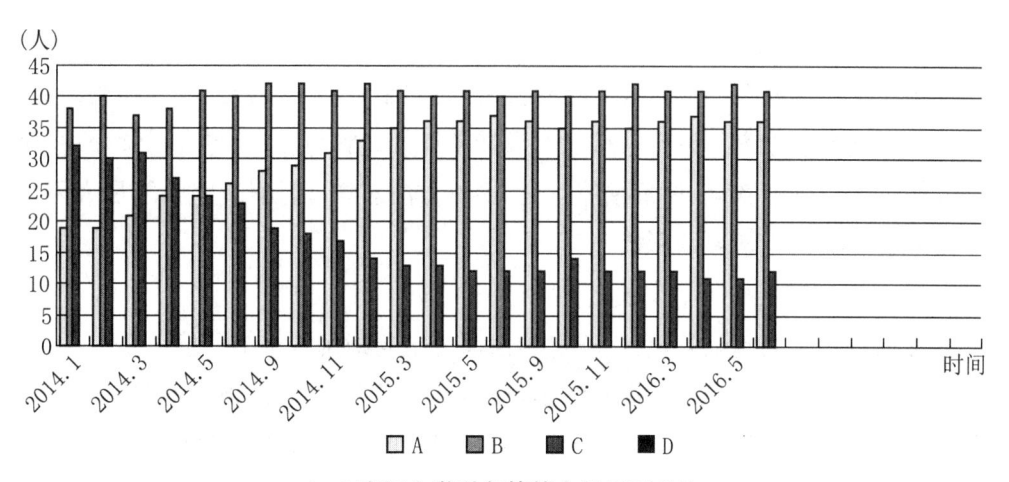

1、2班语文学科各等第人数及百分比

从上面的数据统计中,我们发现:2014年时学习总评A档学生只有19人,占总人数的21.3%,B档有38人,占了总人数的42.7%,C档有32人,占总人数的36%。这89位学生呈现出:优生少,中差生较多。经过3个月的评价,至2014年6月即期末时,A档学生有明显增加,有26人,占总人数的29.2%;B档和C档都略有减少。通过一个学期的实行,学生的学习积极性有较明显的提高。2014年9月起，我们对这89位学生继续跟踪观察，至2015年3月，A档的学生上升到35人，占总人数的39.3%；B档人数为41人，占总人数的46.1%，略有上升，但这说明一部分C档的学生已有较大进步，减少至13人，占总人数的14.6%。

2015学年度即此届学生三年级起继续观察、评价，发现在这些学生三年级的一年中，A档学生的人数虽没有像低年级时明显上升的迹象，但依然呈现缓慢上升态势；B档学生人数的变化不大，上升趋势同研究刚开始时相似。可见中等学生各方面的学习表现和习惯都较稳定，部分B档学生各方面能力提升到了A档，也有部分C档学生提升为B档，因此这类学生的人数变化最不明显；显而易见，这一年中，C档学生的人数也持续在缓慢减少。总之，通过对学生两个多学年的过程性评价，学生的课堂表现和作业情况都有了较明显的提升，并逐渐趋于稳定。

四、研究成效

1. 形成了可操作性的评价记录表

经过5个学期在5个班级的跟踪实验，我们制定出了切合我校实际的语文、数学学科评价记录表。评价表科学的设计了评价内容与要求，包含课堂表现、作业情况。评价项目齐全，评价主体多元，评价方法多样，可操作性强，能最大限度地激发和调动学生学习的积极性。

2. 促进了学生的全面发展

在前期实验的基础上，后阶段过程性评价中老师每月小结评价汇总一次，在评价中，我们给学生引导、赏识和激励，使评价更具有导向性，极大地调动了学生的积极性，孩子在对比中看到了自己的进步，找到了自信，学习的兴趣更浓厚了，学习活动更加主动、和谐、健康的发展。

3. 提高了教师的教学水平和科研能力

教师的课堂教学技能得到提高，教科研能力进步了。本课题实践要达到预期的效果，除了按照课题方案的各项要求实施之外，对参与实践的老师也提出了较高的要求。所以老师的教学基本功、课前的准备、教学的理念、教法的选择等都对本课题的实施起关键作用。在这个过程中师生双方互促共进，共同提高。

4. 评价学生更全面真实

自实施过程性评价以来,不少学生各方面的表现和能力都有所提高。而老师也得到了更真实的"第一手资料",追踪每个学生的学习情况,帮助我们对学生有更全方位的了解,对学生的评价更客观、更具体了,写学生评语时更有针对性,课堂和工作效率都得到了明显的提升。

五、分析与小结

1. 通过过程性等第制评价方式的实践,我们为学生和家长提供的对学生学习情况的评价就更客观、更丰富、更科学,也能更全面地了解学生学习的历程。

2. 通过过程性评价设计和实施的实践探索,我们觉得评价工作是一项长期而艰苦的工作,评价模式的探究是一个不断反复的过程,只有经过不断的反复才能丰富、补充和改进评价方案,从而不断促进评价改革的深化和发展。

3. 过程性评价具有全面、及时、灵活等优势,但评价方案设计与实施本身不是目的,怎样真正将全新的评价理念融入日常教学各环节中是我们面临的又一新课题。

课题组组长:谢尚文
课题组主要成员:高雪群　刁文慧　瞿燕玲　唐志萍　顾　军　陈子荣　顾珊瑾　顾淑桦　顾英姿　叶晓淦　刁燕华
单位:上海市浦东新区实验小学

6. 基于课程标准的智慧型活力课堂实践研究

——从知识教育走向智慧教育

上海市浦东新区浦东南路小学　赵雪华等

一、选题意义

课堂是学校教学活动的主阵地。开展课程与教学改革，把教育理念、育人目标落实到具体的教学活动中，必须从改革课堂教学做起。没有课堂教学的改革，学校教育任务就不可能完成。

（一）有利于实施基于课程标准的教学与评价

沪教委基〔2013〕59号《上海市教育委员会关于小学阶段实施基于课程标准的教学与评价工作的意见》明确指出：推进实施小学阶段"基于课程标准的教学与评价"工作，主要是为了引导学校和教师牢固树立课程标准在教学与评价中的地位，准确把握课程标准规定的内容与要求，根据学生的身心发展规律和认知规律，以及教育教学规律，科学开展教学与评价工作，促进学生全面发展与个性发展，切实减轻学生过重学业负担和心理负担。

智慧型活力课堂所追求的目标就是"基于课程标准的教学与评价"提出的要求，我们的研究就要引导教师智慧地教，学生智慧地学，从单纯的传授知识的教育中解放出来。

（二）有利于转变教师、学生教与学的方式

转变教师、学生教与学的方式，倡导学生主动参与、乐于探究、勤于动手，形成积极主动的学习态度，是基础教育课程改革提出的具体目标。这些年学校通过课程与教学改革，新课程理念逐步得到广大教师的认同，让学生通过动手实践、自主探索与合作交流等方式进行学习，从而促进学生学习方式的转变成为许多教师教学活动的自觉追求。课堂教学中满堂灌现象少了，课堂教学气氛活跃了，学生参与课堂教学机会多了，教学中也能注意教学与生活联系。学校在英语、数学、科技综合等学科教学中发生了可喜的变化。

但在课堂教学中还有一些教师不能深入理解和准确把握教学的目标与内容，课堂上缺乏足够的时空让学生进行自主学习与探究，课堂缺乏内在活力。我们的研究要让课堂充满智慧、充满活力，让课堂从知识教育走向智慧教育。

（三）有利于培养学生成为智慧型阳光少年

课堂教学所追求的是实施完整人的教育。完整的人的教育体现在对学生认知、行为、情感培养的全面关注，并在教学中时时、事事、处处围绕育人目标，着眼于学生的未来。例如：学生的社会责任感、学习的兴趣和好奇心、创新的意识和能力、认识能力和认识方法、探索精神与合作精神、动手与实践能力、感受和欣赏能力、科学态度和思维品质等，都要考虑到。智慧与活力是它们的核心，智慧型活力课堂教学更能体现这个核心。

智慧型活力课堂有利于实现学校的育人目标，即"培养孩子成为有梦想、有责任、有毅力，能自律、能包容、能探究，活泼、向上的智慧型阳光少年"（简称"三有三能"）。

（四）有利于学校办学内涵的创新与发展

少年军校是学校的办学特色。"浦南海鹰少年军校"创建于1997年5月，是学生进行爱国主义教育、国防教育、艰苦奋斗教育、生命教育的重要阵地。少年军校有"旗语操""射击""小海军""行舟致远·向深蓝"等特色课程。"智慧"与"活力"是少年军校的一个重要特征，也可以说是少年军校的特色文化，如何将智慧与活力的特色文化融于学校课程，成为学校课程文化一部分，创建智慧型活力课堂应该是一种很好的选择。

少年军校办学特色的创新与发展就是将智慧与活力完全融于学校课堂教学，并成为特色。它主要体现在教学思想上以促进学生学习智慧，激发学生生命活力为目的，以智慧教学实现教学目标。

二、研究概述

（一）研究目标

1. 形成建构基于课程标准的智慧型活力课堂的基本策略；
2. 完成基于课程标准的智慧型活力课堂的评价标准制定；
3. 教师、学生教与学的方式有明显转变，教师拥有崇高的爱心、先进课程理念，在课堂教学中具有深刻的洞察力、机智的执行力和高效的行动力；

4. 学生活泼向上，具有良好学习习惯、兴趣广泛、思维活跃、想象丰富、敢于质疑，富有合作学习与独立思考精神。

（二）研究内容

1. 基于课程标准的智慧型活力课堂的含义与基本特征；

2. 基于课程标准的智慧型活力课堂的基本策略与实施路径；

3. 教师把握基于课程标准的智慧型活力课堂基本策略的能力培养；

4. 智慧型教师与智慧型学生内涵与养成路径。

（三）研究方法

1. 文献研究

查阅有关智慧教育理论与实际成果，研究需要解决的主要问题，制订建构基于课程标准的智慧型活力课堂的具体行动方案。对基于课程标准的智慧型活力课堂的含义、基本特征、生成条件与基本策略进行了系统研究。

2. 行动研究

在此基础上，在智慧教育理论指导下结合学校语文、数学、英语、科学综合，以及学生社团活动等课程优秀教师的课堂教学实践取得的成果，分别从课程标准、课程统整、教学情感、教学时空、教学时机 5 个方面分 5 个专题对智慧型活力课堂进行了研究，并提出了学校智慧型活力课堂标准。根据智慧型活力课堂标准各学科进行相应的行动研究，并在实践基础上不断丰富研究成果，包括智慧型学生标准、智慧型教师标准、基于课程标准的智慧型活力课堂学科教学基本要求，以及基于课程标准的智慧型活力课堂评价标准等。

（四）研究过程

1. 准备阶段（2015 年 4 月—2015 年 9 月）

（1）确定课题，建立课题组，制订课题研究计划，设计研究方案，整理研究思路。

（2）课题组成员根据课题的研究方案，进行分工，落实研究任务。

（3）成立情报组，搜集有关资料，了解国内外研究现状与动态，组织学习。

2. 实施阶段（2015 年 9 月—2017 年 9 月）

（1）理论研究

① 基于课程标准的智慧型活力课堂含义、基本特征及其评价标准；

② 基于课程标准的智慧型活力课堂生成条件与基本策略；

③ 基于课程标准的智慧型活力课堂教师教学智慧及其养成策略研究；

④ 基于课程标准的智慧型活力课堂评价的研究；

⑤ 应对于教师基于课程标准的智慧型活力课堂的专业成长途径。

（2）实践探索

① 以语文、数学、英语、科学综合等学科的课堂教学为研究对象，依据基于课程标准的智慧型活力课堂教学的基本策略进行实践研究；

② 在教学中探索基于课程标准的智慧型活力课堂具体实施的有效方法与途径，开展研讨、交流、总结，搜集、汇编基于课程标准的智慧型活力课堂教学的案例、论文，初步形成基于课程标准的智慧型活力课堂的运作机制及课堂教学模式；

③ 开展专家讲座、课例研讨、论文评选等各种形式的培训，形成一支学校的基于课程标准的智慧型活力课堂教学骨干队伍。

3. 总结阶段（2017年9月—2018年12月）

（1）整理研究资料，进行分析思考；

（2）撰写课题研究报告和总结报告；

（3）组织成果汇报会，聘请有关专家进行项目研究的论证；

（4）编辑出版成果集：浦东南路小学《基于课程标准的智慧型活力课堂实践研究》。

三、课题成效

（一）主要成果

1. 深化了学校课堂教学改革的内涵——从知识教育走向智慧教育

（1）揭示智慧型活力课堂智慧教育的基本特征

智慧型活力课堂实践研究让我们知道教育有3个层次：第一个层次是授人于知识，第二个层次是授人于求知能力，第三个层次是授人于智慧。即知识教育、能力教育与智慧教育。让我们懂得教学的重要任务是点燃学生的智慧，促进学生智慧增长，让学生所学知识能融会贯通，触类旁通，能多向思维，逆向思维，质疑问难，懂得选择。通过学习，开发学生的大脑，培养学生对事物能迅速、灵活、正确地理解和处理的能力。让学习慢慢变成一种需要，使学生懂得一个人生

命的意义。教师通过课题研究弄清了智慧教育与知识教育区别,知道了智慧教育的如下基本特征:

灵动性　基于智慧型活力课堂的智慧教育在教学过程中,它有心灵的对话,思维和思想的碰撞,学生会从中获得感悟和启迪,从而逐步变得有灵气、有悟性、有智慧,会变得越来越聪明。课堂的预设与生成应有机相融,有效重构。

创造性　基于智慧型活力课堂的智慧教育在课堂上表现为知识与生活相融,知识与应用联姻。表现在教师对常态知识、事物、教材常有新见解、新视角、新创意,善于平凡中见新奇,发人之所未发,见人之所未见。激发学生好奇质疑和标新立异,并能够提供学生创新思维的方法和策略。

主体性　基于智慧型活力课堂的智慧教育在课堂上学生始终处于主体地位,学生可以有自己的看法,可以有自己的思维方式。课堂中学生"敞开心灵,激荡智慧,畅所欲言,智情交融"成为常态,学生能不断获得成功感悟和体验,差异发展的学生普遍受到尊重。

高效性　基于智慧型活力课堂的智慧教育克服传统课堂满堂灌、沉闷、消极的弊端,又能防止新课改后"从满堂灌到满堂问,形式上热热闹闹,本质上高耗低效"。它能够使教学效率高,教学效果好,课堂教学各显特色。

(2) 形成基于"智慧型活力课堂"教学基本策略

课题研究在明确基于课程标准的智慧型活力课堂的内涵与基本特征基础上,组织教师进行课堂教学个案研究,分别从科学智慧、道德智慧与艺术智慧视角,提炼总结了具有我校特点的建构"智慧型活力课堂"的基本策略——"五个把握",即把握课程标准,突出学生的学科核心素养,尊重学生差异,开发学生智慧;把握课程统整,贴近学生的真实生活世界,整合知识经验,启迪学生智慧;把握教学情感,激发学生的学习兴趣动机,创设良好环境,引发学生智慧;把握教学时空,开发学生的探究创新潜能,提升主体地位,展现学生智慧;把握教学时机,促进学生的主动独立思考,生动地教与学,点燃学生智慧。围绕"五个把握",各子课题分别从理论与实践结合上对这"五个把握"进行了论述,并为全体教师解读构建智慧型活力课堂的基本策略,在课堂教学操作层面我们形成以下共识:

课程目标指标化　围绕学生核心素养的培养,进行基于课程标准的教学目标设计,把课程目标转化为具体、明确、可检测的评价指标,并从基于教师自身经验或教科书的作业设计,走向基于课程的教学目标作业设计。

教学设计问题化 以问题为主线,以培养思维能力为核心,以激疑、探究、运用为基本途径,多角度、多元化、多层次、多方式统整学生的经验、社会实际与学科知识。

课堂管理人性化 尊重、理解、宽容学生,关注个体差异,倾听学生不同意见,满足不同学生需求,对困难学生不歧视、不厌弃,搭建适合学生实际学习支架,采用适合学生心理特征游戏等教学方法,激发学生学习兴趣。

教学过程民主化 以开放性问题,让学生去思考,诱发学生探究的欲望,在等待、动手操作、实验、实践中给学生留下足够的独立思考时间,倡导表现性评价,让学生展示自我。

教学效果最优化 关注新旧认知、概念形成、学习情绪变化的转化阶段,捕捉教学良机,促进学生的主动独立地思考问题,让学生富有个性地学习。

课堂的"五个把握"丰富了教师的基本教学方法。在此基础上,课题组提出了学校《基于课程标准的智慧型活力课堂学科教学基本要求》(共15条)和《基于课程标准的智慧型活力课堂评价标准》,并出版了浦东南路小学课题"基于课程标准的智慧型活力课堂实践研究"成果集:《从知识教育走向智慧教育——基于课程标准的智慧型活力课堂实践研究》。

2. 明确了学校课程教学改革的方向——让教师学生智慧地教与学

(1) 进一步丰富了课程的育人目标

课堂是育人的主阵地,课程是育人的主要载体。课堂教学作为师生活动的中心环节和基本的组织形式,是学生获取知识、锻炼能力、提高各种技能,形成正确价值观、世界观的主要途径。它深刻影响了学校培养学生成为智慧型少年的育人目标,通过课题研究,我们把"培养孩子成为有梦想、有责任、有毅力,能自律、能包容、能探究,活泼、向上的智慧型阳光少年",进一步表述为:培养学生成为具有面向未来学习能力的智慧型少年,使学生能智慧做人——有约束自我的规则意识;智慧做事——有关爱他人的社会责任感;智慧学习——有解决问题的探究创新精神。

【学会智慧做人】

能乐观自信——做一个有追求的人,有毅力,能遇到挫折不气馁,敢于面对困难,勇于挑战,相信我能行。

能礼貌待人——做一个有道德的人,有修养,能正确使用礼貌用语,与人友好相处,不说脏话,懂得谦让。

能遵纪守法——做一个守规矩的人,能遵守社会公德与交通规则,爱护公物,维持公共秩序,不追逐打闹。

能强身健体——做一个有朝气的人,有良好的饮食习惯,掌握强身健体的基本技能与方法,坚持自觉锻炼。

能自我管理——做一个能自律的人,有明确学习目标,能自我反省,约束自我,自觉安排好自己学习时间。

【学会智慧做事】

有爱国热情——做一个爱祖国的人,能自觉维护国家主权、尊严,传承中华优秀传统文化,热爱中国共产党。

有互助精神——做一个有爱心的人,能热心公益和志愿服务,具有团队意识,能主动关心他人,为集体服务。

有环保意识——做一个环保小卫士,保护环境,不随地吐痰、乱扔果壳,爱护树木花草,积极参加绿化建设。

有劳动习惯——做一个劳动小能手,自己事情自己做,家里事情主动做,集体的事自觉做,能爱护劳动成果。

有节俭观念——做一个勤俭小当家,养成勤俭节约好习惯,节约用电、用水、用纸,爱惜粮食,不互相攀比。

【学会智慧学习】

会倾听对话——做一个尊重知识的人,上课专心听讲,勤于思考,能倾听不同意见,有条理地表达自己想法。

会认真学习——做一个热爱学习的人,能做好预复习、按时作业,懂得学习基本方法,会主动查找学习资料。

会质疑问难——做一个敢于提问的人,有强烈的求知欲望、好奇心和想象力,敢于大胆质疑,提出自己见解。

会灵活思考——做一个爱动脑筋的人,学习中注意知识积累运用,注重知识前后联系,举一反三,触类旁通。

会动手实践——做一个勇于探究的人,能凭借已有生活经验、知识基础,动手操作,创造性地解决实际问题。

(2) 进一步完善了学校的课程体系

课题研究促进了学校"智慧365"课程体系建设("3"指课程三大核心素养的

培养目标,"6"指课程六大学习领域,"5"指课程五大类学习科目)。课程建设中,我们着力体现学校智慧教育思想,强调课程以"育人为本","转识成智"。课程与学生经验、社会实际融合,三类课程融合,课程三维目标融合,课程与信息技术融合,学校教育、家庭教育与社会教育融合。在多元融合中,努力促进国家课程的生本化、统整化;校本课程社会化、特色化;让课堂充满感动、充满思辨、充满遐想、充满活力。"智慧365"课程体系体现了以下基本要求:

课程功能 遵循智慧型课程"转识成智"的核心理念,课程着眼于促进教师与学生的人格成长与智慧发展,突出核心素养培养,把学生培养成为全面发展的人,为学生终身发展奠定基础。

课程结构 智慧型课程注重构建重基础、多样化、有层次、综合性、开放的课程结构,使课程能适应学生个体化的学习需要,学生可有选择课程的权利,适应彰显个性发展的需要。

课程内容 智慧型课程内容着眼实践技能和创新能力的培养,注重内容的实践性、开放性与生成性。课本知识与学生生活、经验和社会实践知识融合,力求教学内容模块化、教学单元完整化、关键知识多元化、表现形式多样化。

课程实施 智慧型课程实施要全面落实课程标准,以教师的智慧激发学生的智慧,课堂教学注重情境化创设、活动化的设计,以及课堂生成,让课堂充满生命活力,让学生成为学习主人。

课程评价 智慧型课程的评价重在及时了解教与学的真实情况,强调师生间、生生间的互动交流。要鼓励学生自我展示,给学生表现自己的机会,激发学生积极思考,通过多种方式参与评价,实现信息的共享和交流。

课程保障 建立和健全智慧型课程的管理制度,包括:课程管理运行机制、课程校本化开发制度、课程资源开发制度、课程教学监测制度,教师校本培训与研究等制度,促进教师专业化成长,建立一支符合智慧型课程要求的教师队伍。

课题研究促进了小学科学综合课程整体建构。学校将自然、劳动技术、信息科技3门学科整合为全新的"小学科学综合课程"。借鉴智慧型活力课堂教学5个基本策略,通过分析自然、劳动技术、信息科技3门学科在知识与技能领域的重叠、交叉和相互依存的联系,设计主题,融合不同学科领域,整体建构全新的"小学科学综合课程"。强调从学生兴趣和经验出发,结合时代、社会、学校和学生的现实需求来设计研究。充分挖掘课程内涵,提升学生科学精神和实践智慧。

(二) 主要实效

1. 提升了学校师资队伍建设的水平——教师的专业能力得到发展

(1) 形成了智慧型教师标准

智慧型活力课堂需要一支智慧型教师队伍。基于"智慧型活力课堂"实践研究，根据教育部颁布的《小学教师专业标准》，结合学校实际提出了《浦东南路小学智慧型教师标准》：

职业修养。尊重教育教学规律，尊重学生个体差异，关爱每个学生，能捕捉学生闪光点。

教学设计。准确把握课程标准，准确把握学生实际，整合教学资源，精心编制教学方案。

教学机智。灵活应对教学生成，灵活调控教学过程，学会多元评价，激发学生学习兴趣。

教学反思。自觉审视教学行为，自觉运用理论对照，从感性到理性，不断积累教学经验。

教学研究。善于学习思考实践，善于探究创新发展，从问题到课题，做一个研究型教师。

(2) 提升了教师专业素养

课题研究使教师教育理念得到更新，加深了对课程标准的理解，明确了专业发展方向，提升了在课堂教学中教学设计能力、沟通能力、协作能力、洞察能力、应变能力、反思能力、调控能力，教师的教学能力得到较好发展，教得更加生动。

智慧是一种整体品质。它以美德为方向，以能力为核心，以敏感和顿悟为特征，以机智为主要表现形式。基于对智慧这一认识，我们十分重视师德师风建设，提升教师职业修养。引导教师带头践行社会主义核心价值观，开展以"立德树人担使命"为主题的系列活动，加强典型宣传引领，以榜样的精神感染人，鼓舞人，引导人。学习师德高尚教师的典型事例，培养教师爱岗敬业，遵纪守法，教书育人，为人师表的思想观念，让教师良好的师德成为其从教的根本，不断提高广大教师的思想政治素质。围绕做智慧型教师，邀请相关领域的专家开展专题讲座和报告，向教师推荐必读、选读书目，不断增强教师人文底蕴，培养教师自觉阅读的习惯，使广大教师在阅读中开阔视野，丰富知识，提高教书育人的能力。

通过基于对"智慧型活力课堂"的基本策略——"五个把握"的研究，教师的专业技能有了较好提升,教学方法多了,教学手段活了。从浦东教发院教师发展中心2018年11月围绕3类课程及校本化实施,对本学区3所小学课程与教学工作调研反馈意见看,听课专家对我校的课堂教学给予了高度评价。

语文学科听课18节,优秀15节,占83.3%,良好3节,占16.7%,优良课占比100%;数学学科听课19节,优秀15节,占比79%,良好4节,占比21%,优良课占比100%;英语学科听课17节,优秀12节,占比70.59%,良好5节,占比29.41%,优良课占比100%。教师普遍能依据课程标准具体要求,制定符合不同年级学生发展需求的教学目标。教学过程中能注意引导学生联系生活与社会实际,能有意识、分步骤、讲策略地关注学生在课堂上观察、分析、综合等多种思维能力的培养。通过情境引导学生参与体验,实现课堂教学三维目标的达成。比如,数学学科教师结合近期上海的热点"进口博览会"的情境,带着学生参观了6个进口博览会的会馆,设计了"说一说""算一算""补一补""选一选"等形式多样的练习,由浅入深,帮助学生灵活运用这一数量关系解决数学问题。又如,道德与法治学科教师引导学生用自己的眼睛观察生活,用自己的心灵感受生活,用自己的方式研究生活,在参与活动中,提高生活能力。再如,在教学"去超市购物""你会乘车吗""小小银行卡"等时,设计了通过考察、调查、访谈、服务等学生乐于参与的方式去了解社会生活、体验生活情趣、感受内在价值。

2. 调动了学生学习主动性与积极性——学生学得更加活泼与主动

(1) 丰富了学生的学习方式

培养学生学会学习、促进学生学习方式的转变,调动他们学习的积极性应是课程改革的关键。课题研究在转变教师教学方式的同时,丰富了学生的学习方式。例如:数学学科通过开展"生活与数学"比赛活动,丰富了学生的数学学习生活。用数学画、数学诗、数学创造的制品、数学小论文等形式反映出数学中的智慧与数学中的美。低年段以画、诗歌、童谣、小游记、数学漫画等形式,高年级以童话、自制作品、实验报告、小论文等形式,给学生以多种展示的机会,并发展其数学素养。

"智能节"活动是学校学科特色活动,也是一种学生学习方式,例如:"英语智能节"组织低阶段学生开展"单词达人秀"活动、中高段学生开展"配音表演"等活动。线上线下结合,分组开展。学生、家长、教师多方参与,有效地调动了学生学习积极性。

教学评价作为一种学习方式，各学科教学中教学与评价有机结合，普遍尝试交互式、展示式、亲子式、游戏式等评价方式，从确定评价目标—设计评价工具—设计评价内容—实施评价活动，对学生在学习过程中以及某个阶段学习的表现和结果进行评定、分析并作出判断。建立课内学习兴趣评价表、课堂观察评价表、各年级学业成果评价表等，多维度、多主体、较客观地反映学生在知识与技能、方法与过程、情感与态度等方面的优势与不足，在评价活动中，促进了学生快乐学习。

（2）激发了学生学习的内驱力

课题研究改革了课程教学，学生则在充满活力、智慧和创造力的课堂中学习，汲取知识、培养能力、陶冶情感和树立人生价值观。

智慧型活力课堂有效激发了学生学习的内驱力。例如：刚进入小学的孩子很好动，注意力不集中，注意力持久性较差，于是教师们通过培养学习习惯与兴趣，激发学生学习的内驱力。让学生们学会在学习过程中认真倾听他人发言；敢于提出自己的想法与不同的意见；发现问题与错误及时修正补充，定期整理自己做错的习题；有条理地表达自己思考过程分析解决问题；自觉完成应该做的练习或口头作业；积极和同伴合作，参与小组学习活动，主动与同学交流、乐于分享。

教师通过任务驱动激发学生学习的内驱力。例如：道法课"四通八达的交通"，教师让学生观看视频，让学生认识城市交通工具，感受公交的便利。采用看图辨析的形式，运用地铁站内的照片拓展了学习内容，让学生初步了解轨道交通的有关知识，培养学生文明乘车的素养。设计学习任务单，要求学生主动根据实际情况选择交通线路和合理选择交通工具，学生一边参与活动，一边在活动中发现问题、解决问题、学习新知。学生学得生动、学得主动。

3. 促进了学校内涵的进一步创新发展——学校文化办学特色更明显

（1）促进了学校的智慧文化建设

"自觉规范、多元融合、主动创生"是我们学校智慧文化。智慧型活力课堂让智慧走进课堂，师生情智交融，使课堂充满感动、充满思辨、充满遐想、充满活力，教师"知人、善教"，学生"乐学、善思"。课堂智慧文化正推动着学校文化整体革新，促成"多元开放、融合创新、启迪智慧"的课程理念与"多元整合、实践体验、完善智慧"的德育理念形成。"情理相融、共同参与、成就智慧"成为学校的管理文化。"把学校建成充满爱心、充满智慧、充满活力的精神家园"已成为全校师生的共同愿景。

（2）少年军校特色融合智慧教育

在学校特色——"浦南海鹰少年军校"的发展中，我们整体融合少年军校与学校智慧教育，强调以军养德，规范行为，重点培养学生的社会责任感；以军启智，开发潜能，重点培养学生实践创新精神；以军强身，强健体魄，重点培养学生吃苦耐劳精神。本着"多元建构、军校融合，有效实施、自主发展"的行动策略，我们编制《海鹰少年军校课程纲要》，实施《行舟致远·向深蓝——海鹰少年军校特色课程》，使少年军校的教育活动课程化；设立"海鹰考察站""海鹰志愿点""海鹰训练营"等实践基地，使少年军校的教育形式多样化；将"学军"的规范与学校行规教育融为一体，将少年军校与"两纲"教育、少先队争章活动相结合，使少年军校与学校教育整合化。努力建构知行合一的融合德育，有效促成学生健康成长。融合少年军校与智慧教育方法，少年军校活动形式多样、内容丰富，有旗语操、射击、参观国防教育展厅、道德讲堂、暑期军营等，在少年军校办学过程中，我们始终把智慧教育贯穿于全过程。

实施智慧教育关键是教师，我们要进一步加强师德教育，强调教师敬业爱生，塑造教育智慧灵魂；强化教师反思教学，提升教育智慧层次；加强教师实践探究，追求教育智慧本质；丰富教师知识学养，充实教育智慧内涵，从而不断提高教师实施智慧型活力课堂能力与水平。

课题组组长：赵雪华
课题组成员：邱 梅 汤洪波 王巨成 王静波 钱 炜 叶 慧 李 杰
　　　　　　费欣华 陆 颖 曹 刚
单位：上海市浦东新区浦东南路小学

7. 指向学生积极情感培育的快乐课堂实践研究

上海市浦东新区孙桥小学课题组

一、研究背景

课堂教学是教育变革的主阵地,推进课堂教学转型,提升课堂教学品质,是学校教育变革必须要回应的现实问题。伴随着国家双减政策的实施推进、脑科学和认知科学的迅速发展、以学为中心教育理念的深入人心,以及快乐课堂的实践探索等,我们日益聚焦什么样的课堂能够真正促进学生深度学习,促进学生获得真正成长,以及怎么样才能促进学生深度学习,提升学生学习品质,进而实现课堂教与学方式的转型,同时在实践中发现在课堂教学中存在重认知轻情感的现象,过多地关注知识层面的学习,不仅会让学生丧失学习兴趣,更是削弱了学习的本真。鉴于此,学校认为研究学生情感状态与学习质量的关系尤为必要,即什么样的课堂有益于让学生产生积极情感,积极情感又是如何影响学习质量的,促进学生产生积极情感的实践策略是什么,等等,力求从培育学生积极情感的视角出发来撬动课堂教学变革,诞生全新的课堂风景。总而言之,学校将持续推进"快乐课堂"的研究,从而让每一位教师都体验到教书育人的愉悦,让每一名学生都感受到校园生活的快乐、学习的快乐。通过师生在课堂学习中双方的努力,使课堂呈现和谐学习、快乐体验,打造快乐课堂,从而培养学生良好的学习情感。

二、概念及内涵

(一)基本概念

1. 快乐课堂

快乐课堂是指师生在课堂学习中,能体现师生和谐的气氛,学生得到快乐的体验,积极参与课堂学习,获取良好的学习成效。

2. 积极的学习情感

积极的学习情感是指学生以积极、乐观、热情、愉快、专注、审美、尊重、欣赏、主动、上进、自信、喜爱、坚强的意志品质、勇于克服困难的精神等积极情感,参与学习。

(二)"快乐课堂"的内涵

"快乐课堂"具有和谐的师生关系、良好的主体意识、快乐的合作体验和有效的教学手段等特征。

1. 和谐的师生关系

当师生关系处于一种平等、信任、理解的状态时,一方面课堂中将会营造出和谐、愉悦的教育氛围,教师可以通过自己的教育教学实践活动,让每个学生都能感受到自主的尊严,感受到心灵成长的愉悦,显著改善教育教学品质;另一方面从学生素养培育的角度出发,学生能在良好的师生关系中全面发展自我,真正获得成就感和生命价值的体验,获得人际关系的积极实践,逐渐完善和发展自由个性及健康人格。

为了建立和谐的师生关系,教师需要做到如下3点:善于倾听学生、真心宽容学生、真诚鼓励学生。其一,善于倾听学生是指教师倾听学生的想法,观察学生的行为,及时了解学生的学习状态,进而针对学生的学习困难开展教学。同时要给予学生心理上的支持和精神上的鼓励,要鼓励学生敢于质疑和独立思考,激发学生的学习动机,促使学生的思维更加活跃,探索热情更加高涨,从而积极投身到学习活动中去。其二,真心地宽容学生是指只有教师热爱学生、关心学生和理解学生,才能正确看待学生成长的历程、宽容学生所犯的错误,才能耐心地去培育每一位学生,看见每个学生成长过程中更多的可能性。其三,真诚地鼓励学生是指当教师看到每个学生身上的闪光点时,采用温和的口头语言、称赞的目光、亲切的微笑等体态语言表达出来,学生就会感受到来自教师的肯定与支持,内心体验愉悦感和成就感,也会更有动力去改进存在的问题。简言之,教师要充分尊重学生的成长规律和个体差异,积极接纳学生成长中的多种可能状态,善于发现学生点滴的闪光点,从而建构出教师乐育、学生乐学的积极心理状态,激发出学生主动学习的热情,迸发出无限的学习活力。

2. 良好的主体意识

课堂教学的核心要素是教师、学生和课程,教师和学生作为双主体,只有当学生的主体性得到充分彰显,积极主动参与到教学中来,课堂才有可能变成教师和学生双向沟通、互动生成的场域,彼此以学习内容为载体,不断探索教与学优化的可行性路径,进而实现师生的共同学习、共同成长。

师生主体性的发挥表现为双方对教与学全过程的深度参与,只有当教师更多地思考什么样的快乐课堂能够促进学生深度学习,当学生更多地践行自主学习和主动学习的理念,才能够最大限度上实现双赢,体验到教与学的成就感、获得感和幸福感,从而实现师生双方的共同成长与发展。

3. 快乐的合作体验

随着新课程改革的日益深入,以及项目化学习的逐步推广,推进课堂教学转型的呼唤也愈加高涨,"自主学习""合作学习""探究学习"开始受到更多教师的关注,新型的学习方式有益于发挥学生的自主性、主动性和积极性,帮助学生更有质量地学习。其中合作学习作为快乐课堂中的重要学习方式,一方面能够丰富和深化学生对问题的认知与理解,体验到合作解决问题的乐趣和幸福;另一方面能帮助学生在学习中形成合作意识,掌握合作技能,培育合作精神,具备一定的社会交往能力。

教师如何开展高质量的合作学习活动,让学生在学习中学会合作,在合作中学会学习,形成积极快乐的合作体验,是需要直面的现实问题。首先,教师可以将培养合作意识和能力贯穿于各类活动和教学过程中来,为开展高品质合作提供良好的氛围;其次,教师需要了解学生学情,创设真实的学习情境,设计富有挑战性的合作任务,从而激发学生参与热情,展现合作学习的魅力所在。

4. 有效的教学方法

以学为中心的教学要求教师需要立足"学生的学"来富有针对性地开展"教师的教",真正地去关注学生的学习,即学生是如何学习的,学生学会了什么等,从而去创设适宜的条件,帮助学生更有质量地学习,即积极优化课堂教学环境,依托悦耳动听的音乐、逼真的音响效果,栩栩如生的影视画面等手段,从而把学生置身于一个逼真的学习环境中,采用多感官的刺激,大大激发学生们的求知欲,增加学习主动性。

教师有效地使用教学手段,需要注意如下 4 个原则:直观性、科学性、实用性和启发性等。一是直观性,通过各种形式的感知,丰富学生的直接经验和感性认识,使学生获得生动的表象,从而比较全面、比较深刻地把握知识,并使认识能力得到较好的发展。运用直观手段时,教师要通过解释或提问,帮助学生认识事物的主要特征,获得清晰的认知。二是科学性,要求确保教师传授的知识和运用的方法都应当是科学的。运用电教媒体不能因一味追求运用媒体的"高""新""奇",而违背学科的基本原理和事实。三是实用性,教师在运用电教媒体时必须广泛联系学生的生活经验,使学生有一定的感性认识,学生才能更好地理解和运用书本知识。四是启发性,要求教师在运用现代教学手段时能充分调动学生学习的主动性,启发他们经过自己的独立思考,有助于他们融会贯通地掌握知识,提高分析问题和解决问题的能力。

三、快乐课堂研究的实施过程

（一）开展调研,了解现状

学校在进行课题研究前编制了《学生课题学生学习情感的现状调查》（学生卷）,来调查学生在课堂上、学科学习上的感受、做法与原因,以及学生在学习上所期待的教学行为等。考虑到问卷调查对象的差异性和代表性,本次调查选择了三至五年级学生为主要对象,并采取抽样调查的方式进行,选取每班学号尾数为2、7的学生参与问卷调查,共计20%的学生作为样本,共收到调查人数112人。其中三年级学生48人,四年级学生39人,五年级学生25人;有男生54人,女生58人。

通过调查发现,有31人认为自己在班级里属于优秀,79人认为自己在班级里属于中等,2人认为自己在班级属于下游。在"你认为现在的课堂学习快乐么"项目上,94.6%的学生觉得快乐和很快乐,即使学习成绩在班级中居下游的2人都认为课堂学习中感受到很快乐。在"你觉得哪门学科上课时最快乐"项目上,每个学科都会有学生喜欢,但在喜欢的人数有较大差异,喜欢语、数、英的人数占绝大多数。在"喜欢这门学科的原因是什么"项目上,46%的学生表示喜欢的原因是对学科本身的喜欢,还有觉得可以在课堂学习中获得快乐。除此之外,我们还了解到绝大多数学生的学习态度是端正认真的,在学习过程中碰到困难,都会积极应对,去解决困难,也反馈了如果能够有积极的学习情感,将会促使他们获得更好的学习成效,具体到影响学习情感的因素,学生反馈了如下因素:学生对老师的喜欢的程度;学习内容能否激发学生学习的兴趣;学生对学习方式的认可程度;教师的积极评价;等等。

综上所述,我们能够发现学生的学习情感是积极的良好的,不仅热爱学习,尊重老师,更能够直面问题,克服困难,解决问题。因此,倘若教师能够以更积极的心态去为学生成长创造适切的条件,就会让学生学习过程中形成更加积极的情感,感受到更多学习的快乐,体验到成就感和获得感。

(二)组建团队,协同推进

1. 三级组织:组建专业的研究队伍

学校在课题研究开展前,明确了"人人参与、共同成长"的活动宗旨,建立了"核心组—推进组—实践组"的三级课题实践组织,组建了全员参与的研究队伍,形成人员广泛的研究网络,为研究工作的推进提供了保障。

首先课题核心组,是由校长担任组长,各学科教研组组长、骨干教师为组员,主要职责是承担整个课题计划和方案的制订,即明确研究目标,研究方法;确立每学期研究主题;指导课题组开展研究活动;探索打造快乐课堂的途径和措施等。其次是课题推进组,分别是语文、数学、英语、综合学科,各由两名核心组人员担任组长,各学科教师为组员,主要职责是承担研究课的实施和研究任务的落实,即按照核心组的要求,落实本学科组的研究任务,完成实践研究。再次是课题实践组,全体教师都是组员,不仅要求积极完成课题推进组安排的公开实践课,还要在自己平时的教学活动中,积极探索打造"快乐课堂",加强课题研究。教师要总结自己在探索研究中的案例,形成自己的经验或特色。

在多元主体共同推进课题研究的过程中,充分发挥学校行政、骨干教师的领衔作用,共同规划实施,并带领全体教师一起参与到课题研究的活动中来,一起在活动过程中提高认识,收获成长的快乐。

2. 三个课题:开展扎实的实践研究

学校为了更加深入地推进快乐课堂研究,设计了3个子研究课题,分别是"'快乐课堂'学生学习情感现状研究""打造快乐课堂,培养学生良好学习情感的案例研究""打造快乐课堂,培养学生良好学习情感的课堂教学评价研究"等,课题研究经历了准备阶段、实施阶段、总结阶段和展示阶段。

首先,准备阶段的主要工作是选择课题,组建课题小组,宣传课题思想;搜集资料,学习相关理论,设计课题方案;专家论证,完善课题方案,进行课题调研。其次,在实施阶段的主要工作是着重开展"打造快乐课堂,培养学生良好学习情感的案例研究",每学期在各学科中开展若干研究课,同时开展"打造快乐课堂,培养学生良好学习情感的课堂教学评价"子课题的研究。最后,在总结阶段的主要工作是整理研究资料,进行理性思考;将案例和经验总结结集出版;撰写课题研究总报告。在展示阶段的主要工作是学校在区级课题结题时,围绕快乐课堂在全区进行课题教学展示和课题成果汇报等活动,全面展现学校的研究成果和师生的成长风采。

3. 五轮实践:提升课堂的研究深度

学校围绕着"快乐课堂评价表""快乐课堂观察表"中的评价指标,确定了富有学校特色和学科特色的观察重点,孕育了研究课堂、读懂课堂、重构课堂、深化课堂的良好文化。通过同课再构、同课异构等形式,每学期在语文、数学、英语和综合学科的推进组中开展1轮2次的课题研究课,总计有36位老师参与了5轮10次的课题实践课的教学展示活动,上课展示的教师占全校教师总人数的40%。在不断集体磨课、上课、反思、改进的基础上,引领我们的教师深度参与到课题实践研究的活动中来,向课题的纵深开掘,努力把课题研究的成果辐射到全体教师身上,共同思考快乐课堂的未来走向,共同深化快乐课堂的研究深度。

(三) 两个角度,八个途径

教师和学生是创建"快乐课堂"的主体,也是"快乐课堂"的最终受益者。为了更好地培养学生良好学习情感,发挥教师在其中的引领者和促进者作用,具体可从两个维度八个途径来加以落实。

1. 教师快乐教学

(1) 创设良好氛围

良好的教学氛围,有助于建立融洽的师生关系,促使师生双方以积极的心态、良好的情绪投入学习过程中。而课堂上教师的激情、过程的美感、学生的兴趣和参与、有意的引导等都影响着课堂氛围。教师可以结合小学生的特点,创设良好的学习氛围。如考虑教师的教学过程有没有从学生的兴趣和需求出发组织教学活动;教师组织的活动有没有激发学生学习的热情;教师对学生的表现有没有及时恰当地回应形成互动;教师有没有对学生进行激励性的评价;等等。具体而言,教师可根据教学内容和教学目标,采用不同的方法灵活地创设良好的课堂氛围,如使用猜谜语、讲故事、创设情境、做游戏、变魔术等方式,激发学生学习热情和学习兴趣。

（2）丰富学习资源

教师需要精心设计教学内容，为学生学习提供适切的课程资源，这些资源可以是线下的教育活动场所，也可以是线上的学习空间。在疫情背景下，生成了海量的有价值的互联网教育资源，教师可以筛选后加以运用，使之能够更好地达成教学目标。具体到网络资源的选择上，需要考虑有没有结合学生的生活实际创设情景开展教学活动，有没有充分运用网络资源充实教学内容，有没有发现和利用课堂生成的教学资源，教学资源能否有助于学习目标的达成，等等，从而实现学习资源的最优化组合，促进学生有效学习。

（3）组织有效体验

有了愉快的体验，学生才会在课堂上兴高采烈、其乐融融，学习的态度会更加积极，信心也越来越强；有了深刻的体验，教学的教育功能才会更加凸显，触及学生的内心世界和灵魂深处；有了安全的体验，学生才能在问题情境、矛盾冲突和思维碰撞中，表达个人观点，共享个人智慧，获得发展；有了幸福的体验，课堂的知识与技巧、过程与方法、情感态度与价值观目标等才能更好地实现。

为了让学生拥有这些体验，教师在课堂上要组织学生进行独立学习、展开合作讨论、尝试角色扮演、参与学习游戏、提倡动手操作等，切实转变学生的学习方式，促使学生能够主动学习、乐于探究和勤于动手等，进而实现思维方式、生活方式和生存方式的转变。同时，要积极引导学生听讲与质疑、思考与调查、论理与探究，重视理论知识与实践经验的结果、书本知识与生活世界的联系、间接经验与直接体悟的统一，使学习成为在教师指导下主动的、富有个性的、鲜活的过程。

（4）关注多方需求

教师要尊重学生的人格，关注个体差异，尽可能满足不同学生的学习需求，创设能引导学生主动参与的教育环境，进而激发学生的学习积极性，培养学生掌握和运用知识的态度和能力，使每个学生都能得到充分的发展。

究竟如何把先进的教育教学理念落实到教学中来，转化成可操作的教学行为，最为关键就是设计好每一节课。基于教育理念的教学设计，不仅要立足学生的兴趣、已有知识和生活经验，还要关注学生对知识的需求、对学习方式的需求、学科情感的需求、可持续发展的要求，缘于人的教育是一个以传授知识为载体，以发展能力为标志，以形成情感、态度、价值观为目的的过程。教师只有了解了学生的兴趣"重心"、已有的知识和经验，然后有机整合学生的需求，再依据学生需求做好教学设计,才能提高教学的针对性、灵活性和多样性,最终使学生得到发展。

2. 学生快乐学习

(1) 认真倾听

"倾听"是一种良好的学习习惯,是一种与人沟通的必备能力,也是获得优质学习效果的重要保障。学生要在学习过程中学习倾听,明晰什么是倾听、如何去倾听,以及怎么听得更有效。对于学生而言,倾听就是安静地、耐心地和专注地去听他人的发言,观察他人的行为,同时进行思考和分析,形成自我见解的过程。对于老师而言,只有学生认真倾听师生的发言,积极主动地参与课堂的学习活动,才能够学习到相应的知识,提升其相应的能力。为了培育学生倾听能力,学校对学生提出如下倡议:听清老师的提问和同学的发言;能分辨他人发言中的对错、优劣;能根据倾听的内容做出正确的回应等。

(2) 积极思考

教师不仅要培养学生倾听的学习习惯,还要培养他们积极思考的习惯。一是鼓励学生做生活的有心人,处处留心观察,积极对问题进行思考。二是不断调动学生敢于质疑的精神,鼓励他们勇于向权威挑战,提出疑问,亮出观点,并且当学生提出问题时,教师要给予积极的反馈,呵护学生的好奇心和探求欲,保护敢于质疑勤于思考的积极性,这样才能让他们的创新思维和问题解决能力不断得到发展。为了促进学生积极思考,学校对学生提出如下倡议:能主动参与学习;能独立的思考,有独立的见解;合作学习时有主动参与讨论,有补充完善;有发散性的思维和奇妙的想象;有质疑问难等。

(3) 敢于表达

快乐、自由、探究的课堂,理应是学生敢于畅想、敢于表达的天地。教师要为学生创建一个安全的心理环境、民主的讨论氛围,同时还要把学生的错误回答作为一种极为可贵的学习资源,充分利用生成的资源,来促进学生的理解。此外,教师要成为每位学生的赏识者,既赏识学生对知识的掌握、能力的提高,又赏识学生在学习过程与应用方法上的优良行为,还要赏识学生在情感、态度、价值观方面的积极表现。只有这样才能逐步培养学生交流的胆量,促进学生个性张扬。为了让学生敢于表达,学校对学生提出如下倡议:能够敢于表达自己的想法;积极参与讨论,争取发言机会;对他人的发言提出自己的疑问和想法等。

(4) 乐于合作

新的课程理念强调改善学生的学习方式，积极倡导"主动、探索、合作"的学习方式，让学生在主动参与、乐于探究、合作与交流中快乐地成长。培养学生合作意识，发挥学生的团队精神、学会在交往中合作、合作中双赢，培养学生养成乐于合作的学习习惯显得至关重要。"小组合作学习"就为学生提供了一个交往的平台，也成为培养学生合作精神提供了沃土。因此，教师要充分发掘小组合作学习的道德教育资源，让小组学习成为学生学会合作与交流的基石，在合作中增强合作能力。为了培养学生合作能力，学校对学生提出如下倡议：能愉快地与他人合作开展学习活动；懂得赞同或者发表不同的观点；能够友善恰当地评价别人等。

四、快乐课堂研究的成效

(一) 创建了快乐课堂的评价体系

评价的初衷不在于简单地评判教师课堂教学的优劣，而在于引领教师朝着优质课堂的目标不断努力和提升。快乐课堂的评价是多元主体共同参与的评价，是同等关注教师教和学生学的评价，是将发展性评价和总结性评价相结合的评价，进而发挥评价正向积极的促进作用，为持续改进课堂教学品质提供强有力的证据支撑，为提升学生学习的品质提供智慧保障。

学校快乐课堂教学评价表是在实践中产生，并且在实践中不断迭代更新的。评价表1.0版本在研读各类课堂教学评价表的基础上，制定了"'快乐课堂'教学评价表（第一稿）"，从教学过程、从教学过程、学生表现、教师表现和教学结果等维度确立了具体评价指标，并在实施过程中了解教师使用的真实反馈。评价表2.0版本是在了解教师的实施情况和改进建议后，充分结合快乐教学的理念进行修订完善，形成了"'快乐课堂'教学评价表（第二稿）"，突出了教师和学生的主体性，从快乐课堂的教学目标、实施路径和教学结果出发，制定了相应的评价指标，并基于评价指标来反馈课堂表现，为改进课堂教学提供真实性的描述。同时，课题组还制定了"'精彩极了和糟糕透了'——教师快乐教学的自评诊断表"，设计了"任课教师'快乐课堂'教学自评表""学生快乐学习的自评表"，从多个主体获得课堂教学的数据来源，从多个维度出发来探究课堂教学的真实样貌，从而为教师进行实践反思和自我诊断提供翔实的证据支撑，也能为深化快乐课堂研究提供丰富的实践素材。

伴随着课题研究的不断深入，学校开发了网络评价平台，教师完成评价后，不仅可生成评价统计的雷达图，同时可以查看具体的观察反馈，以及老师们的评价意见，这样不仅可以一目了然让教师知道课堂教学的改进点，也能够让所有教师的评价进行交流互动，促进教师队伍的共同成长。

（二）凝练了快乐课堂的核心举措

学校在开展快乐课堂实践研究的过程中，形成了"三个注重"的快乐课堂特色。一是注重挖掘快乐元素，激发学生快乐情感。学校教师积极把快乐元素融入课堂教学中去，让学生在课堂感受到快乐的氛围，经历愉快的学习体验，获得预期的学习成效。具体举措有通过情境创设、游戏比赛、合作展示、互动评价等活动形式营造出兴趣盎然的学习氛围，激发出学生深度参与的学习热情，促使学生萌发对快乐课堂"主动参与"和"积极评价"的学习兴趣，继而展现全新的课堂风景。二是注重融合信息技术，有效开展教学活动。在数字化转型的背景下，教师需要充分运用自己的信息技术特长，将白板、微视频、微课程等技术，适切地运用到自己的教学实践中，使演示的过程更清晰更连贯，使学生对知识的学习更透彻，使学生的自学更主动，进而推进信息技术和教学深度整合，促使课堂焕发崭新的活力。三是注重培育积极品质，促进非认知发展。在快乐课堂的教学过程中，一方面，为学生创设成功的机会，让学生在学习活动中，通过解决困难，成功地完成学习任务来体验和认识自己的能力，提升自我效能感；另一方面，在教学中教师注意与学生进行感情交流，及时沟通，建立相互信任、相互尊重的良好师生关系，以欣赏的眼光看待学生的成长，培养学生积极的思想情感。

（三）促进了教师队伍的专业成长

学校在开展快乐课堂课题研究时，重点推进教师理念更新、教师能力培育和教研方式改进，切实促进教师专业发展。一是深化了教师对快乐课堂的理解，教师从对"快乐课堂"有初步感知，到设计了系列评价量表和观察量表，再到在教学实践中推进"快乐课堂"的理念，在实践中感受到边学习、边成长的幸福感。二是提升了教师课堂教学的品质，教师通过课题研究更新自身课堂教学的理念，通过磨课、教学、教研不断改进自身课堂教学的问题，通过课堂教学展示和课题汇报展现出教育研究自信，提升了课堂教学的质量。三是锤炼了教师课堂评价的能力。教师们从单纯地为课堂打一个分数，到运用评价指标对课堂进行简单反馈，再到运用精心设计的观察表,细致观察课堂教学,然后详细记录下相对应的一系列有针对性的评价,提出不足的地方,更提出有建设性的改进的措施。

(四)培育了学生发展的积极品质

教师们在"快乐课堂"中通过"创设良好氛围"和"提供丰富适切资源"等多种手段,组织开展高质量的教学活动,激发学生的学习兴趣,培育学生的合作精神和良好情感,为学生个性的发展提供有益支持。

通过实践之后的调研,了解到学生与同伴间的关系相处更加融洽,与教师间的关系更加和谐良好,这就表明快乐课堂的理念已经开始落地了,恰如三年级的学生说:"我们每个小朋友都喜欢自己的老师,更喜欢自己的课堂。在我的课堂上,老师详细地讲解着问题,同学们个个听得可仔细了。老师有声有色地讲课,让我自然而然地参与互动了。"正是老师精彩的讲课,让学生聚精会神地聆听,也是精心设计的合作互动,让学生具有了团队意识,学会了欣赏他人。四年级的学生说:"我非常喜欢自己的老师,也喜欢自己的课堂。课堂上,同学回答错了,老师不但不批评,还鼓励他们积极发言。"这一切都离不开教师们的共同努力,正是由于教师的宽容和鼓励,才能使学生积极参与到课堂的学习中,不仅从老师那里学会了宽容,也懂得了要不怕困难,勇于挑战。五年级的学生说:"我喜欢我的老师,喜欢我的课堂,更喜欢我们班级中安静的环境。语文课上,王老师经常用课本剧的形式来让我们体会怎么读好人物的话,记忆深刻。"正是教师智慧的教学,让学生感受到了学习的快乐,而他们的自信、上进,也同样感染了老师,鼓舞着教师更好地精进课堂教学,提升课堂教学品质。

五、快乐课堂研究的实践反思

在快乐课堂研究的实践推进过程中,欣喜地看到教师的转变与成长,从教师自身来看表现为教育理念的更新、教学方法的探索、课堂研究的深入等,从学生角度来看表现为尊重学生、理解学生、支持学生、欣赏学生等,这一转变促使教师能够看到每一个学生成长更多的可能性,也能够更好地为每一个学生幸福成长积极赋能。

通过纵深层面的课题研究推进,我们发现在实践中仍然需要处理快乐课堂的几个关系,第一是教学内容和教学手段之间的关系。积极挖掘教学内容和教学手段两者的快乐元素,彼此相辅相成,达到最优效果。第二是知识学习和培养情感之间的关系。在知识教学的同时,注意培养学生良好的学习情感。情感的培养不可能单独成立,必定是在学习过程培育的。第三是"快乐课堂评价表"和"快乐课堂观察表"之间的关系,评价表是我们快乐课堂的综合评价,是快乐课堂的目标。观察表则是对快乐课堂的细化,是快乐课堂的落实。

只有平衡好上述关系,才能够让快乐课堂的实践研究更有价值,也更富有生命力,促使课堂真的转型为基于情境的高阶学习、基于问题的行动学习、基于群体的合作学习、基于经验的反思学习和基于探究的创造性学习;而教师群体也能够在研究真问题的基础上,不断增强自身发现问题、研究问题、解决问题的能力,提升团队行动能力、团队协同能力、团队凝聚能力,进而最大限度地激发每个人的优势与潜能,使师生共同发展和幸福成长。

课题组组长:邬晓玲(上海市浦东新区上南实验小学、上海市浦东新区新场实验小学)
课题组成员:周　健　田桂琴　朱　威　杜利群　王连武　顾海清　顾丽红　秦爱华　孙　慧　沈晓芬
单位:上海市浦东新区孙桥小学